Andreas Wölk

101 Tansania
Die schönsten Reiseziele
und Lodges

IWANOWSKI´S REISEBUCHVERLAG

Im Internet:

www.iwanowski.de

Hier finden Sie aktuelle Infos zu allen Titeln, interessante Links – und vieles mehr!

Einfach anklicken!

Schreiben Sie uns, wenn sich etwas verändert hat. Wir sind bei der Aktualisierung unserer Bücher auf Ihre Mithilfe angewiesen: **info@iwanowski.de**

101 Tansania – Die schönsten Reiseziele und Lodges
1. Auflage 2016

© Reisebuchverlag Iwanowski GmbH
Salm-Reifferscheidt-Allee 37 • 41540 Dormagen
Telefon 0 21 33/26 03 11 • Fax 0 21 33/26 03 34
info@iwanowski.de
www.iwanowski.de

Titelfoto: Andreas Wölk
Alle anderen Farbabbildungen: siehe Bildnachweis Seite 243
Lektorat: Peter Sich
Layout: Ulrike Jans, Krummhörn
Karten: Klaus-Peter Lawall, Unterensingen
Titelgestaltung: Point of Media, www.pom-online.de
Redaktionelles Copyright, Konzeption und deren ständige Überarbeitung:
Michael Iwanowski

Gesamtherstellung: Werbedruck GmbH Horst Schreckhase
Printed in Germany

ISBN: 978-3-86197-134-4

Inhalt

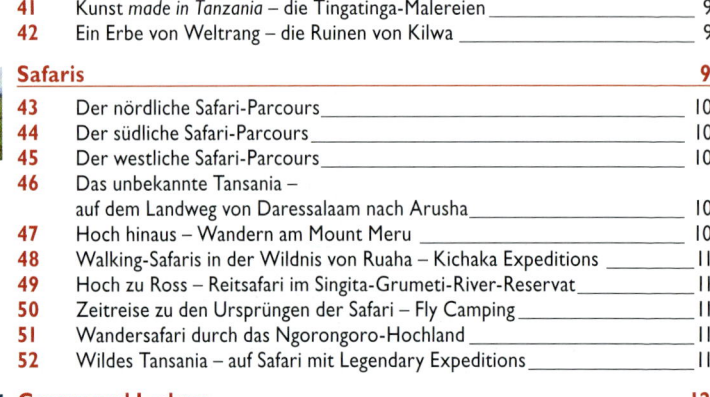

Vorwort

Tansania ist ein Land der Superlative und eines der vielfältigsten und abwechslungsreichsten Länder Afrikas. Der höchste und der tiefste Punkt des Kontinents befinden sich in Tansania, nirgendwo leben mehr große Säugetiere als hier und in kaum einem anderen Land können Reisende den Spuren von Schimpansen folgen und im Anschluss am Strand entspannen. Hinzu kommen eine faszinierende Inselwelt in artenreichen tropischen Gewässern und eine sehr interessante Historie, die Tansania zu einer multikulturellen Nation hat werden lassen.

Eingebettet zwischen dem Tanganjikasee im Westen und dem Indischen Ozean im Osten stellt dieses facettenreiche Land mit seinen schier unbegrenzten Möglichkeiten Reisende vor die Qual der Wahl. Klassische Safari auf den Spuren der großen Wanderung in der Serengeti oder doch lieber in den weniger bekannten Parks im Süden? Besteigung des Kilimandscharo oder des Mount Meru? Wandern in den Usambara-Bergen? Tauchen am Tanganjikasee oder im Mafia-Archipel? Entspannen an den Stränden von Sansibar oder der Swahili-Küste auf dem Festland? Mit den Hadzabe auf Jagd gehen oder den Relikten der deutschen Kolonialzeit nachspüren?

Mit dem vorliegenden Buch möchte ich Ihnen bei der Beantwortung dieser Fragen und der Auswahl von geeigneten Reisezielen helfen. Auf jeweils zwei Seiten stelle ich Ihnen bekannte und weniger bekannte Höhepunkte aus verschiedenen Kategorien sowie eine Auswahl an Unterkünften vor. Im Anhang finden Sie allgemeine Reise- und Gesundheitsinformationen, eine Vorstellung der verschiedenen Safari-Optionen und eine Liste interessanter und unterhaltsamer Literatur. Allerdings ist *101 Tansania* kein Reiseführer im herkömmlichen Sinne, sondern vielmehr eine kleine, persönliche Sammlung, die keinen Anspruch auf Vollständigkeit erhebt.

Ich wünsche Ihnen viel Spaß beim Lesen des Buches und eine gute Reise, für welche Ziele Sie sich auch entscheiden werden. Ich bin mir sicher, dass Tansania Ihnen genauso gut gefallen wird wie mir.

Safari Njema

Ihr Andreas Wölk

Natur und Landschaft

Zwischen Ozean und Busch – der Saadani-Nationalpark

Offene Savanne, Palmenwälder und saisonale Flüsse auf der einen, weite Überflutungsebenen, intakte Mangrovenwälder und der gewaltige **Wami-Fluss** auf der anderen Seite: Das sind nur einige Merkmale, die den Saadani-Nationalpark beschreiben. Dieser ist nicht nur einer der jüngsten Nationalparks in Tansania, sondern auch der einzige in Ostafrika, der an der Küste liegt und dadurch nicht nur Safari-, sondern zugleich auch Badeurlaub ermöglicht.

Ungewöhnlich ist auch, dass sich **das Dorf Saadani mitten im Nationalpark** befindet – nirgendwo sonst in Tansania dürfen Menschen innerhalb eines Nationalparks leben. Diese Erlaubnis beruht darauf, dass die Einwohner größtenteils Fischer sind oder in einer der Lodges arbeiten und so kaum schadhafter Einfluss auf den Nationalpark zu befürchten ist. Seit der Ausweitung des Schutzgebietes und der Gründung des Nationalparks im Jahr 2005 wurde außerdem eine Salzgewinnungsanlage Teil desselben. Der Vertrag der Betreiber läuft allerdings im Jahr 2016 aus und wird voraussichtlich nicht verlängert werden.

Aber nicht nur in Hinblick auf seine landschaftliche Vielfalt, sondern auch hinsichtlich der Tierwelt weist Saadani einige Besonderheiten auf. Vor der Gründung des 1.100 km² großen Nationalparks hatte das Areal den Status eines Schutzgebietes (*Game Reserve*), in dem Jagen erlaubt war – in dem aber auch Wilderer nahezu ungestört vorgehen konnten. Die Folgen sind noch heute spürbar, denn sowohl der Tierbestand als auch die Scheu vieler Tiere gegenüber Fahrzeugen sind noch nicht mit den etablierten Parks zu vergleichen. Vor allem Elefanten haben noch nicht vergessen und sind teilweise sehr misstrauisch. Insgesamt ist Saadani aber auf einem sehr guten Weg: **Die Anzahl an Tieren wächst stetig** und neben Giraffen, Wasserböcken und Büffeln haben auch Löwen und Hyänen den Park längst (wie-

der) zu ihrer Heimat gemacht. Auf nahezu jeder Pirschfahrt können die sonst eher scheuen Riedböcke beobachtet werden, die hier so konzentriert vorkommen wie in kaum einem anderen Park in Afrika. Außerdem lebt hier eine stabile Population der einst zahlreich in Afrika vorkommenden Liechtenstein-Antilope, die im südlichen Afrika nahezu ausgestorben ist. Mit ein wenig Glück zeigt sich während der Pirschfahrten

Zwischen Savanne und Meer: Saadani ist Tansanias einziger Nationalpark an der Küste

An der Südgrenze des Parks lädt der Wami zur Bootsafari ein

eine aus gut 100 Tieren bestehende Elefantenherde, die zu den Höhepunkten von Saadani zählt.

Die südliche Grenze des Nationalparks bildet der Wami, der sich per **Bootsafari** erkunden lässt. Neben Flusspferden und Krokodilen gibt es entlang des Flusses eine beeindruckende Vogelwelt zu beobachten. Zu den besonderen Arten hier zählen u. a. der Mangroven-Fischer und die Pel-Fischeule, die auch als Bindenfischeule bekannt ist. An den Überflutungsebenen, aber auch an den flachen Becken der Salzgewinnungsanlage sind oft Zwergflamingos anzutreffen.

Saadani wird bisher nur wenig besucht, sodass die meisten Gäste den Park noch für sich alleine haben. Dabei ist er – trotz seines jungen Entwicklungsstandes – aufgrund der **verschiedenen Landschaftsformen** ein sehr lohnender Park. Aber so schön die Vorstellung sein mag, ist die Wahrscheinlichkeit, beim Baden Löwen oder Elefanten beobachten zu können, eher gering. Denn es kommt nur sehr selten vor, dass größere Tiere den Strand aufsuchen.

Übernachten: innerhalb des Parks in der Saadani Safari Lodge (s. S. 122) oder der Saadani River Lodge (www. sanctuaryretreats.com), direkt außerhalb des Parks im Tent with a View Camp (www.saadani.com) oder in der Kisampa Lodge (www. afrikaafrikasafaris.com).
Anreise: per Fahrzeug ab Daressalaam (ca. drei Stunden über die neue Brücke über den Wami-Fluss) oder per Kleinflugzeug ab Arusha mit Coastal Aviation (ca. zwei Stunden) oder Daressalaam mit Safari AirLink (ca. 30 Minuten), jeweils täglich.
Sonstiges: Während der Regenzeit im April und Mai sind die Camps geschlossen. Ansonsten lohnt sich ein Besuch in Saadani ganzjährig, nicht zuletzt aufgrund der Kombination von Busch und Strand.

INFO

2   Paradies für Wanderer und Ornithologen – die Usambara-Berge

Zwar ist das Echte Usambaraveilchen wildwachsend nur noch selten zu finden, dennoch gehört seine Heimat zu den artenreichsten Gegenden der Erde. Seit 30 Millionen Jahren bedecken dichte Bergregenwälder die Usambara-Berge. Es sind **die letzten Überreste ausgedehnter Waldgebiete**, die sich einst über den gesamten Norden Tansanias erstreckten. In jüngeren Jahrhunderten haben der Klimawandel und der Einfluss des Menschen dazu geführt, dass die Wälder immer mehr zurückgegangen sind. Während einer lang anhaltenden Dürreperiode vertrockneten die tiefer gelegenen Waldgebiete und nur die höher gelegenen überlebten. Das tropisch-feuchte Klima in den Bergen bietet ideale Bedingungen für den Anbau verschiedenster Obst- und Gemüsearten wie Bananen, Papayas, Birnen und Paprika, weshalb der Mensch sich hier dauerhaft angesiedelt hat.

Heute sind die Usambara-Berge vor allem als Paradies für Wanderer und Ornithologen bekannt. Unzählige Wanderwege führen durch die Berge und oftmals muss man nicht einmal die extra ausgewiesenen Naturreservate besuchen (auch wenn diese, wie z. B. das Magamba-Waldreservat, sehr lohnend sind), sondern kann direkt von der Lodge aus mit der Wanderung beginnen. Auch wenn ein Guide nicht zwingend erforderlich ist, sollten Reisende nicht alleine losziehen. **Die einheimischen Guides kennen die Gegend wie ihre Westentasche** und haben große

Mantelaffen sind nur selten auf dem Boden zu sehen

Kenntnisse über die einheimische Flora und Fauna. Und wer kann schon ohne entsprechende Vorkenntnisse sagen, ob es sich bei einem Chamäleon nicht möglicherweise um das endemische Fischers Zweihornchamäleon handelt? Denn ähnlich wie im sogenannten Galapagos Afrikas, den Udzungwa-Bergen, die ebenfalls zum Gebirgszug der Eastern Arc Mountains gehören, leben in den Usambara-Bergen sehr viele Tier- und Pflanzenarten, die sonst nirgendwo vorkommen.

Hobby-Ornithologen sollten unbedingt das Amani-Naturreservat aufsuchen. Dieses Reservat gilt in vielerlei Hinsicht als eines der besten Gebiete für Vogelbeobachtung in

Ein Fischers Zweihornchamäleon

Ostafrika. Es ist gut zu erreichen, verfügt über eine gute Infrastruktur und die einheimischen Guides sind hervorragend ausgebildet, um seltene Arten wie den Langschnabelsänger oder den Grünkopfpirol zu entdecken. Neben vielen weiteren Vogelarten haben Besucher in den Usambara-Bergen auch gute Chancen, die inzwischen selten gewordenen Mantelaffen auf Wanderungen zu sehen.

Lage: Die Usambara-Berge befinden sich ca. vier Fahrtstunden von Arusha entfernt und lassen sich somit sehr gut als Zwischenstopp auf dem Weg zur Küste oder zwischen den nördlichen und südlichen Nationalparks einbauen.

Übernachten: Der Standard ist recht einfach, Unterkünfte im Stil eines luxuriösen Safaricamps gibt es hier nicht. Zu den beliebtesten Unterkünften zählt die Muller's Mountain Lodge (www.mullersmountainlodge.co.tz), die im Stil eines alten Farmhauses gebaut ist.

Klima: Aufgrund der Höhenlage und der Wälder sind die Temperaturen moderat. Während es im Sommer durchaus heiß wird (30 °C sind keine Seltenheit), kann es im Winter vor allem nachts sehr kalt werden. Die meisten Unterkünfte verfügen deshalb über Kamine und offene Feuerstellen.

Reisezeit: Auch wenn ganzjährig Niederschläge vorkommen, sollten die Monate November/Dezember und April/Mai aufgrund der Regenzeiten gemieden werden.

INFO

3 Der höchste freistehende Berg der Welt – der Kilimandscharo

Einmal auf dem höchsten Punkt eines Kontinents zu stehen, ist der Traum vieler ambitionierter Bergsteiger. Während Berge wie der Mount McKinley in Alaska, der höchste Berg des amerikanischen Kontinents, oder der Mount Everest im Himalaya sehr anspruchsvoll sind und entsprechende Erfahrung voraussetzen, erfordert Afrikas Kilimandscharo nicht viel mehr als eine **gute körperliche Konstitution**. Mehr als 20.000 Besucher pro Jahr versuchen sich am höchsten freistehenden Berg der Welt, der eigentlich kein solcher ist. Vielmehr handelt es sich um ein Massiv, bestehend aus den **drei Vulkanen** Shira, Mawenzi und dem schneebedeckten Kibo mit dem 5.895 m hohen Uhuru Peak. Auch wenn die letzten vulkanischen Aktivitäten teilweise mehrere tausend Jahre zurückliegen, gehen Wissenschaftler davon aus, dass sich die Vulkane nur in einer Ruhephase befinden und eines Tages wieder ausbrechen werden.

Kilimandscharo: Drei Vulkane bilden das höchste Bergmassiv Afrikas

Besucher können zwischen **sechs verschiedenen Routen** mit unterschiedlichen Schwierigkeitsgraden wählen. Als beliebteste, weil einfachste, gilt die häufig als Coca-Cola-Route bezeichnete Marangu-Route. Sie ist zudem die einzige, bei der in einfachen Hütten übernachtet wird. Auf allen anderen Routen ist nur Camping möglich. Zu den landschaftlich schönsten Routen zählen die Machame- und die Rongai-, während die Lemosho-Route als die wildreichste gilt. In den Wäldern und Moorlandschaften am Beginn der Lemosho-Route leben Elefanten und Büffel, weshalb hier zunächst ein bewaffneter Nationalpark-Ranger den Aufstieg begleitet. Gelegentlich werden auch auf dem Shira-Plateau in über 3.500 m Höhe Tiere gesehen, wie z. B. Elenantilopen, aber auch Büffel und sehr selten sogar Löwen, Leoparden und Elefanten.

Horombo-Hütten an der Marangu-Route

Der Kilimandscharo ist seit jeher eines **der beliebtesten Fotomotive Tansanias**, doch die meiste Zeit des Jahres versperren dichte Wolken den Blick auf das Massiv. Zwischen Juli und September sind die Chancen auf freie Sicht am größten, vor allem in den frühen Morgenstunden. Diese Monate sowie Januar und Februar sind auch eine gute Zeit für eine Besteigung. Grundsätzlich ist diese aber ganzjährig sehr gut möglich, lediglich die regenreichen Monate April und Mai sind nicht zu empfehlen.

Bis heute ist nicht eindeutig geklärt, woher der Name Kilimandscharo stammt. Eine naheliegende Erklärung hängt mit dem **Stamm der Chagga** zusammen, der seit Jahrhunderten die fruchtbaren Böden um den *Kili* – so die Bezeichnung im Volksmund – bestellt. Auf die Frage der ersten europäischen Entdecker, ob der Gipfel erreichbar sei, antworteten die Chagga mit „kilemakyaro", was übersetzt so viel wie „unmögliche Reise" bedeutet. Zwar erwies sich die Aussage im Nachhinein als falsch, denn bereits 1889 erreichte der Deutsche Hans Meyer als erster Mensch den Gipfel; für die meisten Hobby-Bergsteiger gilt sie aber bis heute: Weniger als 40 % schaffen es bis zum Gipfelkreuz des Uhuru Peak.

Kosten: ab ca. 1.200 € pro Person für die Marangu-Route, die günstigste der sechs Routen.
Hinweis: Eine Besteigung in Eigenregie ist nicht erlaubt, sondern nur in Begleitung von einheimischen Guides. Ein Anbieter für Touren ist z. B. das Unternehmen Macho Porini (www.macho-porini.de und www.macho-kilimanjaro.com).

Tipp: Die Höhenkrankheit ist die Hauptursache für das Scheitern einer Besteigung. Besucher sollten von daher unbedingt einen, besser noch zwei Tage zur Akklimatisierung einplanen. Dies ist zwar mit zusätzlichen Kosten verbunden, aber immer noch besser, als eine Besteigung aufgeben zu müssen. Im Falle einer Aufgabe werden nämlich keinerlei Kosten erstattet.

INFO

4   Hohe Berge, weites Land – West Kilimanjaro

Von einer Linie zwischen den Bergen Mount Meru und Kilimandscharo bis zur kenianischen Grenze erstreckt sich ein mehr als 2.000 km² großes Gebiet, welches bislang nur wenigen Touristen bekannt ist. Im Volksmund als *West Kilimanjaro* bezeichnet, handelt es sich hierbei um den **tansanischen Teil des Amboseli-Ökosystems**, dessen Kerngebiet der Amboseli-Nationalpark in Kenia bildet. West Kilimanjaro ist traditionelles Massailand, wo seit jeher die afrikanische Tierwelt und die Hirtennomaden mit ihren Rinder- und Ziegenherden friedlich nebeneinander leben.

West Kilimanjaro ist Massai-Land

Die Landschaft ist flach und geprägt von afrikanischer Savanne, die immer wieder von kleinen Akazienwäldern durchzogen ist. Richtung Osten erhebt sich das Kilimandscharo-Massiv, das ein tolles Panorama für traumhafte Sonnenauf- und -untergänge bietet. Wenn sich dann noch jagende Geparde, große Elefantenherden und am Horizont wandernde Massai-Krieger hinzufügen, ist die **afrikanische Bilderbuch-Idylle** komplett. Nicht ganz zufällig diente West Kilimanjaro als Kulisse zahlreicher Filme, u. a. für die Hollywood-Produktion „Hatari!" mit John Wayne und Hardy Krüger.

Im Jahr 2010 schlossen sich neun Massai-Siedlungen zusammen und gründeten die Enduiment Wildlife Management Area. Mit einer Fläche von 1.800 km² ist der größte Teil West Kilimanjaros seitdem als **Schutzgebiet** ausgewiesen. Die Massai haben längst erkannt, welch großes Potenzial Natur und Tiere für ihr Land und für den Tourismus bieten. Einige Massai-Krieger haben sich den Lion Guardians angeschlossen. Diese **Naturschutzorganisation** hat sich zur Aufgabe gemacht, die

Konflikte zwischen Menschen und Löwen auf friedliche Weise unter Einbeziehung der einheimischen Bevölkerung zu lösen. West Kilimanjaro ist aber weniger für seine Löwenpopulation als vielmehr für seine **Elefanten** bekannt. Während der Trockenzeit sind es überwiegend alte Elefantenbullen, die friedlich durch das Land ziehen. Sobald aber der Regen einsetzt, Wasserlöcher füllt und Gras und Blätter wachsen lässt, ziehen Elefantenherden aus dem Amboseli-Nationalpark durch West Kilimanjaro. Die offene Savannenlandschaft beheimatet außerdem Zebras, Gnus, Giraffen und verschiedene Gazellenarten.

Während der Trockenzeit durchstreifen einzelne Elefantenbullen das Gebiet

Neben Safari-Aktivitäten und Begegnungen mit den Massai eignet sich das Gebiet hervorragend als **Ausgangsbasis, um den westlichen Teil des Kilimandscharo-Massivs zu erkunden**. Das Shira-Plateau ist eine faszinierende Hochebene, welche sich im Rahmen eines Tagesausflugs besuchen lässt. Bei einer Wanderung auf 3.500 m bieten sich atemberaubende Aussichten auf den Großen Afrikanischen Grabenbruch mit seinen weiten Ebenen und zahlreichen Bergen, etwa dem Mount Meru, dem zweithöchsten Berg Tansanias. Eine solche Wanderung wird immer von einem einheimischen Guide begleitet, denn gelegentlich ziehen auch Büffel, verschiedene Antilopenarten und sogar Leoparden über das Plateau.

Übernachten: Direkt im Schutzgebiet liegt nur das Shu'Mata Camp (s. S. 126), am östlichen Rand befinden sich mit der Ndarakwai Ranch (www.ndarakwai.com) und mit Kambi ya Tembo (www.tanganyikawilderness camps.com) zwei klassische Zeltcamps.
Reisezeit: ganzjährig. Während der großen Regenzeit im April und Mai sind die Camps allerdings geschlossen. Die Elefantenherden können im Juni und Juli beobachtet werden. Sobald es hier zu trocken wird, wandern die Herden wieder zurück in den Amboseli-Nationalpark.

Ausflüge: Alle Camps bieten Pirschfahrten, Walking-Safaris und den Besuch eines Massai-Dorfes ohne Aufpreis an. Durch die Unberührtheit dieses Gebietes sind die Dörfer hier noch wenig touristisch und bieten relativ authentische Einblicke in die Lebensweise der Massai. Ein Besuch des Shira-Plateaus ist von allen Camps aus gegen Aufpreis möglich (ca. 120 USD pro Person). Das Shu'Mata Camp bietet außerdem die Möglichkeit, die Lion Guardians zu besuchen.

INFO

5   Flamingos in Mondlandschaft – der Natronsee

Ätzend wie Ammoniak: der Natronsee

Der Natronsee ist die einzig bekannte Brutstätte von Zwergflamingos in Ostafrika

Die Luft flimmert vor Hitze, das Thermometer zeigt weit über 40 Grad an. Der trockene Wind weht den Staub durch die karge Landschaft. Von Wasser, geschweige denn Menschen oder Tieren ist weit und breit nichts zu sehen. Dann tauchen wie aus dem Nichts Berge am Horizont auf. Es sind die Silhouetten des **Mount Gelai** und des **Ol Doinyo Lengai**, die mit fast 3.000 Metern höchsten Erhebungen dieser Gegend. Nur wenig später werden salzige Flächen sichtbar, kleine Gruppen von Zwergflamingos ziehen durch die Luft und plötzlich taucht eine weite, spiegelglatte Wasseroberfläche auf – der Natronsee. Es gibt nur wenige Orte im Großen Afrikanischen Grabenbruch, an denen sich die raue Schönheit und die Urkräfte der kontinentalen Plattenverschiebungen so deutlich zeigen, wie an der **Mondlandschaft am Natronsee**.

Das Wasser des Sees hat einen durchschnittlichen pH-Wert von zehn und ist damit fast so ätzend wie Ammoniak. Dennoch haben es zwei Arten von Buntbarschen geschafft, sich an diese lebensfeindlichen Bedingungen anzupassen. Für Salinenkrebse, die für die typische Rotfärbung von alkalischen Gewässern sorgen, ist es dagegen ein idealer Lebensraum. Diese Krebse wiederum gehören zur bevorzugten Nahrung von **Zwergflamingos**, die durch das Fressen der Krebse ihre typische Rosafärbung erhalten. Der Natronsee ist nach jetzigem Wissen der einzige Ort in Ostafrika, an dem die bis zu 2,5 Millionen Zwergflamingos brüten und ihre Jungen aufziehen. Wenn der Wasserstand des Sees im August sinkt, werden kleine Inseln freigelegt, auf denen die Flamingos, geschützt vor potentiellen Feinden, ihre Nester bauen können.

In direkter Nähe des Sees sind die Lebensbedingungen für Mensch und Tier besser, als der erste Eindruck vermuten lässt. Es gibt einige kleine Flüsse, Bäche und Quellen, die für Trinkwasser sorgen. So ist am Südufer des Sees im Laufe der Jahre ein

Sitz des Gottes Engai: der Ol Doinyo Lengai

kleines Dorf namens Engaresero entstanden, welches bei einem Abstecher in diese Region besucht werden kann. Um den See herum leben auch überraschend viele Tiere, darunter Giraffen, Zebras, Gnus, aber auch Kleine Kudus, Oryxantilopen und Raubtiere wie Löwen, Geparde und Streifenhyänen. Die meisten dieser Tiere leben in der riesigen, 4.000 km² großen **Natron Game Controlled Area (NGCA)**. Bei diesem Gebiet handelt es sich um Massai-Land, welches als privates Reservat zur exklusiven Nutzung an Legendary Expeditions (s. S. 118) verpachtet wurde.

Die Gegend um den Natronsee ist noch sehr ursprünglich und wenig touristisch. Einige der Massai-Stämme leben so abgeschieden, dass ihnen Swahili völlig fremd ist. Für die Massai hat die Gegend aufgrund des Ol Doinyo Lengai zudem eine große Bedeutung, heißt es doch, dass im **Berg der Gott Engai lebt**, dessen Zorn sich in Vulkanausbrüchen niederschlägt, zuletzt im Jahr 2008. Der Berg kann im Rahmen einer langen Tageswanderung bestiegen werden. Der Aufbruch erfolgt gegen Mitternacht, um bis zur Mittagshitze wieder zurück zu sein.

Übernachten: zum Beispiel im umweltfreundlichen Lake Natron Camp (www.lake-natron-camp.com) oder im Halisi Natron Camp (www.halisicamps.com). In der privaten NGCA z. B. im luxuriösen Tandala Tented Camp (www.legendaryexpeditions.com/safari).
Sonstiges: Der Lake Natron wird nach wie vor nur selten besucht und meist auch nur als Zwischenstopp auf dem Weg in die nördliche Serengeti. Dabei bietet die Gegend ein Stück ursprüngliches Afrika und sehr authentische Begegnungen mit den Massai. Die Flamingo-Kolonien können allerdings nur aus der Luft beobachtet werden, da sich die Brutgebiete mitten im See befinden und nicht per Fahrzeug oder zu Fuß erreichbar sind.

INFO

6   Zwischen Dürre, Fischen und Zwiebeln – der Eyasisee

Der Eyasisee befindet sich eineinhalb Fahrtstunden von Karatu entfernt in südwestlicher Richtung. Die Anfahrt erfolgt über eine Schotterpiste und könnte kaum kontrastreicher sein. Das immergrüne Ngorongoro-Hochland weicht schnell einer trockenen und ausgedörrten Vegetation, in der niedrige Büsche und kleine Akazien dominieren. In dieser kargen Landschaft leben kaum Tiere, nur gelegentlich lassen sich Große Singhabichte bei der Jagd beobachten. Nach einer Stunde erreicht man den Ort Mang'ola, der Überraschendes offenbart: Um Mang'ola herum befinden sich **große Zwiebelfelder**. Während der Kolonialzeit, in der der See den Namen Njarasee trug, wurde mit Hilfe von natürlichen Wasserquellen, die sich in der Nähe des salzigen Eyasisees befinden, ein Bewässerungssystem für landwirtschaftliche Zwecke angelegt. Die Boden- und Klimaverhältnisse erwiesen sich als ideal für den Zwiebelanbau und im Laufe der Jahre entwickelte sich hier Ostafrikas wichtigstes Anbaugebiet. Selbst Großstädte wie Nairobi und Arusha decken ihren Bedarf mit Zwiebeln vom Eyasisee.

Hinter Mang'ola fällt die Straße ab und bietet erste Blicke auf den See. Jenseits des Wassers erstreckt sich der Eyasi-Steilhang, Teil des Großen Afrikanischen Grabenbruchs. Die Straße führt zum Nordostufer des Sees, wo sich die wenigen Unterkünfte befinden. Zuvor ist jedoch ein dichter Grüngürtel zu durchqueren. Auch hier direkt am See sorgen natürliche Wasserquellen unabhängig vom See für eine **üppige Vegetation mit teilweise dichter Bewaldung**. Eine Vielzahl an Vogelarten ist in diesen Wäldern zu Hause, darunter die sehr farbenfrohen Pfirsichköpfchen, die bei Spaziergängen gut zu beobachten und schon von weitem an ihrer schrillen Stimme zu identifizieren sind. Direkt hinter dem Grüngürtel schließt dann das flach verlaufende Seeufer an.

Der Wasserstand des Sees ist von den Regenzeiten abhängig. **In Jahren der Dürre trocknet er fast vollständig aus** und hinterlässt eine flache Landschaft mit verkrusteten Salzflächen, die an die Salzpfannen in Namibia und Botswana erinnern. Nach ergiebigen Regenzeiten füllt sich die Ebene. Dann bedeckt der See eine Fläche, die doppelt so groß ist wie der Bodensee. Mit den Wassermengen werden aus den Bächen und Flüssen viele Fische in den See gespült, die aus dem abflusslosen See nicht mehr entkommen können. Während dieser Zeit ziehen Fischer aus dem gesamten nördlichen Tansania an

Schrille Stimmen und Farben: Pfirsichköpfchen

See ohne Wasser: In Zeiten der Dürre trocknet der Eyasisee aus

die Ufer des Sees, um ihre Netze auszuwerfen. Doch nicht nur die Menschen profitieren von dem Fischreichtum, auch viele Pelikane, Reiher und Störche finden sich dann hier ein. Gelegentlich halten sich auch mehrere hunderttausend Flamingos am Eyasisee auf. Dies ist aber stets vom Wasserstand und der damit zusammenhängenden Sodakonzentration abhängig.

Der Eyasisee ist kein klassisches Safariziel, obwohl an seinen Ufern neben einer sehr vielfältigen Vogelwelt einige interessante Tierarten wie der Kleine Kudu, Streifenhyänen oder Leoparden leben. Stattdessen ist die Gegend für kulturelle Begegnungen mit dem **Volk der Hadzabe** bekannt, deren Heimat sich vom Westufer des Sees bis an das angrenzende Ngorongoro-Schutzgebiet erstreckt. Die Hadzabe gelten als eines der letzten afrikanischen Völker von Jägern und Sammlern und eine kleine Gruppe von ihnen gestattet Touristen, sie bei Jagdausflügen zu begleiten (s. S. 76).

(s. S. 76)

Übernachten: im Tindiga Tented Camp (www.moivaro.com), der Lake Eyasi Safari Lodge (www.lakeeyasi.com) oder im gehobeneren Kisima Ngeda Camp (s. S. 142). Der Eyasisee kann aber auch im Rahmen eines Tagesausflugs von Karatu aus besucht werden.

Ausflüge: Die Jagdausflüge mit den Hadzabe werden i. d. R. über die Camps gebucht und organisiert. Neben den Hadzabe lebt am Eyasisee das Hirtenvolk der waDatoga, die auch für ihre Fähigkeiten als Schmiede bekannt sind. Ein Besuch bei diesem Volk ist eine gute Alternative zu den inzwischen zumeist sehr touristischen Massai-Dörfern.

INFO

7 Refugium im Viktoriasee – der Rubondo-Island-Nationalpark

Rubondo Island ist seit 1977 das Herzstück des nach ihr benannten Rubondo-Island-Nationalparks. Der Park liegt im Golf von Emin Pasha im südlichsten Teil des Viktoriasees und ist mit insgesamt 457 km² **der größte afrikanische Insel-Nationalpark**. Rubondo Island selbst macht mehr als die Hälfte der Gesamtfläche aus, der Rest verteilt sich auf elf kleinere Inseln.

Rubondo Island ist sehr hügelig und geprägt von tropischem Regenwald, der fast 80 Prozent der Insel bedeckt. Die Ostküste ist felsig und wird von einigen Sandstränden unterbrochen, während an der Westseite Papyrus-Sümpfe überwiegen. Die Gewässer um die Insel gelten als sehr fischreich und sind wegen des Vorkommens des Viktoriabarsches bei Sportfischern sehr beliebt. Aufgrund des Nationalparkstatus ist Angeln aber nur auf „catch & release"-Basis (fangen und wieder freilassen) erlaubt.

Aufmerksamkeit erlangte Rubondo Island erstmals in den 1960er-Jahren durch den deutschen Zoologen und Tierfilmer Bernhard Grzimek. Grzimek war zu dieser Zeit schon lange in Tansania tätig, wo er sich unter anderem für den Erhalt der Serengeti einsetzte („Serengeti darf nicht sterben"). Über Umwege konnte Grzimek 16 wilde Schimpansen aus ihrer Gefangenschaft retten und auf Rubondo Island wieder auswildern. Die natürlichen Voraussetzungen stimmten, es gab keine natürlichen Feinde (inklusive Menschen), sodass diese **erste erfolgreiche Auswilderung von Schimpansen in Gefangenschaft gelang**. Bis heute ist die Anzahl der Schimpansen auf etwa 40 Tiere gewachsen. Weitere Versuche, auf Rubondo Island nicht heimische Tierarten anzusiedeln, waren teilweise weniger erfolgreich.

Blick über den Viktoriasee

So starben z. B. Elenantilopen an natürlichen Ursachen, ehe sie sich fortpflan-
zen konnten, während Spitzmaulnashörner Wilderern zum Opfer fielen. Bei
Elefanten und Giraffen verlief die Um-
siedlung erfolgreich und bis heute leben
stabile Populationen auf der Insel. Dabei
übten die Neuankömmlingen zu keinem
Zeitpunkt negativen Einfluss auf das
Ökosystem aus. Zu den heimischen Arten zählen neben Flusspferden, Krokodilen und Buschböcken auch die seltenen Sitatunga-Antilopen.

Auf Rubondo Island gelang auch die
Auswilderung einer besonderen Vogel-
art. Der Graupapagei zählt zu den Vögeln, die seit jeher von den Menschen
als Haustier gehalten werden. Oftmals

Die Inselwelt lässt sich am besten mit dem Boot erkunden

wurden und werden die Vögel in freier
Wildbahn – teilweise legal, teilweise
aber auch illegal – gefangen und in die
ganze Welt verschickt. Im Jahr 2000
wurden 37 illegal gefangene Papageien
am Flughafen von Nairobi entdeckt, beschlagnahmt und nach Rubondo Island
gebracht.

Aufgrund der hohen Anzahl an Feigen-
bäumen, deren Früchte die Papageien
besonders gerne mögen, gewöhnten
sich die Vögel schnell an die wiederge-
wonnene Freiheit und ihren neuen Lebensraum. Besucher des Rubondo Island Camps haben **gute Chancen, die**

Umgesiedelt: Elefanten in ihrer neuen Heimat

Papageien zu beobachten, da diese sich oft in der Nähe des Camps aufhalten.
Neben den Graupapageien leben mehr als 200 weitere Vogelarten auf der Insel.
Unter ihnen auch die majestätischen Schreiseeadler, die hier so zahlreich vorkom-
men wie nirgendwo sonst in Afrika.

Übernachten: Auf Rubondo Island
gibt es nur das gleichnamige Camp
von Asilia Africa (s. S. 164).
Anreise: täglich per Kleinflugzeug ab
Mwanza mit Auric Air und ab allen
Zielen des nördlichen Safari-Parcours
(s. S. 100) mit Coastal Aviation.
Sonstiges: Das Safarierlebnis ist nicht
zu vergleichen mit einer Safari wie z. B.

in der Serengeti. Die Insel wird
überwiegend zu Fuß erkundet , die
Gewässer um die Insel per Boot oder
Kanu. Baden an den Stränden ist
ebenfalls möglich, das Wasser wird
regelmäßig auf Bilharziose untersucht.
Vorher sollte aber auf Krokodile
geachtet werden, die sich gelegentlich
an den Stränden aufhalten.

INFO

8 Tansanias feuchtes Herz – der Tanganjikasee und Lupita Island

Abendstimmung auf dem größten Süßwasserreservoir Afrikas

Wenn über die Seen Afrikas gesprochen wird, fallen meist dieselben drei Namen: Viktoriasee, Malawisee und Nakurosee. Nur selten wird der Tanganjikasee genannt. Dabei ist er ein **See der Superlative**. Mit einer Ausdehnung von über 650 km von Norden nach Süden ist er der längste See der Welt. Und was die Tiefe betrifft, muss er sich mit 1.470 m nur dem russischen Baikalsee geschlagen geben. Diese Ausmaße führen zu einem gigantischen Volumen, das rund sechsmal so groß ist wie das des deutlich bekannteren Viktoriasees. Der Tanganjikasee speichert rund 17 Prozent des weltweiten Süßwasservorkommens und ist damit das größte Süßwasserreservoir in ganz Afrika. Insgesamt 50 Flüsse speisen den See, während er lediglich einen Abfluss hat – und dies auch nur in sehr regenreichen Jahren. Im Laufe der Evolution hat sich hier ein **einzigartiger Wasserlebensraum** entwickelt, der mit seinen vielen endemischen Fischen als einer der artenreichsten der Welt gilt und sich beim Tauchen oder Schnorcheln entdecken lässt.

Die westlichen Uferbereiche des Tanganjikasees liegen in Sambia und der Demokratischen Republik Kongo und spielen touristisch ebenso wenig eine Rolle wie der schmale Uferstreifen in Burundi. Das tansanische Ostufer hingegen wartet – nicht zuletzt dank des Großen Afrikanischen Grabenbruchs – mit einer beeindruckenden landschaftlichen Vielfalt auf. Von langen Sandstränden und hohen Gebirgszügen über idyllische Fischerdörfer und Nationalparks (s. S. 52), bis hin zu verträumten Inseln und ereignisreicher Geschichte (s. S. 66 und S. 84) ist am tansanischen Ufer des Sees für jeden etwas dabei. Die hervorragende Wasserqualität und die schönen Sandstrände des Tanganjikasees ermöglichen sogar einen **klassischen Badeaufenthalt**, welcher keinen Vergleich mit Tansanias Küste scheuen muss.

Dank seiner Lage abseits der klassischen Safarirouten im Norden und Süden des Landes ist das

Dem Großen Afrikanischen Grabenbruch verdankt das tansanische Ostufer seine Vielfalt

Wie ein Meer im Binnenland: der Tanganjikasee

Seeufer bis heute sehr ursprünglich geblieben. Bis auf wenige Ausnahmen beschränkt sich der Tourismus auf Kigoma und die beiden Nationalparks Mahale Mountains und Gombe Stream. Eine dieser Ausnahmen ist **Lupita Island**. Die nur einen halben Quadratkilometer kleine Insel bietet dichte Wälder, offene Landschaften, felsige Küsten und feine Sandstrände. Auf dieser Insel leben keine Menschen, nur auf einer kleinen, verbundenen Nachbarinsel gibt es ein Fischerdorf. Seit 2005 gibt es auf Lupita Island eine kleine Lodge für maximal 26 Gäste. Ziel war und ist es, den Gästen ein Stück **afrikanische Ursprünglichkeit gepaart mit Exklusivität** zu vermitteln. Unter anderem bietet die Lodge den Gästen die Möglichkeit, mit den Bewohnern des Fischerdorfs in Kontakt zu treten – mit Menschen, die kaum bis gar kein Englisch sprechen und nur selten Touristen zu Gesicht bekommen.

Übernachten: In Kigoma gibt es mehrere Optionen, z. B. das Kigoma Hilltop Hotel (www.mbalimbali.com) oder das Lake Tanganyika Hotel (www. laketanganyikahotel.com). Auf Lupita Island gibt es die Lupita Island Lodge (www.tanzaniafirelightsafaris.com). Dazu die verschiedenen Optionen in den beiden Nationalparks sowie die Lake Shore Lodge (s. S. 170).

Anreise: erfolgt meist per Kleinflugzeug von Kigoma oder vom Mahale Mountains N.P. (Achtung: keine täglichen Verbindungen).
Klima: ganzjährig konstantes und warmes Klima. Von Mitte März bis Mitte Mai fallen die meisten Niederschläge.

INFO

9   Gottes Garten auf Erden – der Kitulo-Plateau-Nationalpark

Die einheimischen Menschen des Nyakyusa-Stammes nennen es „Bustani ya Mungu" – „Garten Gottes" –, Wissenschaftler gaben dem Kitulo-Plateau den Namen „Serengeti der Blumen". Jedes Jahr während der Regenzeit zwischen November und April findet hier **eines der eindrucksvollsten Blumenschauspiele unseres Planeten** statt. Dann verwandeln mehr als 350 Pflanzenarten den Kitulo-Plateau-Nationalpark in ein spektakuläres, farbenfrohes Blütenmeer. Unter den Blumen befinden sich allein 45 verschiedene Orchideenarten, genauso bemerkenswert ist aber die Vielfalt an Aloen, Proteen und Geranien. Mehr als 30 der hier zu findenden Pflanzenarten kommen nur im Süden Tansanias und drei wiederum nur auf dem Kitulo-Plateau vor.

Zwar ist der Kitulo-Plateau-Nationalpark der einzige Park im östlichen Afrika, der aufgrund seiner einzigartigen Pflanzenwelt zum Nationalpark erklärt wurde, dennoch hat auch Kitulos Tierwelt einiges zu bieten. Im Jahr 2005, kurz nach der Ernennung des Gebiets zum Nationalpark, sorgte eine Gruppe Wissenschaftler für eine kleine Sensation, indem ihr etwas gelang, was in der heutigen Zeit kaum mehr als möglich gilt: **die Erstbeschreibung einer bis dahin unbekannten Primatenart.** Bei der Hochlandmangabe, die von den Einheimischem Kipunji genannt wird, handelt es sich um eine Art aus der Familie der Meerkatzenverwandten. Da

Weit erstreckt sich das Kitulo-Plateau

ihr Lebensraum sehr begrenzt ist – sie findet sich nur hier und in den weiter nördlich gelegenen Udzungwa-Bergen –, ist die Population sehr klein. Deswegen landete die Hochlandmangabe fast zeitgleich mit ihrer Entdeckung auf der Liste der bedrohten Arten. Mit seiner vielseitigen Topografie bildet der Park auch einen abwechslungsreichen Lebensraum für eine vielfältige Vogelwelt. Hier und in den angrenzenden Bergen der Kipengere-Kette sowie der Livingstone- und Poroto-Berge leben einige sehr seltene Arten wie die Schwarzflügeltrappe oder die Stahlschwalbe.

Zwar ist der zweitkleinste zugleich **der am schwersten zugängliche Nationalpark Tansanias**, auf dem Plateau selbst gibt es aber gute Wanderwege, die in naher Zukunft zu einem

Das Kitulo-Plateau ist ein Paradies aus Wildblumen

Netz ausgebaut werden sollen. Besuchern des Parks steht es frei, über das Grasland zu wandern, um dabei Vögel oder Schmetterlinge und andere Insekten zu beobachten und die Wildblumen zu bestaunen.

Lage: Südtansania, nahe dem Malawisee, ca. 100 km von Mbeya entfernt.

Anreise: Auric Air fliegt dienstags, freitags und sonntags von Daressalaam via Iringa nach Mbeya. Von hier aus geht es dann nur mit einem Allrad-Geländewagen weiter. Die Anfahrt erfolgt über eine spektakuläre, allerdings nicht asphaltierte Straße namens *Hamsini na Saba*, was 57 bedeutet und die Zahl der Haarnadelkurven auf dieser Straße angibt. Von der Übergangsverwaltung des Parks in Matamba dauert es noch eine Stunde bis zur Hochebene.

Beste Reisezeit: Die beste Zeit für Wildblumen liegt zwischen Dezember und April. Die sonnigeren Monate September bis November sind angenehmer für Wanderungen, dafür weniger lohnend für Pflanzenliebhaber. Von Juni bis August ist es kalt und neblig.

Übernachten: einige Möglichkeiten in Mbeya, nur zwei sehr einfache Pensionen in Matamba. Im Park gibt es noch keine Unterkünfte.

INFO

10 Ein afrikanisches Galapagos – der Udzungwa-Mountains-Nationalpark

Lange Zeit wurden die Udzungwa-Berge von Zoologen und Botanikern geflissentlich ignoriert. Das änderte sich 1979 schlagartig durch die zufällige Entdeckung der Sanje-Mangabe, einer Primatenart, die nur hier vorkommt. Dadurch wurde die Aufmerksamkeit der Biologen geweckt und die Forschungsbemühungen intensiviert. Mit überwältigenden Ergebnissen: Die **große Zahl nur hier vorhandener Pflanzen- und Tierarten** führte dazu, dass die Udzungwa-Berge heute auch als „Galapagos von Afrika" bezeichnet werden. Konsequenterweise wurde das Gebiet 1992 zum Nationalpark erklärt.

Eine Brücke im Regenwald von Udzungwa

Die Udzungwa-Berge sind ein Teil der Eastern Arc Mountains, die sich von den Usambara-Bergen im Norden bis weit in den Süden des Landes erstrecken. Mit einer Größe von knapp 2.000 km² schützt der Park **das verbliebene Viertel eines einst riesigen Regenwaldgebietes**, das im Laufe der Jahrhunderte zunehmend durch den Menschen zerstört wurde. Besonders charakteristisch für die heute noch bestehenden Wälder sind das dichte Blätterdach der bis zu 50 m hohen Urwaldriesen und die großen Differenzen in den Höhenlagen, die von 250 bis mehr als 2.500 m über Normalnull reichen. Dieser besondere Lebensraum ist die Heimat vieler Pflanzen- und Tierarten, die es sonst nirgendwo auf der Welt gibt. Mehr als ein Viertel der Pflanzenarten in den Udzungwa-Bergen gelten als endemisch, im Tierreich geht man bislang von je mindestens vier endemischen Vogel- und Primatenarten aus, darunter die Sanje-Mangabe und der Udzungwa-Stummelaffe. Da die Wälder bis heute noch nicht komplett erforscht sind, ist damit zu rechnen, dass in den nächsten Jahren noch weitere bisher unbekannte Arten aus Flora und Fauna entdeckt werden.

Außer den endemischen Tierarten gibt es im Park zwar auch Elefanten, Büffel, verschiedenen Antilopenarten sowie Leoparden und Löwen, dennoch sind die Udzungwa-Berge kein klassisches Safariziel. Denn nur wenige dieser Tiere halten sich permanent im Park auf und wenn sie es doch einmal tun, sind sie aufgrund der dichten Vegetation nur selten zu sehen. Zudem gibt es wegen des bergigen Terrains im Park keinerlei Straßen, sodass auch keine Pirschfahrten möglich sind. Stattdessen gibt es **sehr gute Wanderwege**, die die Entdeckung des Parks zu Fuß ermöglichen. Die meisten dieser Wege sind im östlichen Teil, wo sich auch das kleine Besucherzentrum befindet. Hier muss sich jeder Gast registrieren lassen, wenn er in Begleitung eines Guides eine der vielen Wanderungen unternehmen möchte. Wanderungen auf eigene Faust sind nicht gestattet.

Am beliebtesten ist die drei- bis vierstündige **Tour zu den Sanje-Fällen**. Die Wanderung führt durch den dichten Wald und wird an den Wasserfällen mit einer tollen Aussicht belohnt. Die Sanje-Fälle laufen über verschiedene Stufen. In einigen der Becken am Fuße dieser Kaskaden ist das Baden zwar erlaubt, aber nicht jedermanns Sache: Das Wasser ist empfindlich frisch. Während dieser Wanderung gibt es gute Chancen, Mantelaffen, Diadem-Meerkatzen sowie verschiedene Waldvögel wie z. B. Silberwangen- oder Trompeterhornvögel zu sehen. Gelegentlich kann man in diesem Teil des Parks auch die Hochlandmangabe sehen, eine der seltensten Primatenarten weltweit, die sonst nur noch im Kitulo-Nationalpark vorkommt (s. S. 26).

Skurrile Tiere: Silberwangenhornvögel

Beliebtes Wanderziel: die Sanje-Fälle

Übernachten: Im Park gibt es keine Unterkünfte. Direkt am Park befinden sich das einfache, aber sehr charmante Hondo Hondo Camp (www.udzungwa forestcamp.com) und die hotelartige Udzungwa Falls Lodge (www. udzungwafallslodge.com).
Beste Reisezeit: während der Trockenzeit zwischen Juni und Oktober, da die Wege dann trocken und in gutem Zustand sind.

Sonstiges: Die Udzungwa-Berge können hervorragend mit dem Mikumi-Nationalpark kombiniert werden, da die Fahrzeit nur ca. zwei Stunden beträgt. Neben Tageswanderungen sind auch zwei- bis dreitägige Wanderungen mit Camping im Park möglich (vorherige Anmeldung erforderlich).

INFO

Taucher, Nelken, Hexer – die Insel Pemba

Pemba ist nach Unguja die zweitgrößte Insel des **Sansibar-Archipels**. Das hügelige Terrain und die üppige Vegetation unterschieden sich gravierend von den anderen Inseln des Archipels, weshalb die einstigen arabischen Herrscher Pemba als „die grüne Insel" bezeichneten. Ein Flug über Pemba zeigt, dass der Name noch immer berechtigt ist: Urzeitliche Wälder, intakte Mangrovenwälder und flächendeckende Plantagen prägen eine Landschaft, die nur gelegentlich von einigen **gut erhaltenen arabischen Ruinen** und einsamen Traumstränden unterbrochen wird.

Trotz dieser abwechslungsreichen und reizvollen Landschaft spielt der Tourismus auf Pemba bisher kaum eine Rolle. Zwar gibt es ein paar Lodges, aber die Anzahl an Touristen und das Ausmaß der Tourismusindustrie sind in keiner Weise mit der Nachbarinsel Unguja zu vergleichen. Weitaus größere Bedeutung hat der kommerzielle **Anbau von Gewürznelken**; nahezu 70 Prozent der Weltproduktion kommen aus Pemba. Von Reichtum kann auf der Insel dennoch keine Rede sein, denn seit der Blütezeit im 19. Jahrhundert ist der Preis für Gewürznelken stark zurückgegangen und für die Bauern reichen die Erträge aus Anbau und Verkauf meist gerade einmal zur Deckung des täglichen Lebensbedarfs.

Gewürznelken trocknen am Strand in der Sonne

Unter den wenigen Touristen, die nach Pemba kommen, sind neben einigen Individualisten und Hochzeitsreisenden vor allem Taucher. Der Pemba-Kanal, der zwischen der Insel und dem Festland liegt, ist nicht nur eines der letzten **unberührten Tauchgebiete** auf der Welt, sondern vielleicht auch das beste an der Ostküste Afrikas. Hier finden Taucher noch intakte Riffe und Korallengärten mit vielen tropischen Fischen in allen möglichen Farben, aber auch Wale, Delfine, Schildkröten und verschiedene Rochen und Haiarten wie Mantas, Tiger-, Hammer- und Walhaie. Unter Hochsee-

Bis nah ans Wasser reicht die dichte Vegetation

Aus der Luft wird deutlich, warum die Araber Pemba als Grüne Insel bezeichneten

anglern gilt Pemba als Geheimtipp, denn viele bekannte Hochseefische wie Barrakudas, Blaue Marlins und Schwertfische sind in den Gewässern des Pemba-Kanals zu Hause.

Es gibt aber noch einen weiteren Grund, warum Menschen aus aller Welt nach Pemba kommen. Seit Jahrhunderten gilt die Insel als Zentrum **afrikanischer Hexerei und traditioneller Heilkunst**. Vor allem Menschen aus ganz Ostafrika scheuen die beschwerliche und lange Anreise nicht, um sich von den traditionellen Heilern kurieren, beraten oder ausbilden zu lassen. Inzwischen ist bekannt, dass es sogar einen regelmäßigen Austausch zwischen den Voodoo-Priestern von Haiti und den Heilern von Pemba gibt. Für Touristen besteht die Möglichkeit, die Heiler zu besuchen und an Zeremonien teilzunehmen.

Übernachten: Bei Hochzeitsreisenden sehr beliebt ist Fundu Lagoon (www.fundulagoon.com), während Taucher ideale Bedingungen im Manta Resort (www.themantaresort.com) vorfinden. Ein Erlebnis der besonderen Art bietet die Pemba Lodge (s. S. 218), die sich auf einer kleinen, vorgelagerten, nur von einheimischen Fischern bewohnten Insel befindet.

Lage und Anreise: Pemba liegt ca. 50 km nördlich von Unguja und 75 km vom Festland entfernt. Die Anreise erfolgt meist per Kleinflugzeug (mehrere tägliche Verbindungen) von Daressalaam, Unguja oder Tanga oder per Fähre von Unguja.

INFO

12 In den Wäldern Sansibars – der Jozani-Chwaka-Bay-Nationalpark

Um die letzten Reste der Urwälder, die Sansibars Hauptinsel Unguja einst großflächig bedeckten, zu schützen, wurde 1964 das Jozani-Forest-Reservat gegründet. 2004 wurde das Gebiet um die Chwaka-Bucht erweitert und zum Jozani-Chwaka-Bay-Nationalpark erklärt. Auf einer relativ kleinen Fläche von 50 km² beherbergt das Gebiet Salzsümpfe, Mangrovenwälder, Buschland, Seegrasfelder und alte Regenwälder, die teilweise permanent unter Wasser und teils auf alten Korallen stehen. Dieser abwechslungsreiche Lebensraum ist ein wichtiger Rückzugsort für die heimischen Tiere, von denen einige Arten endemisch auf Unguja sind.

Planken führen durch die dichten Mangrovenwälder

Der Park lässt sich am besten zu Fuß erkunden. Er verfügt über gut angelegte Wanderwege sowie **einen Plankenweg, der es Besuchern ermöglicht, tief in den Mangrovenwald einzutauchen**. Auch wenn ein Besuch auf eigene Faust möglich ist, sollte man am Parkeingang einen der gut ausgebildeten Guides engagieren. Diese verfügen nicht nur über großes Wissen über die Bedeutung der Wälder für die einheimische Bevölkerung – die Bäume waren einst Quelle für Baumaterial, Feuerholz und Medizin –, mit ihnen lässt sich auch die heimische Fauna besser entdecken. Und die ist aufgrund der verschiedenen Lebensräume sehr vielfältig. In den Mangrovenwäldern gibt es Schlammspringer und Winkerkrabben, im Dickicht der

Regenwälder leben Ducker-Antilopen, Mangusten und Zibetkatzen und die Sümpfe beherbergen Frösche und Schlangen, darunter Kobras und Pythons. Früher lebte in den Wäldern auch der Sansibar-Leopard, eine endemische Unterart des Leoparden, die inzwischen als ausgestorben gilt. Nicht minder beeindruckend ist die Vogelwelt, die von verschiedenen Wasservögeln, über Papageien bis hin zum Mangroven-Eisvogel und dem seltenen Fischerturako reicht.

Die charakteristischste Tierart von Jozani ist aber **der stark bedrohte Sansibar-Stummelaffe**. Diese Art zählt zu den schönsten Affenarten Afrikas. Auffällig ist vor allem der weiße Haarschopf auf ihrem Kopf. Die Schätzungen über die Größe der Gesamtpopulation schwanken stark, sie dürfte aber bei rund 2.000 Tieren liegen, von denen der Großteil im Nationalpark lebt. Die Tiere sind überwiegend in den Bäumen unterwegs und verlassen diese nur zum Fressen. Im Wald gibt es eine bestimmte Stelle,

Der Red Colobus trägt den etwas plumpen deutschen Namen Sansibar-Stummelaffe

an der sich die Tiere gerne aufhalten und aus kurzer Entfernung beobachtet werden können. Da sie in geselligen Gruppen von bis zu 50 Individuen leben, lohnt es sich, eine Weile auszuharren und der Interaktion zuzuschauen.

INFO

Lage: im südöstlichen Bereich der Insel Unguja, von allen Orten und Unterkünften in weniger als einer Stunde zu erreichen. Alle Unterkünfte auf Unguja vermitteln Transfers nach Jozani.
Sonstiges: Während der großen Regenzeit sind weite Teile der Wälder überflutet und nicht zugänglich. In der Nähe des Parkeingangs befindet sich das Sansibar-Schmetterlingszentrum, welches zu den größten seiner Art in Afrika zählt und durchaus einen Besuch wert ist.
Der Park lässt sich am besten früh morgens oder um die Mittagszeit erkunden, zu dieser Zeit ist er nahezu menschenleer.

Tierwelt

13 Zurück in die Wildnis – der Mkomazi-Nationalpark

In der Sprache des Stammes der Pare bedeutet *Mkomazi* so viel wie „Wasserquelle". So bezeichnen die Einheimischen den Umba-Fluss, der die südöstliche Grenze von Tansanias zweitjüngstem Nationalpark bildet. Der 3.234 km² große Mkomazi-Nationalpark ist ein Teil des riesigen Tsavo-Ökosystems und die tansanische Verlängerung des Tsavo-Nationalparks in Kenia. Erst im Jahr 2008 wurde das tansanische Gebiet zum Nationalpark erklärt. Zuvor galt das von Trockensavanne, Berg- und Hügelketten geprägte Areal zwar als Schutzgebiet, wurde aber mehr oder weniger sich selbst überlassen. Dies führte dazu, dass Wilderer nahezu freie Hand hatten und die Anzahl der Tiere dramatisch dezimierten. So waren etwa von den 4.500 Elefanten, die hier einst lebten, Ende der 1980er-Jahre gerade noch zehn übrig.

Da die Regierung nicht in der Lage war, diese Situation zu ändern, wurde Hilfe von außerhalb geholt. In Tony Fitzjohn fand sich der ideale Kandidat für diese Aufgabe. Fast zwei Jahrzehnte lang hatte der gebürtige Engländer mit George Adamson an der Auswilderung von per Hand aufgezogenen Löwen gearbeitet und dabei wertvolle Erfahrungen gesammelt, die er nun in Mkomazi einbrachte. Unter seiner Regie wurden viele Projekte ins Leben gerufen, darunter die Anlegung von Wasserstellen und eines Straßennetzwerks, die Erhöhung der Anzahl der Rangern und die Einrichtung **eines Schutz- und Zuchtprogramms für Spitzmaulnashörner und Wildhunde**. Nur dem unermüdlichen Einsatz von Tony Fitzjohn und seiner Frau Lucy ist es zu verdanken, dass Mkomazi nicht in Wilderei und Korruption untergegangen ist, sondern zum Nationalpark wurde.

Babu's Camp ist die einzige Unterkunft im Mkomazi-Nationalpark

Obwohl Mkomazi durch die Anbindung an die Hauptstraße zwischen Arusha und Daressalaam sehr gut zu erreichen ist, spielt der Park touristisch bisher keine große Rolle. Zwar haben sich die Tierbestände gut erholt und neben großen Herden von Elefanten, Büffeln und verschiedenen Antilopenarten wandern auch Raubtiere wieder zwischen Tsavo und Mkomazi, allerdings sind die Zahlen noch nicht mit dem Tarangire-Nationalpark oder dem Ngorongoro-Krater vergleichbar. Auch sind viele Tiere noch nicht an den Safaritourismus gewöhnt und haben gegenüber Fahrzeugen höhere Fluchtdistanzen. Dafür bietet der Park aber eine **unvergleichlich schöne und dramatische Landschaft und ein nahezu privates Safarierlebnis**. Denn bisher gibt es hier nur ein Camp und nicht selten kommt es vor, dass dessen Gäste den Park für sich alleine haben. Und wo ist das heutzutage sonst schon noch möglich?

Im Park existiert ein Schutzprogramm für die selten gewordenen Wildhunde

Übernachten: Babu's Camp (www. anasasafari.com/babus-camp) ist die einzige Unterkunft im Park. Es ist ein klassisches Safaricamp, bestehend aus nur fünf großen Zelten im Meru-Stil.
Lage: südöstlich von Arusha. Vom Flughafen Kilimanjaro sind es ca. zweieinhalb Fahrtstunden bis zum Ort Same. Von Same aus sind es dann nur noch ca. 10 Minuten bis zum Parkeingang.
Aktivitäten: Neben Pirschfahrten sind in Begleitung eines bewaffneten Rangers Walking-Safaris möglich. Diese sind in dem hügeligen Terrain sehr zu empfehlen und werden oft mit Aussichten bis zum Kilimandscharo und nach Kenia belohnt. Situationsabhängig besteht außerdem die Möglichkeit zum Besuch der Schutzprogramme von Nashörnern und Wildhunden.
Sonstiges: Mit über 400 gezählten Vogelarten gehört Mkomazi zu den sogenannten Important Bird Areas (www.birdlife.org). Außerdem ist der Park die Heimat von Tansanias größter Population der langhalsigen Giraffenantilopen (auch als Gerenuk bekannt).

INFO

14 Auf den Spuren Hardy Krügers – der Arusha-Nationalpark

Filmreif, so lässt sich die Landschaft des Arusha-Nationalparks mit einigem Recht bezeichnen. Nicht ohne Grund diente das Gebiet in den 1960er-Jahren als Schauplatz für den Hollywoodfilm „Hatari!" Mit John Wayne und Hardy Krüger. Letzterer zeigte sich sogar so beeindruckt, dass er im Anschluss an die Dreharbeiten kurzerhand die Momella Lodge übernahm und mehr als zehn Jahre lang führte.

Zu den auffälligsten landschaftlichen Merkmalen des mit 300 km² recht kleinen Arusha-Nationalparks zählen **der Ngurdoto-Krater und der Mount Meru**, der oft liebevoll als kleiner Bruder des Kilimandscharo bezeichnet wird. Diese Rolle erfüllt der Mount Meru mit Bravour: Vielen Bergsteigern dient er als Vorbereitung für die Besteigung des deutlich anspruchsvolleren Kilimandscharo. Auch der Ngurdoto-Krater steht ein wenig im Schatten seines größeren und bekannteren Pendants und trägt den Beinamen Mini-Ngorongoro. Südöstlich des Ngurdoto-Kraters bilden die sechs **Momella-Seen** eine Seenplatte, die von kleinen Akazienwäldern und Buschsavanne umgeben ist. In diesem Bereich des Parks lassen sich Tiere am besten beobachten, außerdem hat sich hier eine vielfältige Vogelwelt angesiedelt, darunter zahlreiche Flamingos am kleinen Momella-See.

Das Gebiet eignet sich hervorragend für Wanderungen in beeindruckender Natur

Trotz seiner beeindruckenden Landschaft und seiner günstigen Lage (nur 45 Autominuten vom Stadtzentrum Arushas entfernt), wird der Arusha-Nationalpark zumeist nur wenig beachtet. Das dürfte vor allem daran liegen, dass hier nur wenige Raubtiere leben. So gibt es keine Löwen und auch Leoparden und Hyänen sind nur selten zu sehen. Dennoch bietet der Arusha-Nationalpark mit Büffeln, Elefanten, Giraffen und Flusspferden **eine breite Palette typischer Bewohner der afrikanischen Tierwelt**.

Für die Tierbeobachtung bietet es sich an, den Park mit dem Fahrzeug zu erkunden. Wer die Gegend hingegen nahezu geräuschlos und aus einer völlig neuen Perspektive erleben will, unternimmt in Begleitung eines Guides eine **Kanufahrt auf einem der Momella-Seen**. Daneben gibt es im Arusha-Nationalpark auch einige

Wandertouren, die allesamt zu empfehlen sind. Einzige Einschränkung: Die Besteigung des Mount Meru ist nicht jedermanns Sache und bedarf einer gewissen körperlichen Fitness. Weniger aufwendig ist eine Walking-Safari am Rande des Ngurdoto-Kraters, die nur in Begleitung eines bewaffneten Nationalpark-Rangers gemacht werden kann. Die Aussichten während dieser Wanderung sind mehr als beeindruckend, ein Abstieg in das Innere des Kraters, in dem unter anderem eine große Büffelherde lebt, ist aber leider nicht möglich. Diese Gelegenheit bietet sich bei einem – ebenso schönen – Tagesausflug zum Meru-Krater.

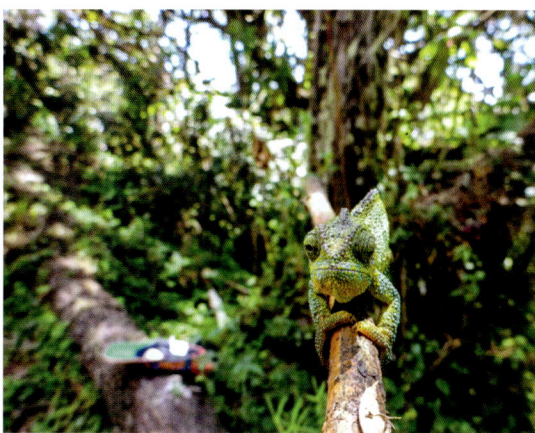

Ein Chamäleon im Urwald

Die Fahrt findet ebenfalls in Begleitung eines Rangers statt, führt durch den Berg-Urwald bis zum Kitoto-Parkplatz in 2.500 m Höhe und bietet **beste Möglichkeiten, um Elefanten zu sehen**. Ab Kitoto geht es dann zu Fuß weiter mit ständigem Blick auf den Gipfel des Mount Meru bis zum Krater. Praktischerweise ist eine der Kraterwände eingestürzt, weshalb sich der Abstieg nicht sonderlich anspruchsvoll gestaltet. Außer festen Schuhwerks bedarf er keiner besonderen Voraussetzungen.

Im Arusha-Nationalpark leben nur wenige Raubtiere, dafür sind Giraffen kein seltener Anblick

Übernachten: im Park nur in der sehr einfachen Momella Lodge, die von der Nationalparkbehörde TANAPA betrieben wird. Direkt am nördlichen Parkeingang liegt die exklusive Hatari Lodge traumhaft mitten in der Natur, während es am südlichen Eingang im urbanen Umfeld der Ausläufer von Arusha mehrere Möglichkeiten gibt (z. B. die Ngurdoto und Meru View Lodge, s. S. 128).

Hinweis: Um die Vielfalt des Parks und der Aktivitäten erleben zu können, sollten mindestens zwei, besser aber drei Übernachtungen eingeplant werden. Der Park ist ein ganzjähriges Reiseziel, während der regenreichen Monate April und Mai muss aber mit Einschränkungen bei den Aktivitäten gerechnet werden.

INFO

⓯ Im Reich der Baobabs und Elefanten – der Tarangire-Nationalpark

Wer sich für Elefanten begeistert – und welcher Tansaniabesucher täte das nicht? –, der kommt um einen Besuch des Tarangire-Nationalparks nicht herum. Zwar wurde schon lange keine Bestandszählung mehr durchgeführt, seriöse Schätzungen gehen aber davon aus, dass im Nationalpark und seiner Umgebung bis zu 10.000 Exemplare leben. Damit beherbergt das Areal die **größte Elefantenpopulation im nördlichen Tansania**. Nicht selten können auf Pirschfahrten in der Trockenzeit bis zu 1.000 Elefanten an einem Tag beobachtet werden, manchmal sind bis zu 300 an einer Stelle anzutreffen. Diese Tiere gehören ebenso zu Tarangire wie der Baobab, der Affenbrotbaum.

Gemeinsam mit dem Lake-Manyara-Nationalpark bildet der 2.850 km² große Tarangire-Nationalpark den Kern des 20.000 km² großen Tarangire-Manyara-Ökosystems. Während der Trockenzeit ist der namensgebende Tarangire-Fluss die einzig verbleibende Wasserquelle in diesem System. Deshalb strömen alljährlich mehrere zehntausend Tiere an seine Ufer, darunter neben den Elefanten auch Gnus, Zebras, Büffel und Impalas. Das macht Tarangire zum Schauplatz der **drittgrößten Säugetierwanderung in ganz Afrika**.

Vor allem im viel besuchten nördlichen Teil prägen die markanten Baobab-Bäume das Erscheinungsbild des Parks. Hier stehen sie inmitten einer dicht bewachsenen Hügellandschaft, aus der Erhebungen wie der Boundary Hill oder der Kitibong Hill noch einmal deutlich hervorstechen. Nach Süden hin flacht der Park ab. Dort wo das Gefälle des Tarangire-Flusses gering ist, haben sich weite Sumpflandschaften gebildet, die nicht nur viele Säugetiere anziehen, sondern auch Heimat einer vielfältigen Vogelwelt sind. Neben den Sümpfen wechseln sich im südlichen Teil des Parks Gras- und Waldsavanne ab. Hier sind die Chancen am größten, einen der selten gewordenen Geparde zu Gesicht zu bekommen. Sehr selten werden auch Wildhunde gesichtet, die ansonsten im nördlichen Tansania in freier Wildbahn kaum mehr anzutreffen sind.

Im hohen Gras sind die Löwen oft schwer zu entdecken

Elefanten sind ein häufiger Anblick im Tarangire-Nationalpark

Nicht ganz so gut sind in Tarangire die Bedingungen, um Löwen oder Leoparden zu beobachten. Zwar beherbergt der Nationalpark diese Tiere, die dichte Vegetation macht Sichtungen aber schwierig. Paradoxerweise sind die Chancen, Löwen zu beobachten, dann am besten, wenn die Vegetation noch üppiger wuchert als sonst, also zwischen Dezember und März. Denn zu dieser Zeit bevorzugen die cleveren Raubkatzen zwecks Fortbewegung die vom Menschen gemachten Pfade, statt sich ihren beschwerlichen Weg durch das hohe Gras zu ebnen. Auf der anderen Seite verlassen viele Tiere zu dieser Zeit dann wieder den Park. Der einsetzende Regen sorgt für flächendeckende Nahrungs- und Wassermöglichkeiten im gesamten Tarangire-Manyara-Ökosystem, sodass die Tiere nicht mehr auf das Wasser des Flusses angewiesen sind. Dennoch ist der Park auch zu dieser Zeit einen Besuch wert, denn Landschaft und Vogelwelt sind einfach überwältigend.

Übernachten: Es gibt viele Möglichkeiten innerhalb und außerhalb des Parks. Die Lodges außerhalb sind i. d. R. günstiger als diejenigen im Park, haben aber den Nachteil der Anfahrt. Sehr schön ist das ca. 20 Minuten entfernte Maramboi Tented Camp (s. S. 132). Innerhalb des Parks hat die etwas in die Jahre gekommene Tarangire Safari Lodge (www. tarangiresafarilodge.com) eine spektakuläre Lage. Zu den besten Adressen zählen die abseits der Hauptrouten gelegenen Oliver's Camp (s. S. 130) und Swala Camp (s. S. 134).

Lage: ca. zwei Autostunden oder 15 Minuten Flugzeit südwestlich von Arusha.
Sonstiges: Der Park verdankt seine Existenz den Tsetsefliegen. Das Vieh der Massai ist sehr anfällig gegenüber Krankheiten, die von den Fliegen übertragen werden. Deshalb haben die Massai seit Generationen einen großen Bogen um das Gebiet gemacht, bis es 1970 zum Nationalpark erklärt wurde.

INFO

16 Privates Reservat in gefährdetem Gebiet – die Manyara Ranch

Zwischen den Nationalparks Lake Manyara und Tarangire erstreckt sich über gut 600 km² der Tarangire-Manyara-Korridor, auch bekannt als Kwakuchinja Wildlife Corridor. Er gilt als sehr wichtig für die Wanderung von Tieren zwischen diesen beiden Parks, dem Natronsee und der südlich gelegenen Massai-Steppe. Infolge wachsender Bevölkerungszahlen und intensiver Nutzung durch den Menschen steigt der Druck auf dieses Gebiet seit Jahren immer weiter an. Dies hat bereits jetzt dazu geführt, dass viele Tierarten wie Büffel, Löwen und Geparde sich aus dem Korridor zurückgezogen haben und nicht mehr hier leben – mit Ausnahme ei-

Nach Jahren extensiver Viehzucht haben sich die Wildtiere das Gebiete zurückerobert

nes kleinen Gebiets: des privaten Manyara-Ranch-Reservats. Bis zum Jahr 2000 wurde das Land um die Manyara Ranch großflächig für die Viehzucht genutzt. Seitdem wurde es auf Initiative des Tanzania Land Conservation Trust (TLCT) und in Zusammenarbeit mit den lokalen Massai in ein **privates Schutzgebiet** umgewandelt. Die Viehzucht wurde zwar nicht ganz aufgegeben, spielt heute aber nur noch eine untergeordnete Rolle.

Es dauerte einige Zeit, bis die Tiere erkannten, dass sie auf dem einstigen Farmgelände wieder ungestört leben und es als sicheres Wandergebiet nutzen konnten. Elefanten, verschiedene Antilopenarten und Büffel siedelten sich aufs Neue an und ihnen folgten Löwen und Leoparden. Auch Zebras und Gnus ziehen auf ihren Wanderungen zwischen Trocken- und Regenzeit wieder durch das Reservat. Die sehr abwechslungsreiche Landschaft benötigte nur wenig Zeit zur Regeneration und kaum etwas erinnert heute noch daran, dass hier einst flächendeckend Viehzucht betrieben wurde.

Der Unterhalt eines privaten Reservats mit einer Fläche von 141 km² erfordert allerdings auch einen beachtlichen finanziellen Aufwand. Um Einnahmen zu erzielen, wurden auf dem Gelände ein kleines Safaricamp gebaut und eine In-

Tierbeobachtung aus dem Unterstand

frastruktur geschaffen und im Jahr 2010 wurde die Manyara Ranch für den Tourismus geöffnet. Neben Pirschfahrten (mit Offroad-Möglichkeit), Walking- und Reitsafaris wird hier auch Fly Camping (s. S. 114) angeboten. Eine Besonderheit sind außerdem **Nachtpirschfahrten**, die nur noch an wenigen Orten in Tansania durchgeführt werden (dürfen). Zusätzlich können Einblicke in die Viehzucht und Besuche bei den Massai und auf lokalen Märkten organisiert werden. Das Camp besteht aus acht großen Safarizelten (zwei davon nebeneinanderliegend als Familieneinheit) und ist im Stile eines ostafrikanischen Camps vergangener Tage angelegt.

Die günstige Lage der Manyara Ranch macht sie zur **idealen Ausgangsbasis für Ausflüge** in den Tarangire-Nationalpark (ca. 30 Minuten Fahrt), den Lake-Manyara-Nationalpark (ca. 40 Minuten Fahrt) und den Ngorongoro-Krater (ca. 90 Minuten Fahrt). Gäste können hier die Exklusivität eines privaten Reservates genießen, ohne jedoch auf die touristisch bekannteren Gebiete verzichten zu müssen. Für jemanden, der während einer Safari nicht ständig die Unterkunft wechseln und außerdem eine private Initiative unterstützen möchte, ist die Manyara Ranch eine **hervorragende Alternative**.

Internet: www.manyararanch.com
Preise: ab 660 USD pro Person/DZ mit Vollpension, lokalen Getränken, Walking-Safaris und Nachtpirschfahrten (bei Anreise mit eigenem Fahrzeug und Guide); ab 800 USD pro Person/DZ mit Vollpension, lokalen Getränken, Aktivitäten (bei Anreise per Flugzeug oder per Fahrzeug ohne Guide); Reitsafaris ab 125 USD pro Person (nur für erfahrene Reiter).
Anreise: per Fahrzeug ab Arusha (ca. eineinhalb Stunden Fahrzeit) oder der Manyara-Landebahn (z. B. im Rahmen einer Flugsafari, Fahrzeit ebenfalls eineinhalb Stunden).
Sonstiges: In dem Reservat wurden verschiedene **Unterstände** (sog. Hides) angelegt, die nicht nur ideale Beobachtungsbedingungen bieten, sondern auch für Frühstück oder Mittagessen mitten in der Natur genutzt werden können. Das Camp ist während der großen Regenzeit im April und Mai geschlossen.
Kinder: sind ab 3 Jahren willkommen.

INFO

⑰ Hemingways Traum von Afrika – der Lake-Manyara-Nationalpark

„Das Schönste, was ich je in Afrika gesehen habe", beschrieb Ernest Hemingway den Blick von der Kante des Großen Afrikanischen Grabenbruchs auf den Manyara-See. Heute, 80 Jahre später, hat sich an diesem Anblick nur wenig geändert. Mittlerweile ist das Gebiet ein Nationalpark – und zwar einer der schönsten in ganz Tansania.

Nimmersatt-Störche

Der Manyara-See hat seinen Namen von dem Massai-Wort für eine bestimmte Art von Wolfsmilchgewächsen. Zwar nimmt der flache See den Großteil des 580 km² großen Parks ein, die umgebende Landschaft ist aber enorm vielfältig. Zwischen dem See und der **Kante des Grabenbruchs** befinden sich dichte Wälder, offene Savanne, Überflutungsebenen, saisonale Flussläufe und ganzjährig wasserführende Bäche sowie Akazienwälder und heiße Quellen. Dieses Biotop beheimatet eine **abwechslungsreiche Vogelwelt**, wie sie in Tansania kaum ein zweites Mal zu finden ist. Von bunten Bienenfressern und Eisvögeln über mächtige Kronen- und den allgegenwärtigen Schreiseeadlern bis hin zu Pelikanen und Flamingos lassen sich hier an einem Tag ohne Probleme bis zu 100 verschiedene Arten entdecken. Zwischen Februar und Mai brüten zudem große Kolonien von Nimmersatt-Störchen in den Bäumen in unmittelbarer Nähe des Parkeingangs.

Manyara ist aber nicht nur ein Park für Vogelfreunde. Lange galt das Gebiet neben dem Queen-Elizabeth-Nationalpark in Uganda als der einzige Ort, an dem **baumkletternde Löwen** zu beobachten sind. Eine Erklärung für dieses ungewöhnliche

Flamingos im flachen Manyara-See

Verhalten gibt es bis heute nicht. Die These, dass die Löwen versuchen, auf diese Weise den in Bodennähe lebenden Tsetsefliegen zu entkommen, gilt heutzutage jedenfalls als hinfällig. Auch sind die baumkletternden Löwen kein Alleinstellungsmerkmal mehr, denn mittlerweile hat man dieses Verhalten auch an anderen Orten ausgemacht. Tatsächlich wird es heutzutage häufiger in der Serengeti als in Manyara beobachtet. Dass das Manyaras Sonderstatus ein wenig schmälert, macht gar nichts, denn in Manyara ist es ohnehin beeindruckender, einen Löwen zu hören, als ihn zu sehen. Durch die Kante des Grabenbruches wird die Lautstärke um ein Vielfaches verstärkt und das Gebrüll lässt einen vor Ehrfurcht regelrecht erstarren.

Andere Raubtiere wie Leoparden und Hyänen leben zwar auch im Park, werden aber nur selten gesichtet. Stattdessen sollten sich Besucher auf typische Savannenbewohner wie Giraffen, Zebras und Büffel konzentrieren. In der

Typisch Manyara: baumkletternde Löwen

Trockenzeit formen vor allem **Büffel größere Herden**, die dann an verschiedenen Quellen beobachtet werden können. Die Wälder in der Nähe des Parkeingangs im nördlichen Teil beherbergen verschiedene Primatenarten wie Paviane und Diadem-Meerkatzen. Auch eine **kleine Gruppe von Flusspferden** hat ihre Heimat in einem Wasserloch gefunden, in dessen Nähe Besucher die Fahrzeuge verlassen dürfen. Über viele Jahre gab es in Manyara auch die **höchste Elefantenkonzentration in Afrika**. Durch Wilderei hat die Anzahl der Elefanten aber stark abgenommen. Zwar hat sie sich wieder etwas erholt, dennoch hat sich die Wilderei tief ins Gedächtnis der Tiere eingebrannt: Gegenüber Fahrzeugen sind sie noch immer misstrauisch und tolerieren sie nicht in ihrer unmittelbaren Nähe.

18 Afrika im Kleinformat – der Ngorongoro-Krater

Weltnaturerbe, Weltkulturerbe, atemberaubendes Panorama und die höchste Dichte an großen Säugetieren in Afrika: Der Ngorongoro-Krater ist zweifellos eines der **faszinierendsten Safariziele in Ostafrika**. Er ist aber auch Auslöser kontroverser Diskussionen. Kritiker bezeichnen ihn oft als großen Zoo. Das stimmt natürlich nicht wirklich: Denn von einem Zoo unterscheidet den Krater, dass sich die Tiere hier in ihrem natürlichen Lebensraum befinden; vielmehr sind es die Touristen, die sich in (fahrenden) Käfigen aufhalten. Dennoch stimmt es, dass im Krater vergleichsweise viele Fahrzeuge unterwegs sind. Bei Sichtung von bestimmten Tieren können sich schnell zehn oder mehr Fahrzeuge einfinden und der Picknickplatz bei den Ngoitokitok-Quellen gleicht um die Mittagszeit eher einem großen Parkplatz. Dennoch haben die hohen Besucherzahlen auch Vorteile für die Touristen. Denn obgleich in freier Wildbahn, sind die Tiere so sehr an die Präsenz von Fahrzeugen gewöhnt, dass sie sich von ihnen nicht gestört fühlen. Dies führt **zur Beobachtung von natürlichen Verhaltensweisen aus unmittelbarer Nähe**, wie sie anderswo nur selten möglich sind.

Michael und Bernhard Grzimek würden sich ob solcher Diskussionen ohnehin im Grabe drehen. Denn ihnen und der Zoologischen Gesellschaft Frankfurt (ZGF) ist es überhaupt erst zu verdanken, dass Ngorongoro noch heute Lebensraum für Wildtiere und nicht für Menschen ist. Während der Kolonialzeit betrieb der **Deutsche Adolf Siedentopf** im Krater eine Rinderfarm. Später siedelten sich Massai mit ihrem Vieh an. Mit dem aufkommenden Naturschutzgedanken in der Mitte des

Blick vom Kraterrand ins Innere

20. Jahrhunderts wurde der Krater zum Schutzgebiet erklärt und die Massai durften ihre Herden nur noch saisonal hineinführen. Inzwischen ist es ihnen ganz untersagt und der Krater gehört nur noch den Wildtieren – und den Touristen.

Die Faszination des Ngorongoro-Kraters liegt in seiner Vielfältigkeit, die alles umfasst, was Afrika ausmacht: offene Savanne, Galerie- und Akazienwälder sowie Sümpfe und Seen, dazu eine hohe Anzahl an Tieren – und all dies auf einer vergleichsweise kleinen Fläche von 260 km². Im

Dicht besiedelt: der Ngorongoro-Krater

Krater leben circa **25.000 große Säugetiere**. Den Großteil machen Gnus und Zebras aus. Büffel, Elefanten, verschiedene Gazellen- und Antilopenarten, Flusspferde sowie mehrere Löwenrudel, Leoparden, Geparden und eine hohe Anzahl an Tüpfelhyänen lassen das Safariherz höher schlagen. Mit ein bisschen Glück zeigen sich auch Spitzmaulnashörner, die hier erfolgreich wieder angesiedelt wurden. Allerdings gibt es Schwankungen durch **saisonale Wanderbewegungen** und einige Tierarten, zum Beispiel Geparde, werden über Jahre nicht gesehen, tauchen dann aber plötzlich wieder auf. Zwei typische Vertreter der afrikanischen Savanne fehlen im Krater jedoch vollständig. Während es bis heute keine Erklärung dafür gibt, warum im Krater keine Impalas leben, gibt es für das Fehlen von Giraffen verschiedene Ansätze. Der wahrscheinlichste ist, dass es für Giraffenmütter kaum Möglichkeiten gibt, ihren Nachwuchs unentdeckt von Löwen und Hyänen aufzuziehen, und sie den Krater deshalb seit jeher meiden.

19   Die Serengeti – Teil 1: Grzimeks Erbe

Die Serengeti und die große Wanderung der Gnus und Zebras sind das Sinnbild von Tansania, vielleicht von ganz Afrika. Seit Jahrhunderten folgen die aus bis zu zwei Millionen Tieren bestehenden Herden auf der Suche nach frischen Weidegründen festen Routen, vergleichbar mit den riesigen Bisonherden, die einst über die Prärie Nordamerikas zogen. Doch während die Bisonherden der Gier des Menschen zum Opfer fielen, ziehen Gnus und Zebras weiterhin über die Ebenen der Serengeti. Zu verdanken ist dies Professor Bernhard Grzimek und seinem Sohn Michael, die in den 1950er-Jahren die Bedrohung durch den Menschen erkannten. Mit öffentlich wirksamen Maßnahmen, u. a. den beiden vielfach ausgezeichneten Dokumentarfilmen „Kein Platz für wilde Tiere" und „Serengeti darf nicht sterben", gelang es den beiden, das Bewusstsein für Naturschutz im Allgemeinen und für den Erhalt der Serengeti im Speziellen weltweit zu wecken. Es ist ihr Verdienst, dass die **großen Herden** noch immer existieren und mit ein bisschen Glück im Rahmen einer Safari beobachtet werden können. Michael Grzimek bezahlte sein Engagement mit seinem Leben: Während einer Wildzählung aus der Luft stürzte er mit seinem Flugzeug ab.

Die Serengeti ist nicht nur Schauplatz der **zweitgrößten Säugetierwanderung auf der Erde** (größer ist nur die Wanderung der Flughunde zwischen dem Kongo und Sambia, bei der bis zu 15 Millionen Tiere unterwegs sind), sie ist auch ein Paradies und wichtiges Schutzgebiet für Raubtiere. Die geschätzte Population von 3.000 Löwen umfasst zehn Prozent der noch verbliebenen wilden Löwen in ganz Afrika und in kaum einem anderen Nationalpark werden häufiger Geparde gesehen als hier. In den beiden großen Flüssen Mara und Grumeti leben zahlreiche Krokodile, darunter einige der größten Exemplare Afrikas.

So spektakulär wie die Tierwelt, so beeindruckend und vielfältig ist auch die Landschaft. Denn die Serengeti ist mehr als die endlose Steppe, als die sich ihr Name aus der Sprache der Massai übersetzen lässt. Im südlichen und zentralen Gebiet überwiegt offene Grassavanne, die gelegentlich von Akazien und Granitfelsen, den sogenannten Kopjes, durchzogen ist. Entlang der ganzjährig wasserführenden Flüsse Seronera, Bologonja, Grumeti und Mara dominieren Galeriewälder. Im Osten erreicht der Gebirgszug der Lobo Hills eine Höhe von mehr als 2.000 m und die dichten Wälder im Westen bieten seltenen Primaten wie dem Mantelaffen ein Zuhause.

Serengeti: Schauplatz enormer Wildwanderungen …

Die 14.763 km² große Serengeti ist das Herzstück des sehr viel größeren **Seren-geti-Masai-Mara-Ökosystems**. Dieses mehr als 30.000 km² große Gebiet um-fasst neben der Serengeti und der Masai Mara auch die angrenzenden Areale wie das Ngorongoro-Schutzgebiet oder die privaten Reservate nördlich der Masai Mara. Die meisten dieser Gegenden sind auch unabhängig von der Tierwanderung einen Besuch wert. Wer während einer Safari aber die großen Herden sehen möchte, sollte diejenigen Gebiete aufsuchen, in denen sich die Tiere abhängig von der Jahreszeit mit großer Wahrscheinlichkeit aufhalten. Um die Chancen zu erhö-hen, empfiehlt sich der Besuch von zwei verschiedenen Gebieten.

… und Paradies für Raubtiere

Die Wanderung im Jahresverlauf

Januar – März: Die Herden halten sich in der südlichen Serengeti und um den Ndutu-See auf. Die Tiere erholen sich von den Strapazen der Wanderung und bringen ihre Jungtiere zur Welt.

April – Juni: Die Tiere ziehen in Richtung Westen und durchstreifen die zentrale und südliche Serengeti, bis sie den Grumeti-Fluss erreichen. Wenn die westliche Serengeti nicht mehr genug Nahrung bietet, wagen die Tiere die lebensgefährliche Durchquerung des Grumeti.

Juli – Oktober: Die Tiere ziehen nach Norden weiter und müssen dabei den Mara durchqueren. Der Großteil zieht weiter in die Masai Mara, aber eine immer noch beachtliche Anzahl verbleibt in der nördlichen Serengeti.

November – Dezember: Die Tiere zie-hen in Richtung Süden, bis sie im Dezember ihren Ausgangspunkt erreichen. Die Rückkehr aus dem Norden erfolgt i. d. R. weit verstreut und in kleineren Verbänden.

INFO

20 Die Serengeti – Teil 2: die schönsten Gegenden

Die Serengeti ist einer der schönsten Nationalparks in Afrika und nirgendwo leben mehr große Säugetiere als hier. Alleine die Gnu- und Zebrapopulation wird auf mehr als 1,5 Millionen Tiere geschätzt. Doch aufgrund der jährlichen Wanderungen sind nicht alle Gebiete gleich lohnend für Besucher. Während die südliche und westliche Serengeti außerhalb der Migrationsmonate wie ausgestorben wirken, bieten einige Gebiete ganzjährig gute Beobachtungsmöglichkeiten.

Das bekannteste dieser Gebiete ist das **Seronera-Tal**, welches im Herzen der Serengeti liegt und deshalb meist als zentrale Serengeti bezeichnet wird. Der Seronera ist einer der wenigen Flüsse in der Serengeti, der ganzjährig Wasser führt und eine verlässliche Wasserquelle für viele Tiere ist. Selbst zum Höhepunkt der Trockenzeit gibt es hier ausreichend Wasser für eine kleine Gruppe von **Flusspferden**. Ansonsten ist das Seronera-Tal von Galeriewäldern entlang des Seronera und seiner saisonalen Zuflüsse, von weiten Graslandschaften und von den berühmten Kopjes geprägt. Zu den schönsten dieser Inselberge aus Granit gehören die Masai Kopjes und die Gol Kopjes. Die zentrale Serengeti ist bekannt für **ihre guten Beobachtungsmöglichkeiten von Raubtieren** wie Löwen, Leoparden, Geparden und Hyänen. Da dieses Gebiet das am besten zugängliche ist, befinden sich hier aber auch die meisten Camps und Lodges sowie der einzige öffentliche Campingplatz. In der Hochsaison sind hier deshalb recht viele Fahrzeuge unterwegs, sodass es sich lohnt in die etwas abgelegeneren Bereiche des Seronera-Tals zu fahren.

Flusspferde am Mara-Fluss

Zebras in der Serengeti

Die **Moru Kopjes** liegen etwa eineinhalb Autostunden südwestlich des Seronera-Tals und zählen zu den schönsten Inselbergen der Serengeti. Hier gibt es nur vier permanente Camps und während der Pirschfahrten am frühen Morgen und späten Nachmittag sind nur wenige Fahrzeuge auf den Pisten unterwegs. Die Moru Kopjes sind Heimat einer kleinen Population des **ostafrikanischen Spitzmaulnashorns**, das vom Aussterben bedroht ist. Die Tiere werden allerdings nur selten gesehen. In der Nähe des Ranger-Stützpunkts informiert ein kleines Museum über die Geschichte dieser Nashörner. Neben den Kopjes prägen kleine Akazienwälder, offene Savanne und der Magadi-See diese Gegend. Während am Magadi-See viele Vogelarten leben, sind die Felsen die Heimat von Leoparden, Löwen, Klippspringern und verschiedenen Reptilien. Entlang der Akazienwälder sind oft große Büffelherden anzutreffen. Allerdings bietet diese Gegend auch gute Lebensbedingungen für Tsetsefliegen, deren Bisse sehr schmerzhaft sein können.

Das touristische Potenzial der nördlichen Serengeti wurde erst im letzten Jahrzehnt erkannt. Jahrelang wurde das Gebiet mehr oder weniger ignoriert, nur wenige mobile Safaricamps nahmen den logistischen Aufwand auf sich und siedelten sich hier während der Wanderungszeit an. Dabei hat die nördliche Serengeti viel mehr zu bieten als nur die Migration. Die hügelige, waldreiche Landschaft wechselt sich mit offener Savanne ab und der Mara-Fluss mit seinen vielen Flusspferden und Krokodilen ist einfach nur beeindruckend. Vor allem der Bereich zwischen dem Mara und der Grenze zur Masai Mara in Kenia ist sehr wildreich und beheimatet **nahezu alle Tierarten, die für die afrikanische Savanne typisch** sind. Hier besteht die größte Möglichkeit, Elefanten in der Serengeti zu sehen.

Übernachten: Es gibt zahlreiche Möglichkeiten, vor allem in der zentralen Serengeti. Bei den Moru Kopjes und in der nördlichen Serengeti außerhalb der Migrationsmonate gibt es nur hochpreisige Camps wie z. B. das Pioneer Camp (s. S. 152) oder das Sayari Camp (s. S. 156). Im Seronera-Tal und in der nördlichen Serengeti während der Migrationsmonate gibt es auch vergleichsweise günstige Camps (z. B. die Wilderness Camps, s. S. 144). **Hinweis:** In der zentralen Serengeti haben die meisten Camps inzwischen ganzjährig geöffnet. In allen anderen Gegenden sind die Camps während der großen Regenzeit im April und Mai geschlossen.

INFO

21   # Familientreffen – Schimpansentrekking im Mahale-Mountains-Nationalpark

Das Abenteuer Mahale beginnt mit der Anreise. Über Bergkuppen hinweg setzt das Kleinflugzeug auf der kleinen Landebahn direkt am Tanganjikasee auf. Da es im Nationalpark westlich der Berge keinerlei Straßen gibt, erfolgt die Weiterreise per Boot. Vorbei an kleinen Fischerdörfern und einem Posten der Nationalparkbehörde erreicht man nach etwa einer Stunde die Unterkunft. Vor dem Hintergrund der mit dichten Wäldern bedeckten Berge liegen traumhafte Sandstrände in einsamen Buchten, die Robinson-Crusoe-Atmosphäre aufkommen lassen. Hier liegt die Basis für das Schimpansen-Trekking, das zu den eindrucksvollsten Erlebnissen gehört, die Tansania zu bieten hat.

Seit den 1960er-Jahren betreiben japanische Wissenschaftler der Universität Kyoto in den Mahale Mountains Verhaltensforschung an Schimpansen. Aufgrund der mit 98 Prozent enorm großen genetischen Übereinstimmung mit dem Menschen hoffen die Forscher, über das Studium des Verhaltens der Schimpansen Rückschlüsse auf die Evolution des Menschen ziehen zu können. Die Forschungen vor Ort dauern bis heute an und zählen zu den **längsten Feldstudien, die je vorgenommen wurden**. Um die Schimpansen entsprechend erforschen zu können, wurden im Laufe der Jahre zwei Gruppen vorsichtig an die Gegenwart des Menschen gewöhnt. Von diesen beiden Gruppen existiert heute nur noch die sogenannte M-Gruppe, die Besucher während ihres Aufenthaltes im Nationalpark aufspüren können.

Beim Start des Forschungsprojekts waren die Mahale Mountains weder Schutzgebiet noch Nationalpark. Auch standen die Schimpansen unter keinem besonderen Schutz. Von den einheimischen Stämmen wurden sie bejagt und sogar gegessen. Zudem führten wachsende Bevölkerungszahlen zu einer starken Reduzierung des Lebensraums der Affen, wodurch sich deren Anzahl drastisch verringerte. Um das Aussterben zu verhindern, wurden die **Mahale Mountains zunächst zum Schutzgebiet und 1985 zum Nationalpark** erklärt. Heute leben rund 800 Schimpansen in verschiedenen Gruppen im Park.

Die Vorbereitungen für das **Schimpansen-Trekking** beginnen früh am Morgen. Mit dem Anbruch des Tages begibt sich ein Fährtenleser in den Wald, um nach den Schimpansen zu suchen. Sobald er Spuren gefunden hat, informiert er die Guides in den Camps. Nach dem Frühstück erfolgt der Aufbruch in den Wald, überwiegend über gute Wanderwege, mitunter aber auch entlang schmaler und nur selten genutzter Wege, die teilweise mit Macheten freigeschlagen werden müssen. Da Schimpansen sehr mobil sind und ihnen die Berge keinerlei Probleme bereiten, können die Wanderungen mühsam sein und lange dauern. Die Anstrengungen lohnen sich aber in doppelter Weise: Zum einen ist die Wanderung in den vielfältigen Regenwäldern faszinierend, zum anderen sind die Begegnungen mit den Schimpansen unbeschreiblich. Wenn ein Schimpanse nur wenige Zentimeter an einem vorbeizieht oder ein Jungtier sich beim Spielen beobachten lässt, löst dies ein besonderes, fast magisches Gefühl aus. Auf Englisch hört man hier oft den Satz „*Mahale is magic*". Und genau so ist es.

Magische Begegnungen: Schimpansen in Mahale

Lage: Mahale Mountains ist der westlichste Nationalpark Tansanias und liegt am Ostufer des Tanganjikasees.

Übernachtung: Es gibt nur zwei feste Unterkünfte im Park; zum einen die Kungwe Beach Lodge von MbaliMbali (s. S. 168) und zum anderen Greystoke Mahale von Nomad Tanzania (s. S. 166).

Anreise: ab Arusha mit Zantas Air (ca. drei Stunden Flugzeit) oder ab dem Ruaha-Nationalpark mit Safari Airlink (ca. zweieinhalb Stunden Flugzeit), jeweils montags und donnerstags.

Sonstiges: Neben Schimpansen gibt es im Wald auch weitere Primaten-arten zu bestaunen, z. B. Rotschwanz-Meerkatzen oder Rote Stummelaffen. Gelegentlich werden bei den Trekkings sogar Leoparden gesehen. Außerdem eignet sich Mahale auch hervorragend zu langen Tageswanderungen (vorherige Anmeldung bei Buchung erforderlich).

Hinweise: Die Camps sind während der großen Regenzeit von Ende Februar bis Mitte Mai geschlossen.

Das Mindestalter für das Schimpansen-Trekking beträgt 12 Jahre. Bei Krankheit ist eine Teilnahme aufgrund der Ansteckungsgefahr für die Tiere nicht möglich.

INFO

22   Wild und abgelegen –
der Katavi-Nationalpark

Tansanias drittgrößter Nationalpark ist das Herzstück eines der tierreichsten und mit ca. 25.000 km² größten Ökosysteme des Landes. Seinen Namen verdankt der Park dem Jäger Katabi, der bei den Menschen des Wabende-Stammes als Legende gilt. Es heißt, dass sein Geist in zwei Tamarindenbäumen in der Nähe des Katavi-Sees leben soll – und nicht selten hinterlassen Einheimische noch heute Opfergaben an den Bäumen, um sie vom Geist des Katabi segnen zu lassen.

Aber Katavi ist nicht nur ein spiritueller Ort, sondern vor allem **ein wilder und ursprünglicher Nationalpark** – und mit nur ca. 1.000 Gästen jährlich eine sehr selten besuchte Gegend. Die Lebensader des 4.500 km² großen Parks ist der Fluss Katuma, der bis kurz vor Ende der Trockenzeit Wasser führt. In einem großen Umkreis dient der Fluss als letzte verbliebene Trinkwasserquelle für Elefanten, große Büffelherden, eine Vielzahl von Zebras und verschiedene Antilopenarten (darunter auch die seltenen Rappen- und Pferdeantilopen) sowie Raubtiere wie Löwen, Hyänen und Leoparden. Vor allem aber beheimatet er eine der größten Konzentrationen von Flusspferden und Krokodilen in Afrika. Ab September, wenn der Fluss nur noch ein Rinnsal ist, stapeln sich die Krokodile regelrecht in kleinen Höhlen an den Steilufern, während sich teilweise bis zu 200 Flusspferde in den letzten Wasser- und Schlammlöchern versammeln. Dicht an dicht drängen sich die Tiere und **nicht selten entlädt sich die angespannte Atmosphäre in heftigen Auseinandersetzungen**, teilweise mit tödlichen Folgen.

Katavi ist der Park legendärer Jäger

Neben dem Katuma sind es vor allem die **schier unendlich wirkenden Ebenen**, die Katavi prägen. Alleine die Katsunga-Ebene umfasst gut zehn Prozent der Gesamtfläche des Parks. Die beiden saisonalen Seen Katavi und Chada verwandeln sich in der Trockenzeit ebenfalls in große Ebenen. Aufgrund der Nähe zum Katuma-Fluss ziehen vor allem die Katsunga- und die Chada-Ebene viele Tiere an, die sich zum Schutz vor Raubtieren in die Weiten der offenen Fläche zurückziehen.

Wenn der Katavi-Fluss in der Trockenzeit zum Rinnsaal verkommt …

… drängen sich die Flusspferde im verbleibenden Wasser

Pirschfahrten entlang der Ebenen und entlang des Katuma-Flusses bieten die besten Beobachtungsmöglichkeiten, während bei Ausflügen (meist als Tagesfahrt) zum Katavi-See im Nordwesten bzw. zu den Paradies-Ebenen

im zentralen Teil des Parks die landschaftliche Vielfalt mit verschiedensten Vegetationszonen im Vordergrund steht.

INFO

Übernachtung: vier Camps in verschiedenen Komfortklassen, drei davon in unmittelbarer Nähe zum Katuma-Fluss (Chada Katavi, s. S. 172, Katuma Bush Lodge, s. S. 174 und Katavi Wildlife Camp, s. S. 176). Das luxuriöse Palahala Camp befindet sich im zentral-östlichen Teil.

Beste Reisezeit: in der Trockenzeit zwischen Juni und Oktober, wobei ab Mitte September die Tierkonzentration entlang des Katuma-Flusses am höchsten ist. Die Regenzeit ab November hat auch ihren Reiz. Dann verwandelt sich die Landschaft in ein blühendes Paradies und die überflute-ten Ebenen ziehen Tausende von Wasservögeln an.

Anreise: Aufgrund der abgeschiedenen Lage gibt es nur zweimal wöchentlich (immer montags und donnerstags) Flüge nach bzw. ab Katavi, wodurch der Mindestaufenthalt drei bzw. vier Nächte beträgt. Flüge gehen ab Arusha mit Zantas Air (ca. zweieinhalb Stunden Flugzeit) oder ab dem Ruaha-Nationalpark mit Safari Airlink (ca. eineinhalb Stunden Flugzeit).

Hinweis: Die Camps sind während der großen Regenzeit von Ende Februar bis Mitte Mai geschlossen.

23 Des Königs wilde Heimat – der Ruaha-Nationalpark

Mit einer Fläche von 20.226 km² ist Ruaha nicht nur der **größte Nationalpark in Tansania, sondern im gesamten Ostafrika**. Die abgeschiedene Lage tief im Süden des Landes hat dazu geführt, dass der sehr wild- und vogelreiche Park nach wie vor als Geheimtipp gilt. Nahe der Grenzen zu Sambia und Malawi vermischen sich hier die Tierwelten des östlichen und des südlichen Afrika, sodass einige Arten hier ihr südlichstes Verbreitungsgebiet (z. B. Kleiner Kudu, Grant-Gazelle), andere wiederum ihr nördlichstes Verbreitungsgebiet (z. B. Crested Barbet – Hauben-Bartvogel) haben.

Löwen am Flussufer

Der Park verdankt seinen Namen dem Great Ruaha River, der die Ostgrenze des Parks bildet und in der Trockenzeit als einzig verbliebene Wasserquelle viele Tiere anzieht. Ruaha ist bekannt für seine große Anzahl an Elefanten und seine abwechslungsreiche, von Baobab-Bäumen geprägte Landschaft. Die offenen Savannen haben einem Teil des Parks den Beinamen „Kleine Serengeti" eingebracht. Dichte Waldgebiete bieten den sehr unangenehmen Tsetsefliegen eine Heimat. Daneben gibt es Trockenflussbette, Hügel- und Sumpflandschaften. Weniger bekannt ist allerdings, dass Ruaha die **höchste Konzentration an Löwen in ganz Afrika** hat. Allein in dem für den Tourismus zugänglichen Teil des Parks leben 20 bekannte Löwenrudel, die teilweise aus mehr als 20 Tieren bestehen. Nur das Serengeti-Masai-Mara-Ökosystem weist eine höhere Anzahl an Löwen auf – allerdings in einem deutlich größeren Gebiet.

Vor allem während der Trockenzeit von Juni bis Oktober sind die Beobachtungsmöglichkeiten in Ruaha ideal und es vergeht kaum eine Pirschfahrt, bei der keine Löwen gesichtet werden. Mit ein wenig Glück lassen sich die Raubkatzen auch bei der Jagd auf Büffel beobachten, die während der Trockenzeit Herden von bis zu 1.000 Tieren bilden. Neben Löwen bietet Ruaha außerdem einer **stabilen Population an Leoparden, Geparden und afrikanischen Wildhunden** eine Heimat. Darüber hinaus ist er der einzige Park in ganz Afrika, in dem die prachtvollen Antilopenarten Kleiner Kudu, Großer Kudu, Rappenantilope und Pferdeantilope zusammenleben.

Ruaha ist bekannt für seine Elefantenpopulation

Mit Einsetzen der ersten Regenfälle im November ändert der Park sein Gesicht. Die Vegetation erholt sich, die Trockenflüsse führen zeitweise Wasser und viele europäische und afrikanische Zugvögel überwintern hier. Die Beobachtungsmöglichkeiten für große Tiere sind dann allerdings etwas eingeschränkt. So ziehen sich zum Beispiel die Büffel zu dieser Zeit in den westlichen Teil des Parks zurück und Sichtungen sind zwischen November und März sehr selten. Inzwischen ist der Park auch **für Selbstfahrer geöffnet**. Die Nationalparkbehörde TANAPA hat einige Campsites und preisgünstige Bandas im Bereich des TANAPA-Stützpunktes Msembe eingerichtet. Es gibt allerdings nur wenig Beschilderung im Park und dem spärlichen Kartenmaterial sollte nicht zu viel Vertrauen geschenkt werden. Vereinzelt werden auch privat geführte Safaris angeboten.

Übernachtung: Trotz seiner Größe gibt es im Park nur sieben Camps in unterschiedlichen Preis- und Komfortklassen. Empfehlenswert sind z. B. Kichaka Expeditions (s. S. 110) oder Mwagusi (s. S. 178). Diese Camps sind vergleichsweise klein (drei bis max. 13 Zelte/Bandas) und allesamt für ihre sehr guten Guides bekannt.

Anreise: meist per Kleinflugzeug ab Daressalaam (Flugzeit ca. zwei Stunden) oder Arusha (Flugzeit ca. zwei Stunden) zu den Landebahnen Jongomero oder Msembe. Das einzige Eingangstor befindet sich gut drei Autostunden westlich von Iringa und ca. 500 km von Daressalaam entfernt. **Hinweis:** Während der großen Regenzeit (April/Mai) sind die Camps geschlossen.

INFO

24 Afrikas größtes Schutzgebiet – das Selous-Reservat

Mit seinen 54.600 km² ist das Selous-Reservat größer als die Slowakei. Seinen Namen verdankt Afrikas größtes Schutzgebiet dem englischen Offizier und Abenteurer Frederick Courteney Selous, der hier während des Ersten Weltkriegs im Kampf gegen die kaiserliche Schutztruppe unter dem Kommando von General von Lettow-Vorbeck ums Leben kam. Nahe der Beho-Beho-Anhöhen erinnert noch heute eine Gedenktafel an sein Grab.

Aufgrund einer ungewöhnlich großen Artenvielfalt in Flora und Fauna wurde das Selous-Reservat 1982 als **UNESCO-Weltnaturerbe** ausgezeichnet. Neben dem größten Elefantenvorkommen Tansanias (heute noch ca. 13.000, vor weniger als zehn Jahren noch rund 65.000) und der vermutlich größten Büffelpopulation des Kontinents (ca. 150.000) beheimatet das Ökosystem eine hohe Zahl verschiedener, zum Teil bedrohter und/oder nur selten vorkommender Antilopenarten. So beherbergt Selous beispielsweise mit etwa 50.000 Tieren 75 Prozent aller Puku-antilopen Afrikas sowie die mit gut 8.000 Tieren größte Rappenantilopenpopulation. Außerdem ist Selous das **wichtigste Schutzgebiet für die stark bedrohten Afrikanischen Wildhunde** und in seinen **Miombo-Trockenwäldern** haben Wissenschaftler bis heute mehr als 2.100 verschiedene Pflanzenarten identifiziert, so viel wie in keinem anderen Miombo-Wald in Afrika.

Tansanias größter Fluss, der Rufiji (sprich: *Rufidschi*), teilt das Reservat in zwei Teile. Das Gebiet nördlich des Flusses umfasst rund fünf Prozent der Gesamtfläche und ist für den Safaritourismus zugänglich. Aufgrund seiner hügeligen Landschaft und der dichten Vegetation ist der Großteil des Südens hingegen kaum oder nur sehr schwer erreichbar. Zudem bietet er ideale Lebensbedingungen für die sehr unangenehmen Tsetsefliegen. In einigen Bereichen sind dennoch Jagdsafaris möglich.

Der nördliche Teil von Selous ist landschaftlich der schönste. Aufgrund eines sehr geringen Gefälles und einer langsamen Fließgeschwindigkeit hat der Rufiji eine **Binnenseenlandschaft** erschaffen, die Parallelen zum Okavangodelta in Botswana erkennen lässt. Nach jeder Regenzeit ändert sich die Landschaft ein wenig, neue Kanäle entstehen, während

Flusspferd am Tagalala-See

alte Kanäle austrocknen und die Ufer der Seen sich verschieben. Während der Trockenzeit von Juni bis Oktober verdunstet das Wasser in weiten Teilen des Gebiets. Nur der Rufiji und die größeren Seen wie der Manze, Nzerakera und Tagalala führen dann noch Wasser und ziehen viele Säugetiere und Wasservögel an.

Die natürlichen Gegebenheiten ermöglichen es den meisten Camps, eine Bandbreite an Aktivitäten anzubieten, wie es in Tansania sonst kaum möglich ist: Walking-Safaris, Bootsafaris und Pirschfahrten (offiziell ist es nicht er-

Selous ist das wichtigste Schutzgebiet des Afrikanischen Wildhundes

laubt offroad zu fahren, wird aber bei besonderen Sichtungen geduldet) sowie als besonderes Erlebnis das sogenannte Fly Camping (s. S. 114). Die Anreise nach Selous erfolgt ab Daressalaam (mehrmals täglich, ca. 30 Minuten Flugzeit) oder Arusha (täglich via Ruaha, ca. drei Stunden Flugzeit). Der Anflug auf Selous ist spektakulär und bietet einen tollen Überblick über die Seenlandschaft. Auch für Selbstfahrer ist Selous geöffnet, 4x4-Erfahrung und Kenntnisse über black-cotton soil (Vertisol) sind aber zwingend erforderlich. Für die Fahrt von Daressalaam bis zum östlichen Eingang sollten ca. sechs Stunden eingeplant werden.

Elefanten durchziehen den Manze-See

25 Serengeti des Südens – der Mikumi-Nationalpark

Der Mikumi-Nationalpark liegt gut vier bis fünf Autostunden westlich von Daressalaam und ruft zwiespältige Gefühle hervor. Einerseits bietet dieses nördliche Ende des riesigen Selous-Ökosystems eine großartige Natur und Landschaft. Andererseits verläuft quer durch den Park die Hauptstraße zwischen Daressalaam und Iringa. Über eine Länge von 50 km zieht sich die Straße durch den Nationalpark.

Dennoch ist Mikumi ein durchaus interessanter Park und ideal für den Einstieg in das südliche Tansania, auch wenn nur ein kleiner Teil des 3.230 km² großen Nationalparks für Touristen zugängig ist. Da Mikumi bislang nur selten Bestandteil von Safaris ist, kann es unter der Woche oft passieren, dass Gäste den Park für sich alleine haben. Aufgrund seiner großen, offenen Savannen wird Mikumi gelegentlich als „Serengeti des Südens" bezeichnet. **Landschaftlich besonders reizvoll ist vor allem der Teil nördlich der Hauptstraße**. Hier befindet sich nicht nur das größte Wegenetz, vor dem Hintergrund der Uluguru- und Udzungwa-Berge erstreckt sich hier auch die riesige Mkata-Ebene über das Land.

Mikumi ist allerdings nicht nur landschaftlich sehr schön, sondern gilt auch **als bester Ort in Tansania, um die scheuen Elenantilopen zu beobachten**. Während der Trockenzeit kommt es nicht selten vor, dass große Herden der größten afrikanischen Antilopenart gemeinsam mit Giraffen, Zebras und Gnus über die

Hinter dem Wasserloch erstreckt sich die Mkata-Ebene

Ebenen ziehen. Dann lassen sich auch große Büffel- und Elefantenherden an den verschiedenen Wasserlöchern beobachten. Zum Ende der Trockenzeit ist es oft lohnend, für einige Zeit an den Wasserlöchern zu verweilen, und manchmal können dann auch Löwen, Hyänen und mit viel Glück auch **die seltenen Wildhunde beim Trinken** gesichtet werden.

Leider hat Mikumi in den letzten Jahren unter den Folgen der Wilderei gelitten. Direkt an den Park grenzen der gleichnamige Ort und einige Dörfer, allerdings gibt es nur unzureichende Kontrollen entlang der Parkgrenzen. Als Folge der Wilderei gibt es in Mikumi heute z. B. keine Geparde oder Strauße mehr, obwohl die Lebensbedingungen ideal für sie wären. Es gibt allerdings vage Pläne einige Arten wieder anzusiedeln. Dies wäre eine wichtiger Schritt, nicht nur um Mikumis Status als Nationalpark zu stärken, sondern auch, um die Gegend für den Tourismus interessanter zu machen. Diesem Zweck dienen auch die **Pläne zum Bau einer Umgehungs-**

Mikumi leidet noch unter den Folgen der Wilderei – um Elenantilopen zu beobachten, gibt es aber keinen besseren Ort

straße. Durch diese soll der teils rege Verkehr, der bislang viele Touristen abschreckt, um den Park herum gelenkt werden. Nicht zuletzt würde dies auch die Zahl der bei Verkehrsunfällen getöteten Tiere deutlich verringern.

Abseits von Safariaktivitäten eignet sich Mikumi auch sehr gut als Basis für Tagesausflüge zu den ca. zwei Fahrtstunden entfernten Udzungwa-Bergen (s. S. 28). Diese bieten nicht nur ein landschaftliches Kontrastprogramm, sondern mit ihren hervorragenden Wanderwege auch die Möglichkeit, sich körperlich zu betätigen. Tatsächlich ist die Mikumi-Udzungwa-Gegend die einzige in Tansania, wo man **Safari und Wandern kombinieren** kann, ohne umziehen zu müssen.

Übernachten: Im Park gibt es drei Camps, von denen Stanley's Kopje (s. S. 190) die beste Option ist, u. a. da es nördlich der Straße liegt. Das Vuma Hills Camp (www.vumahills.com) und das Mikumi Wildlife Camp (www.mikumiwildlifecamp.com) sind als Unterkünfte sehr schöne Alternativen, haben aber den Nachteil, südlich und in der Nähe der Hauptstraße zu liegen.

Beste Reisezeit: während der Trockenzeit zwischen Juni und Oktober, auch für Tagesausflüge zu den Udzungwa-Bergen.
Sonstiges: Stanley's Kopje ist zwischen dem 01. März und 31. Mai geschlossen, die anderen beiden Camps sind ganzjährig geöffnet. Alle Camps bieten Tagesausflüge zu den Udzungwa-Bergen an.

INFO

26 Spektakuläre Unterwasserwelt – der Mafia-Island-Marine-Park

Die Idee zur Gründung eines Meeresschutzgebietes um die Insel Mafia entstand in den 1960er-Jahren. Aufgrund zunehmender Bevölkerungszahlen auf Mafia und den umliegenden Inseln stieg der Druck auf die natürlichen Ressourcen. Die Fischer mussten mehr Nahrung für immer mehr Menschen einbringen. So begannen sie, engmaschige Netze einzusetzen, denen kaum ein Meereslebewesen entkommen konnte. In ihnen verendeten auch zahlreiche Exemplare bedrohter Arten wie etwa der Meeresschildkröte. Als Baumaterial stand nur das Holz der Mangroven zur Verfügung, über deren Funktion als Küstenschutz die Bewohner der Inseln kaum etwas wussten. Im Jahr 1970 wurden vier Inseln des Mafia-Archipels zum Meeresschutzgebiet erklärt. Geändert hat sich dadurch zunächst nichts. Der Regierung standen nicht genügend Mittel zur Verfügung, um das Schutzgebiet zu kontrollieren. Deshalb behielten die Inselbewohner ihre Verhaltensweisen bei. Es dauerte bis 1996, ehe hier **Tansanias erster Meerespark** ins Leben gerufen wurde. Seither dient der Mafia-Island-Marine-Park dem Schutz einer einzigartigen Unterwasserwelt, aber auch zum Erhalt des Lebensraums der Menschen im Mafia-Archipel.

Heute umfasst der Marine Park 822 km², in erster Linie die südlichen Gewässer des Mafia-Archipels, darunter auch die Chole Bay. Diese Bucht verfügt über **hervorragende Schnorchel- und Tauchmöglichkeiten**, die zu den besten an der Ostküste Afrikas zählen. Mit 48 Korallen-, 380 Fisch- und zwölf Seegrasarten existiert hier eine Artenvielfalt, die sonst nur in den Regenwäldern erreicht wird. In den Gewässern um Mafia sind vier Schildkrötenarten zu Hause, von denen die Echte Karettschildköte und die Grüne Meeresschildkröte (auch als Suppenschildkröte bekannt) auf Mafia ihre Eier ablegen. Innerhalb der Chole Bay stehen die kleineren und bunten Riffbewohner wie Tintenfische oder Clownfische im Vordergrund. Dagegen sind am Übergang von der Bucht zum offenen Meer oft größere Fische wie die riesigen Mantas, Napoleon-Lippfische und verschiedene Haiarten anzutreffen. Bei Tauchgängen in tiefere Gewässer außerhalb der Bucht können große Raubfische wie Zackenbarsche oder Stachelmakrelen beobachtet werden. Allerdings ist das Tauchen außerhalb der Chole Bay nur **zwischen Oktober und Februar** möglich. In der restlichen Zeit des Jahres ist die See zu aufgewühlt und die Sicht zu stark eingeschränkt. Innerhalb der Bucht kann dagegen ganzjährig getaucht und geschnorchelt werden. Aber auch hier gilt, dass die Sicht mit bis zu 25 m zwischen Oktober und Februar am besten ist.

Friedlicher Riese: ein Walhai

Eine Insel des Mafia-Archipels von oben

Wenn sich das Meer beruhigt, kommen auch **Walhaie, die größten Fische überhaupt**, nach Mafia. Reichhaltige Planktonvorkommen vor der Westseite der Insel locken die Tiere in flachere Gewässer. Hierüber freuen sich nicht nur Touristen, die im Rahmen von geführten Ausflügen mit diesen friedvollen Riesen schwimmen können, sondern auch Wissenschaftler und Studenten aus der ganzen Welt, die mehr über die Fische herausfinden möchten. Wem Walhaie noch nicht groß genug sind, sollte Mafia zwischen Juli und September besuchen. Dann ziehen **Buckelwale** in Begleitung ihrer Jungtiere auf ihrer jährlichen Wanderung zwischen der Antarktis und den warmen Gewässern des Indischen Ozeans an Mafia vorbei.

Übernachtung: Die Auswahl an Unterkünften ist im Vergleich zu Sansibar sehr gering. Zu empfehlen sind die Chole Mjini Lodge auf Chole Island (s. S. 194) und die Kinasi Lodge (www.kinasilodge.com) auf Mafia.
Ausflüge: vor allem Schnorcheln und Tauchen. Einige Lodges unterhalten eigene Tauchschulen, alle Lodges verfügen über eigene Boote für Schnorchel- und Tauchausflüge.

Zwischen Oktober und März gibt es zudem die Möglichkeit, mit Walhaien zu schnorcheln. Das zur Chole Mjini Lodge gehörende Kiti Kublu Magemani Whale Shark Camp (www.kitukiblu.com) ist hierauf spezialisiert.
Sonstiges: Die Gebühren für den Marine Park in Höhe von 20 USD pro Person pro Tag können nur vor Ort in bar oder per Kreditkarte bezahlt werden.

INFO

Menschen, Geschichte und Kultur

27 Der Erste Weltkrieg in Tansania I: zu Land und Wasser

Als im August des Jahres 1914 der Kampf um Deutsch-Ostafrika, dem heutigen Tansania, entbrannte, hatte der Erste Weltkrieg den afrikanischen Kontinent erreicht. Den Auftakt zu den erbitterten Gefechten markiert **eines der skurrilsten Ereignisse des gesamten Kriegs**.

Zur Zeit des Kriegsbeginns hatten Briten und Deutsche jeweils ein Dampfschiff auf dem Malawisee stationiert, um die Grenzen ihrer Kolonien zu schützen. Auf britischer Seite hatte Edmund Rhoades das Kommando über die *SS Gwendolyn*, Kapitän Berndt befehligte das deutsche Schiff *Hermann von Wissmann*. Mit dem Ausbruch des Ersten Weltkriegs sollten die beiden Trinkkumpanen zu Gegnern werden.

Lange Zeit hielt die SMS Königsberg die britische Marine in Atem

Am 13. August 1914, neun Tage nach dem Kriegseintritt Großbritanniens, erhielt Edmund Rhoades die Nachricht vom Kriegsbeginn und den Befehl, das deutsche Schiff unschädlich zu machen. Da Rhoades wusste, dass sich dieses zwecks Wartungsarbeiten im Trockendock befand, steuerte er Sphinxhafen (das heutige Liuli) an und begann mit dem Beschuss. Da die Ausbildung des schottischen Kanoniers bereits einige Zeit zurücklag, verfehlten die ersten Schüsse ihr Ziel.

Kurz nachdem ein Geschoss die *Hermann von Wissmann* getroffen hatte, legte ein deutsches Beiboot am britischen Schiff an. An Bord befand sich Kapitän Berndt, der seinen Freund bezichtigte, betrunken zu sein. Rhoades informierte ihn im Gegenzug über den Kriegsausbruch – und erklärte Berndt zum Kriegsgefangenen. Da weiterer Widerstand zwecklos war, mussten Berndt und seine Mannschaft tatenlos zusehen, wie ihr Schiff demontiert wurde. Bis heute ist dieser **kuriose Zwischenfall** als „Schlacht von Sphinxhafen" bekannt.

Nach diesem eher verhaltenen Kriegsbeginn dauerte es nicht lange, bis die Kämpfe heftiger wurden. Im September 1914 versenkte die *SMS Königsberg* in einem Überraschungsangriff die britische *HMS Pegasus*, während diese vor Sansibar ankerte. Nachdem die *Königsberg* auf dem Rückzug noch schnell mit drei Schüssen die britische *Hermann* versenkte, musste sie sich aufgrund von Motorschäden und dringender Reparaturen selbst zurückziehen. Ein geeignetes Versteck fand Fregattenkapitän Max Loof dabei **im weit verzweigten Rufiji-Delta** südlich von Daressalaam, von dem die Briten nicht wussten, dass es für Schiffe dieser Klasse überhaupt befahrbar war. Das ominöse Verschwinden der *Königsberg* stellte die britische Flotte vor erhebliche Probleme, war das Schiff doch **eine dauerhafte Gefahr für die Versorgung auf dem Seeweg**, weshalb die Briten es mit aller Macht versenken wollten. Versteckt in dichten Mangrovenwäldern, ermöglichte es erst ein Zufall den Briten, die *Königsberg* ausfindig zu machen: Auf einer Kohlenquittung, die britische Truppen an Bord eines aufgebrachten deutschen Schiffes fanden, war der Aufenthaltsort der *Königsberg* vermerkt. Nach langen erbitterten Kämpfen, in denen die *Königsberg* erhebliche gegnerische Kräfte binden konnte, gelang es der britischen Marine mit Unterstützung der Luftaufklärung, den Kleinen Kreuzer stark zu beschädigen. So sah sich der schwerverwundete Kapitän Loof am 11. Juli 1915 gezwungen, das Schiff selbst zu versenken. Für die Briten hatte der Schrecken damit endlich ein Ende. Von nun an kontrollierten sie die Gewässer an der afrikanischen Ostküste.

Obwohl die Briten gemeinsam mit den Belgiern, die große Teile Zentralafrikas kontrollierten, Deutsch-Ostafrika isoliert hatten, konnten sie die Deutschen in den ersten beiden Kriegsjahren hier nicht besiegen. Trotz ihrer zahlenmäßigen Überlegenheit, fanden sie kein Rezept, um dem mit allen Wassern gewaschenen **Paul von Lettow-Vorbeck** beizukommen. Der

Unter von Lettow-Vorbeck gelang es der deutschen Schutztruppe, erheblich Kräfte des Gegners zu binden

deutsche General verstand sich nicht nur hervorragend darauf, seine aus Einheimischen rekrutierten Soldaten auszubilden, sondern auch, sie zu motivieren. Erst mit Hilfe der Verbündeten aus Südafrika unter Jan Smuts konnten die Alliierten im Jahr 1916 die Wende herbeiführen und die sogenannte **Schutztruppe** in das heutige Mosambik und weiter nach Sambia zurückdrängen.

Touren: Geführte Touren zu ehemaligen Kriegsschauplätzen gibt es nicht, aber im ganzen Land erinnern Denkmäler an den Krieg. In Daressalaam befindet sich das Askari-Denkmal, welches zu Ehren der einheimischen Krieger errichtet wurde. Eines der bekanntesten Denkmäler ist der Grabstein von Frederick Courteney Selous im nach ihm benannten Selous-Reservat. Mit der *MV Liemba* ist auf dem Tanganjikasee noch immer ein echtes Relikt aus dieser Zeit im Einsatz.
Übernachten: Das Dar Es Salaam Serena Hotel (www.serenahotels.com) liegt zentral und ideal zur Erkundung der Stadt. Das Grab von Selous lässt sich am besten vom Beho Beho Camp (www.behobeho.com) im Rahmen einer Safari besuchen. Bei einer Fahrt über den Tanganjikasee lässt sich auch auf der *MV Liemba* übernachten (s. S. 84).

INFO

28 Der Erste Weltkrieg in Tansania 2: Kampf in Selous

Schon früh während des Ersten Weltkriegs musste Deutschland eingestehen, dass Deutsch-Ostafrika, also das heutige Tansania, nicht zu halten war. Dem dortigen Befehlshaber, der vom Feind als hervorragender Stratege gefürchtete **General Paul von Lettow-Vorbeck**, wurde eine letzte Mission aufgetragen. Er sollte den Krieg in Afrika so lange wie möglich aufrechterhalten und dadurch so viele feindliche Truppen wie möglich binden. Dies gelang ihm überaus erfolgreich, denn obwohl die Alliierten zu Spitzenzeiten mehr als 300.000 Soldaten aufboten, schafften sie es nicht, die maximal 12.000 Mann starke sogenannte Schutztruppe zu besiegen.

General Paul von Lettow-Vorbeck

Es war ein **grausamer Krieg, der auf dem Rücken der einheimischen Bevölkerung ausgetragen wurde**. Aufgrund der schwierigen Bedingungen vor Ort und der quasi nicht vorhandenen Infrastruktur mussten Waffen, Munition und Nahrungsmittel zu Fuß transportiert werden. Hierfür rekrutierten beide Seiten afrikanische Hilfstruppen, insgesamt waren während des Kriegs mehrere Hunderttausend Träger im Einsatz. Die Bedingungen für die Träger waren oft miserabel und viele bezahlten den Einsatz mit ihrem Leben. Allein auf britischer Seite starben über 40.000 von ihnen.

Aufgrund der zahlenmäßigen Unterlegenheit zog von Lettow-Vorbeck mit seiner Schutztruppe durch das Land, immer gefolgt von den alliierten Truppen. Unter ihnen befand sich auch der berühmte Offizier, Schriftsteller und Abenteurer **Frederick Courteney Selous**. Bei ihrem Marsch hinterließen beide Seiten eine Spur der Verwüstung, denn die Felder und Ernten einheimischer Bauern, die das Pech hatten entlang der Vormarschlinie zu leben, wurden zur Versorgung der Truppen beschlagnahmt. Im Jahr 1916 erreichten die Truppen die **Beho-Beho-Anhöhen**, wo es zu einem Gefecht von historischer Bedeutung kam. Nach einem Hinterhalt gerieten die alliierten Truppen unter schweren Beschuss, wobei Selous tödlich verwundet wurde.

Sein Tod sorgte für Bedrückung auf beiden Seiten, denn Selous wurde von allen sehr geschätzt und geachtet. Von Lettow-Vorbeck ließ es sich nicht nehmen, persönlich einen Brief an den Oberbefehlshaber der Alliierten zu schreiben, in dem er sein Bedauern ausdrückte. Zu Ehren des Gefallenen trägt das Gebiet heute den Namen Selous. Der Krieg ging jedoch mit unverminderter Härte weiter und die Bedingungen entlang des Rufiji-Flusses, geprägt von Hitze, Feuchtigkeit und Malaria, forderten viele Opfer auf beiden Seiten. Doch auch inmitten all des Elends blieb Platz für kleine Funken der Menschlichkeit. So berichtete ein verwundeter britischer Offizier, der in die Hände von Askaris, also einheimischen Soldaten, die auf deutscher Seite kämpften, gefallen war, dass diese seine Wunden verbanden und sich gut um ihn kümmerten, anstatt ihn zu töten.

Schließlich verließen die Truppen das heutige Selous und zogen über Mosambik bis in das heutige Sambia.

Aber auch hier harrte von Lettow-Vorbeck aus und legte seine Waffen erst nieder, nachdem das Deutsche Reich im November 1918 kapituliert hatte und der Krieg auf dem europäischen Mutterkontinent beendet war. Damit endete der Erste Weltkrieg auch auf afrikanischem Boden, allerdings erst nachdem – so von Lettow-Vorbecks Bedingung – die Alliierten anerkannten, dass sie die Schutztruppe nicht besiegt hatten.

Übernachten: viele Möglichkeiten in allen Preiskategorien (z. B. Lake Manze Camp, s. S. 184, oder Siwandu, s. S. 186); am nächsten an der historischen Kriegsstätte befindet sich das Beho Beho Camp (www.behobeho.com). **Sonstiges:** Selous wurde nach seinem Tod an Ort und Stelle beerdigt. Lange Jahre galt sein Grab als verschollen, wurde aber mittlerweile wiedergefunden. Der Grabstein ist noch heute bei den Beho-Beho-Anhöhen zu sehen und kann von einigen Camps aus während eines Aufenthaltes in Selous im Rahmen einer Pirschfahrt besucht werden.

INFO

29   Zwischen zwei Welten – Quo vadis, Massai?

Für viele sind die Massai das Gesicht Afrikas. Über kaum ein anderes Volk wurde häufiger in Dokumentationen und Büchern berichtet. **Sie stehen stellvertretend für afrikanische Kultur und traditionelle Lebensweise** und faszinieren damit viele. Das Bild von erfolgreichen Viehhirten und furchtlosen Kriegern mit Speeren, roten oder blauen Gewändern (*shouka* genannt) und geweiteten Ohrlöchern hat sich fest in unsere Köpfe eingebrannt. Doch der Schein trügt, denn die heutige Situation der Massai ist sehr zwiegespalten und erinnert an das Schicksal von Aborigines und Indianern. Innerhalb von Tansania gelten die Massai mit ihrer (halb-)nomadischen Lebensweise als rückschrittlich. Viehhirten, die inmitten ihrer Tiere leben, sich vorwiegend von Fleisch ernähren und zu bestimmten Anlässen Blut trinken – welchen Beitrag könnten sie und ihre Lebensweise schon zur Entwicklung Tansanias leisten?

In den 1930er-Jahren begann die Diskriminierung der Massai. Während der britischen Kolonialzeit wurden auf Massai-Land die ersten Jagdreservate und in den 1950er-Jahren Schutzgebiete und Nationalparks errichtet, teilweise wurde Land auch an private Investoren verkauft. **Die Massai wurden enteignet, von ihrem Land vertrieben und zum Teil in für sie ausgewiesene Reservate geschickt**. Die Massai wehrten sich. Teilweise mit Erfolg: Das Ngorongoro-Areal, welches damals zum Serengeti-Nationalpark gehörte, wurde Ende 1959 zum Schutzgebiet „abgewertet" und den Massai ein Nutzungsrecht eingeräumt. Auch wenn die Massai im Vergleich zu anderen Ethnien heute noch sehr große Gebiete nutzen dürfen, haben sie gut die Hälfte ihres einstigen Landes eingebüßt. Wachsende Bevölkerungszahlen, Ausweitung des Naturschutzes und wirtschaftliche Interessen üben weiterhin Druck auf die Massai aus. Zuletzt sorgte Ende 2014 die Re-

Zu Besuch in einem Massai-Dorf

Eine Massai-Schule

gierung für große Aufregung mit der Ankündigung, Teile des Loliondo-Gebiets über Umwege einem privaten Jagd-Safari-Unternehmen zuschlagen zu wollen (s. S. 72). Dies hätte zur Konsequenz gehabt, dass über 30.000 Massai ihre Heimat hätten verlassen müssen. Diese Pläne wurde dank großen internationalen Protests jedoch zurückgenommen.

Während nahezu die Hälfte der Massai noch immer ihrer traditionellen Lebensweise folgt (oft in Gebieten, die touristisch nicht oder nur wenig erschlossen sind), hat bei vielen auch ein Prozess des Umdenkens stattgefunden. Kinder werden zur Schule geschickt, lernen Englisch und Swahili, integrieren sich in die Gesellschaft und ziehen in die Städte. Der Tourismus bietet Jobmöglichkeiten, ob als Nachtwächter, Kellner oder Guide. **Einige der besten Guides in Ostafrika sind Massai**, was aufgrund des Aufwachsens mitten in der Natur wenig verwunderlich ist. Zu den bekanntesten Beispielen zählt der Kenianer Jackson Looseyia, der an der Seite von Jonathan Scott die BBC-Dokureihe „Big Cat Diary" moderierte und nach wie vor als Guide in der Masai Mara arbeitet. Aber Massai sind nicht nur im Tourismus tätig, sondern inzwischen auch in vielen anderen Bereichen. Im Vergleich zu Aborigines und Indianern haben sich diese Massai meist freiwillig für diesen Lebensweg entschieden, was ihre Integration wesentlich einfacher macht. Dennoch ist die Zukunft vieler Massai ungewiss und die Entscheidung zwischen den beiden Welten nicht einfach.

Übernachten: Für traditionelle Begegnungen sollten abgelegene Gebiete wie Loliondo, Natronsee oder West Kilimanjaro besucht werden. Das nachgebaute Massai-Dorf Olpopongi (www.olpopongi-maasai.com) bietet neben Übernachtungen im Massai-Stil die Möglichkeit zu Kontakten mit traditionell und modern lebenden Massai.

Sonstiges: Das private Projekt Volounteer Maasai (www.volunteer maasai.org) bietet Freiwilligen die Chance, für einen geringen Betrag in der Nähe des Ortes Mto wa Mbu an einer Schule für Massai mitzuwirken.

INFO

30 Land der Kontraste und Konflikte – das Loliondo-Schutzgebiet

Seit sie zwischen den 1950er- und 1970er-Jahren ihre angestammten Weidegründe in der Serengeti und in Ngorongoro verlassen mussten, weil diese Gebiete zum Nationalpark erklärt wurden, gilt Loliondo als **Rückzugsgebiet der Massai**. Das Areal, das sich zwischen der kenianischen Maasai Mara, dem Natronsee, der Serengeti und Ngorongoro erstreckt, ist von großer Bedeutung für die jährliche Wanderung der großen Gnu- und Zebraherden. Auf der Suche nach frischem Gras und Wasser durchziehen sie auf dem Weg nach Süden im November und Dezember das Land.

Loliondo ist Land der Massai – die seit Jahren dafür kämpfen, dass das auch so bleibt

Über viele Jahre hinweg lebten die Massai hier im Einklang mit der Natur, respektierten und arrangierten sich mit den durchziehenden und ständig hier lebenden Tieren. Aber seit gut 20 Jahren kommt es immer wieder zu Spannungen und zu aufflackernden Konflikten. Nicht zwischen den Hirten und den Wildtieren, sondern zwischen den Behörden und den traditionell lebenden Massai, die sich immer stärker um ihre Rechte und ihr Land betrogen fühlen. Erste Unruhen kamen im Jahr 1992 auf, als die Regierung über die Köpfe der Massai hinweg für große Teile des Landes **Jagdlizenzen an ein Unternehmen aus den Vereinigten Arabischen Emiraten** verkaufte. Seither folgen den großen Herden mit den Raubtieren im Schlepptau arabische Geschäftsleute und Royals auf der Suche nach Jagdtrophäen.

Lange Jahre schwelten die Konflikte um die Nutzungsrechte des Landes. 2008 forderte die Regierung die Massai auf, das Land zu verlassen, um den Jagdaktivitäten Raum zu geben. Die Massai weigerten sich und während der verheerenden Dürre im Jahr 2009 erreichten die Konflikte schließlich ihren Höhepunkt. Um die wild lebenden Tiere und ihre Wasserversorgung zu schützen – so die offizielle Begründung –, begannen die Behörden mit Zwangsräumungen. Dabei wurden Massai gewaltsam aus ihren Dörfern vertrieben und mindestens 150 Bomas, traditionelle Massai-Hütten, niedergebrannt. Quellen sprechen von 60.000 Stück Nutzvieh, die aus den Gebieten mit den wenigen letzten Wasserquellen vertrieben wurden. Die Hälfte des Viehs, zitiert ein Bericht der BBC die Massai, sei dabei gestorben. In den Wirren wurden Familien auseinandergerissen und es heißt, dass mindestens ein Kind, die damals siebenjährige Nashipai Gume, nie wieder aufgefunden wurde.

Nachdem sich die Lage beruhigt hatte, zogen die Massai wieder in ihre Dörfer. Aber 2012 unternahm die dem Ministerium für Tourismus unterstellte Nationalparkbehörde TANAPA einen weiteren Versuch, den Landstrich zu entvölkern; diesmal mit juristischen Mitteln. Hierfür reichte sie einen Antrag auf Erweiterung des **4.000 km² großen Loliondo-Schutzgebiets** um 1.500 km² ein. Eine Bewilligung hätte zur Folge gehabt, dass auch dieses Land für die 30.000 dort lebenden Massai und ihre Herden fürderhin tabu gewesen wäre – nicht aber für Jagdsafaris.

Dagegen setzten sich die Massai zur Wehr. Mit Petitionen, breiter Unterstützung in Medien und im Internet konnten sie schließlich einen Erfolg erringen. Nach einem Besuch in Loliondo wandte sich Premierminister Mizengo Pinda mit deutlichen Worten gegen die Pläne seines Tourismusministers und verfügte im September 2013, dass die 1.500 km² nicht zum Schutzgebiet erklärt, sondern Massai-Land bleiben sollten. Vorerst.

In Loliondo ist vieles möglich, auch Nachtpirschfahrten

Es kommt selten vor, dass sich ein politischer Konflikt vor einer derart beeindruckenden Kulisse abspielt. Loliondo ist geprägt von einer atemberaubend abwechslungsreichen Landschaft mit Bergen, tiefen Schluchten, Flüssen, Wäldern, Hügelketten und Grasebenen.

Aber der eigentliche Zauber von Loliondo lässt sich nur schwer in Worte fassen. Es ist nicht nur die Natur, sondern auch die Ruhe und Abgeschiedenheit, die Ursprünglichkeit und die Nähe zu den hier lebenden Massai und deren Kultur, die Loliondo so besonders machen. Für Besucher ist hier zudem vieles möglich, was in der angrenzenden Serengeti nicht oder nur eingeschränkt geht: **Nachtpirschfahrten, Offroad-Fahrten, Walking-Safaris**, Sundowner und Picknicks im Busch und Interaktion mit traditionell lebenden Massai, die ihr Leben noch nicht dem Tourismus angepasst haben. Der Mitgründer von Nomad Tanzania, Mark Houldsworth, sagte einst, dass in Loliondo „alles so ist, wie es früher war". Vielleicht ist dies die beste Beschreibung für dieses noch so unbekannte Gebiet am Rande der Serengeti. Und es ist zu hoffen, dass dies weiterhin so bleibt.

Übernachtung: Insgesamt gibt es nur drei Camps in Loliondo. Eines davon ist das luxuriöse Klein's Camp von AndBeyond (www.andbeyond.com) mit zehn Cottages, welches sich dauerhaft im nördlichen Bereich befindet. Die private Konzession gilt hinsichtlich Tierbeobachtungen und Safarierlebnis als eines der besten Ziele im nördlichen Tansania. Ein weiteres Camp ist das mit sechs Zelten sehr kleine und mobile Camp Nduara Loliondo von Nomad Tanzania (www.nomad-tanzania.com). Zwischen Dezember und Mai befindet es sich im südlichen und von Juni bis November im nördlichen Teil von Loliondo, um möglichst nahe bei der Migration zu sein. Beide Camps sind ganzjährig geöffnet.

INFO

31 Die Spuren der Jäger – die Felsenmalereien von Kondoa

Das Gebiet ist nicht immer leicht zugänglich

Anfang des 20. Jahrhunderts berichteten Missionare erstmals von **Felsenmalereien**, die sie in der Nähe der Orte Kondoa und Kolo gefunden hatten. Diese Entdeckungen erregten zunächst wenig Interesse und es vergingen mehr als 20 Jahre, ehe die Wissenschaft sich näher mit ihnen beschäftigen sollte. In den 1930er-Jahren reiste der bekannte **Paläoanthropologe Louis Leakey** nach Kondoa, um die Malereien genauer zu untersuchen. Im Rahmen seiner Forschungen entdeckte er viele verschiedene Malereien, die teilweise sehr gut erhalten waren. Er stellte die These auf, dass einige der Zeichnungen über 1.000 Jahre alt seien. Der überwiegende Teil seiner Kollegen bestritt dies zunächst und maß den Zeichnungen keinerlei archäologische Bedeutung bei.

Im Laufe der nächsten Jahrzehnte wurde das Gebiet um Kondoa und Kolo intensiv erforscht. Dabei wurden immer mehr Felsenmalereien entdeckt. Mit dem Buch *Africa's Vanishing Art* von Louis' Ehefrau **Mary Leakey**, wurden die Malereien im Jahr 1983 einer breiteren Öffentlichkeit bekannt.

Heute gilt es als erwiesen, dass einige der **Zeichnungen mehr als 1.500 Jahre** alt sind. An über 150 Orten, verstreut auf ein Gebiet von gut 2.350 km², wurden Malereien gefunden. Die meisten Fundorte liegen wind- und wettergeschützt in Höhlen und an Überhängen, weshalb viele der Zeichnungen in gutem Zustand

Relikte der Vorzeit:
Felszeichnungen in Kondoa

sind. Einige der am einfachsten zugänglichen wurden jedoch durch Vandalismus zerstört. Um bessere Bedingungen für den Schutz und Erhalt zu schaffen, wurden die Felsenmalereien von Kondoa im Jahr 2006 zum **UNESCO-Weltkulturerbe** erklärt. Zu Recht, denn die Malereien sind nicht nur künstlerisch wertvoll, sondern auch ein wichtiges Zeugnis über das Leben von Jägern und Sammlern sowie Bauern vergangener Zeiten. Zu den Motiven zählen so-

Die weißen Malereien sind deutlich jünger als die typischen Bilder in Rot

wohl Menschen bei der Jagd oder bei verschiedenen Ritualen als auch Tiere wie Elefanten, Antilopen oder Nutzvieh. Giraffen und Elenantilopen zählen zu den häufigsten Motiven, vermutlich aus mystischen Gründen oder weil die Tiere eine bevorzugte Beute der Jäger waren.

Die Bilder zeigen oftmals Menschen, aber auch Tiere sind häufige Motive

Die Felsenmalereien von Kondoa sind die wichtigsten Zeugnisse ihrer Art in Äquatorialafrika. Hinsichtlich ihrer archäologischen und kulturellen Bedeutung brauchen sie einen Vergleich mit den Fundorten in den südafrikanischen Drakensbergen und im namibischen Twyfelfontein nicht zu scheuen. Die deutlich höhere Bekanntheit der Malereien in Südafrika und Namibia dürfte an ihrer besseren Erreichbarkeit und ihrer Lage entlang der touristischen Routen liegen. Kondoa und Kolo liegen hingegen deutlich abseits der Safarirouten und sind daher nur wenig bekannt. Das möchte die Organisation **Rock Art Conservation Center** in Arusha ändern und bietet unter anderem eine dreitägige Kultursafari mit Campingübernachtung im zur Organisation gehörenden Amarula Camp in Kolo an.

Internet: www.tanzaniaculturaltours.com und www.racctz.org
Lage: Die Orte Kondoa und Kolo befinden sich ca. drei Fahrtstunden südlich vom Tarangire-Nationalpark und sind über die berüchtigte Great North Road zu erreichen, die einst von Kapstadt bis nach Kairo führen sollte. Die Straße wird aktuell neu geteert und die Fahrzeit wird sich nach Fertigstellung deutlich verkürzen.

Übernachten: Von den Unterkünften an der Westseite vom Tarangire-Nationalpark, wie z. B. dem Maramboi Tented Camp (s. S. 132), dem Lake Buringi Tented Camp (www.tanganyikawildernesscamps.com) oder der Sangaiwe Tented Lodge (www.sangaiwe.com) sind Tagestouren möglich.

INFO

32 Auf Jagd mit den Hadzabe am Eyasisee

Die Hadzabe, auch als Hadza bekannt, sind eines der **letzten Jäger-und-Samm-ler-Völker Afrikas**. Seit gut 50.000 Jahren ziehen sie als Nomaden durch die Region um den Eyasisee, im Rhythmus der Jahreszeiten und abhängig von ihren Bedürfnissen. Aber die Geschichte der Hadzabe ist ein ständiger Rückzugskampf, der schon mit der zunehmenden Einwanderung von Bantu-Stämmen vor gut 3.000 Jahren begann. In der Moderne führten die Ausweitung von Landwirtschaft und Schutzgebieten dazu, dass ihr Lebensraum immer weiter eingeschränkt wurde.

Lange Zeit wurden die Hadzabe den Khoisan zugeordnet, die zu den ältesten Völkern Afrikas zählen. Ähnlich wie die Sprache der sogenannten Buschmänner der Kalahari umfasst auch ihre Sprache viele Klicklaute. Genetische Untersuchungen haben jedoch gezeigt, dass die Hadzabe eine eigene Gruppe ohne verwandtschaftliche Beziehungen zu anderen Völkern sind.

Ähnlich wie bei den San im südlichen Afrika versuchte die tansanische Regierung in den 1950er-Jahren, die Hadzabe in die moderne Gesellschaft zu integrieren, jedoch ohne Erfolg. Ein eigens für diesen Zweck gebautes Dorf mit Häusern, einer Schule und einem kleinen Krankenhaus wurde nach kurzer Zeit wieder aufgegeben und verlassen – sehr zum Unmut der Regierung, die mit Unverständnis reagierte. Während der folgenden Jahre wurden die Hadzabe marginalisiert und kaum ernst genommen. Es dauerte bis ins 21. Jahrhundert, bis ein Umdenken stattfand – auf beiden Seiten. Die tansanische Regierung erkannte das **Recht auf Selbstbestimmung** der Hadzabe, deren Bevölkerung auf 1.200 geschätzt wird, an und übertrug ihnen ein Gebiet von 1.000 km² als exklusiven Lebensraum. Gleichzeitig öffneten sich einige kleine Gruppen der Hadzabe Besuchern. Seitdem bieten sie Touristen die Möglichkeit, sie auf ihren Jagdausflügen zu begleiten.

Ein solcher **Jagdausflug** findet in den frühen Morgenstunden statt. Vor Tagesanbruch geht es in Begleitung eines lokalen Führers, der auch als Dolmetscher fungiert, zu dem Aufenthaltsort der Hadzabe. Nach einer kurzen Begrüßung beginnt der Ausflug. In einigem Abstand folgt man den Jägern, um deren Jagderfolg nicht zu gefährden. Meist sind es vier bis sechs Männer, die mit Pfeil und Bogen Jagd auf nahezu alles Lebendige machen. Gejagt wird immer für den konkreten Bedarf, bei den Hadzabe gibt es keinerlei Vorratshaltung. Von Singvögeln bis Giraffen steht alles auf der Speisekarte, **als besondere Delikatesse gelten Paviane**. Nur Reptilien meiden die Hadzabe weitestgehend.

Das Tempo während einer solchen Jagd ist überraschend hoch und im dichten Busch ist es nicht immer einfach, den leichtfüßigen Hadzabe zu folgen. Gelegentlich wird die Jagd unterbrochen, entweder um sich mit kleinen Beutestücken oder unterwegs aufgestöbertem Wildhonig zu stärken oder um einen Joint zu rauchen. **Marihuana hat Tradition bei den Hadzabe**. Die Hadzabe rauchen den ganzen Tag über enorme Mengen Gras und das schon von Kindheit an. Der Jagdausflug dauert meist zwei bis drei Stunden, abhängig von der gemachten Beute. Für gewöhnlich bieten die Hadzabe ihren Gästen an, **von der Beute zu probieren**. Aus Respekt sollte man dieses Angebot annehmen. Beim Angebot zum gemeinsamen Marihuanakonsum muss man dieser Höflichkeitsregel nicht unbedingt Folge leisten.

Nach der Rückkehr in das temporäre Dorf gibt es die Möglichkeit zur Interaktion mit den Hadzabe. Der lokale Führer erklärt, welche Arten von Tänzen es gibt, welche Tätigkeiten außer der Jagd verrichtet werden und welche Rolle die Frauen der Hadzabe spielen. Der interessanteste Teil ist aber zweifellos die Jagd mit einem der ältesten Völker Afrikas.

Hadzabe beim Feuermachen

Übernachten: Aufgrund des frühen Jagdbeginns ist eine Übernachtung in einer der drei Unterkünfte am Eyasisee erforderlich, die die Besuche auch organisieren. Hier stehen Reisenden das Tindiga Tented Camp (www.moivaro.com), die Lake Eyasi Safari Lodge (www.lakeeyasi.com) oder das Kisima Ngeda Camp (s. S. 142) zur Auswahl.

INFO

33 Naturschützer der ersten Stunde – Michael und Bernhard Grzimek

Während der Name Grzimek in Deutschland meist nur noch den älteren Generationen ein Begriff ist, werden Bernhard und sein Sohn Michael in Tansania bis heute verehrt. Sie waren die **Pioniere des Naturschutzes in Afrika**, als sie in den 1950er-Jahren nach Tansania kamen. Ohne ihren unermüdlichen Einsatz würden die Serengeti und der Ngorongoro-Krater als Schutzgebiete wahrscheinlich nicht mehr existieren. In der Öffentlichkeit bekannt wurden sie durch ihren **oscarprämierten Dokumentarfilm** „Serengeti darf nicht sterben". Diesem Film war es zu verdanken, dass die tansanische Regierung von einer Umstrukturierung der Serengeti absah, was erhebliche Auswirkungen auf die jährliche Wanderung der Gnus und Zebras gehabt hätte.

Naturschützer und herausragende Dokumentarfilmer: Michael und Bernhard Grzimek

Gemeinsam mit Tansanias erstem Präsidenten Julius Nyerere, zu dem Bernhard Grzimek eine sehr gute Beziehung pflegte, wurden die Grenzen der Serengeti im Sinne der Tiere festgelegt. Die Auswirkungen des Einsatzes der Grzimeks zeigen sich bis heute: Im Serengeti-Ökosystem leben mehr als doppelt so viele Tiere wie noch vor 50 Jahren, die Anzahl der Gnus hat sich von 250.000 auf mehr als eine Million Tiere sogar vervierfacht.

Aber die Grzimeks waren nicht bloß Naturschützer, sondern vor allem auch Wissenschaftler. Sie waren die ersten, die zoologische Untersuchungen in der Serengeti anstellten und dabei umfangreiche **Bestandszählungen aus der Luft** machten. Hierzu flogen sie eigens ihre berühmte Dornier Do 27 mit der markanten Zebralackierung von Frankfurt mit zahlreichen Zwischenstopps nach Tansania. Ausgerechnet dieses Flugzeug wurde Michael zum Verhängnis. Während der Dreharbeiten zu „Serengeti darf nicht sterben" kollidierte er über dem Ngorongoro-Krater mit einem Geier und verunglückte tödlich. Trotz dieses Schicksalsschlags stellte sein Vater den Film fertig und widmete ihn neben der bedrohten Tierwelt auch seinem Sohn.

Der Grabstein der Grzimeks am Rand des Ngorongoro-Kraters

Sowohl die Wissenschaft als auch die tansanische Regierung wussten den Einsatz und die Leistung der Grzimeks zu schätzen. Als die Spitzmaulnashörner in Kenia und im nördlichen Tansania als eigene Unterart identifiziert wurden, erhielt diese in Erinnerung an Michael den wissenschaftlichen Namen *Diceros bicornis michaeli*. Nach seinem Tod wurde Bernhard Grzimek mit einem großen Staatsbegräbnissen am Rand des Ngorongoro-Kraters beigesetzt. Aber die tansanische Regierung ging noch einen Schritt weiter und setzte den beiden Grzimeks ein Denkmal. Der **Grabstein** ist heute ein beliebtes Fotomotiv und nichts könnte den Verdienst der beiden besser würdigen, als der atemberaubende Blick über den Grabstein hinweg in den Krater.

Lage: Der Grabstein befindet sich direkt an der Straße, die am Ngorongoro-Krater entlang und durch das Ngorongoro-Hochland zur Serengeti führt. Er ist so platziert, dass er nicht zu übersehen ist.
Übernachten: zahlreiche Möglichkeiten in Karatu (z. B. Country Lodge, s. S. 136, oder Plantation Lodge, s. S. 138) und am Kraterrand (z. B. Ngorongoro Sopa, www.sopalodges.com, oder Ngorongoro Crater Lodge, s. S. 140), von wo aus der Grabstein schnell erreicht werden kann. Eine zusätzliche Übernachtung ist aber nicht erforderlich, der Grabstein kann en route auf dem Weg in den Krater oder die Serengeti besucht werden.

INFO

34   Die Wiege der Menschheit – die Oldupai-Schlucht

Gemeinsam mit dem Afar-Dreieck in Äthiopien und der südafrikanischen Provinz Gauteng gilt die Oldupai-Schlucht (auch: Olduvai) als Wiege der Menschheit. Kurz vor dem Ersten Weltkrieg entdeckte der deutsche Neurologe Wilhelm Kattwinkel während einer Reise zur Erforschung der Schlafkrankheit die Schlucht und deren **Reichtum an Fossilien**. Seine Entdeckung stieß auf großes Interesse bei Paläontologen, die allerdings aufgrund des Kriegsausbruchs zunächst keine Forschungen anstellen konnten. Es dauerte bis in die 1930er-Jahre, ehe die ersten Wissenschaftler die Schlucht, deren Name sich von einer von den Massai als *Oldupai* bezeichneten wilden Sisalpflanze ableitet, genauer untersuchten. Der Paläoanthropologe Louis Leakey und seine Frau Mary fanden heraus, dass die Bedingungen ideal für die Vorfahren des Menschen waren. Aufgrund eingeschränkter finanzieller Möglichkeiten konnten sie aber zunächst kaum Fortschritte erzielen. **Der Durchbruch gelang 1959**, als Mary einen Kieferknochen fand, der eindeutig einem prähistorischen Verwandten des modernen Menschen zugeordnet werden konnte. Der robuste Kieferknochen wies auf ein kräftiges Gebiss hin, weshalb die Spezies landläufig auch als **Nussknacker-Mensch** bezeichnet wurde. 1978 folgte mit dem Fund fossiler Fußabdrücke auf einer Strecke von über 20 m ein nicht minder spektakulärer Fund. Im Laufe der Jahre gelangen weitere wichtige und aus Sicht der Wissenschaft aufsehenerregende Entdeckungen. Bis heute dauern die Forschungsarbeiten in der Schlucht an.

Hier soll sie liegen: die Wiege der Menschheit

Spärlicher Hinweis auf das kleine Museum

Am südlichen Rand der Schlucht befindet sich **ein kleines Museum**, in welchem Besucher sich über die Entwicklung des Menschen und die Forschungsarbeiten informieren können. Hier sind verschiedene Fundstücke ausgestellt, außerdem gibt es eine plastische Darstellung der Schlucht und der Fundorte. Vor dem Museum ist ein Aussichtspunkt, an dem in regelmäßigen Abständen kurze Vorträge gehalten werden. Außerdem gibt es einen kleinen Rastplatz der außer einer Toilette auch einen guten Ort bietet, um bunte Vogelarten wie z. B. Veilchenastrild oder Flammenkopf-Bartvogel aus kurzer Entfernung zu beobachten.

Obwohl die Schlucht sich nicht weit von der Straße vom Ngorongoro-Krater in die Serengeti befindet, verirren sich nur wenige Besucher hierher. Dabei ist ein Besuch durchaus zu empfehlen und eine spannende Abwechslung zu den Pirschfahrten. Neben dem Besuch des Museums ist es möglich, in Begleitung eines lokalen Führers in die Schlucht hinabzusteigen. Bei diesen Wanderungen werden auch die Shifting Sands besucht, **eine aus Sand und vulkanischer Asche bestehende Wanderdüne**, die sich jedes Jahr um ca. 17 m in Richtung Westen bewegt. Die paläontologischen Fundorte sind allerdings nicht gekennzeichnet.

35 „Dr. Livingstone, I presume"

Der Ort Ujiji an den Ufern des Tanganjikasees ist die älteste Siedlung im westlichen Tansania und einer der ältesten Handelsplätze Afrikas. Vor allem für den Sklavenhandel war dieser Ort von Bedeutung, denn er war ein wichtiger Umschlagplatz für Sklaven auf dem Weg von Zentralafrika an die Küste. Seinen Platz in den Geschichtsbüchern erwarb Ujiji sich aber erst durch zahlreiche Forschungsreisen im Zusammenhang mit der Erkundung des afrikanischen Kontinents.

Auf der Suche nach den großen Seen Zentralafrikas und den Quellen des Nils erreichten die beiden britischen Forscher Richard Francis Burton und John Hanning Speke nach monatelanger Reise im Februar 1858 Ujiji und feierten hier die Entdeckung des Tanganjikasees. Gezeichnet von der langen Reise erholten sie sich hier zunächst und stockten ihre Vorräte auf, ehe sie mit der Erkundung des Sees begannen und die Suche nach den Nilquellen fortführten.

In England löste die Forschungsarbeit der beiden in Bezug auf die großen Seen Begeisterung aus, die Ergebnisse über die Quellen des Nils überzeugten allerdings nicht. Deshalb finanzierte die Royal Geographical Society eine weitere Expedition und engagierte hierfür niemand Geringeres als den berühmten Afrikaforscher Dr. David Livingstone, der zuvor schon die Quellen des Sambesi, die Victoriafälle und den Malawisee entdeckt hatte. 1866 startete Livingstone von Sansibar, um endlich die Quellen des Nils zu finden. Dabei reiste er durch das Gebiet der großen Seen und erforschte Flussläufe, gelangte aber zu keinen neuen Erkenntnissen. Schließlich erreichte er entkräftet und von Krankheiten geprägt Ujiji, wo er seine Reise unter-

Stanley trifft Livingstone

Eine Tafel erinnert an das berühmte Zusammentreffen

brach. Von hier drangen keine Nachrichten mehr über seinen Verbleib nach England und im Jahr 1869 wurde Livingstone für verschollen erklärt.

Nach Bekanntgabe dieser Nachricht witterte der Verleger der auflagenstarken Zeitung *New York Herald* die Gelegenheit für eine große und ruhmbringende Story. Er stellte eine eigene Expedition zusammen unter Leitung eines jungen und umtriebigen Journalisten namens Henry Morton Stanley. Sein Auftrag lautete lapidar: Finden Sie Livingstone!

1870 brach Stanley auf und erreichte am 10. November 1871 Ujiji. Seine Ankunft sorgte für Aufregung im Ort und die Einheimischen berichteten, dass bereits seit einiger Zeit ein Weißer unter ihnen lebe. Für Stanley war klar, dass es sich dabei nur um David Livingstone handeln konnte. Als sich die beiden Männer schließlich unter einem Mangobaum gegenüberstanden, sprach Stanley die wohlformulierten Worte, die zum berühmtesten Slogan in der Entdeckungsgeschichte Afrikas werden sollten: „Dr. Livingstone, I presume" („Dr. Livingstone, nehme ich an"). Als der Angesprochene seinen Hut abnahm und mit einem kurzem „Yes" antwortete, hatte Stanley sein Ziel erreicht und seinen Auftrag erfüllt.

An der Stelle, wo Livingstone und Stanley sich damals trafen, erinnert heute ein Monument an dieses historische Ereignis. Im Ort befindet sich außerdem ein kleines Livingstone-Museum in Erinnerung an den berühmtesten Bewohner von Ujiji.

Übernachten: Im benachbarten Kigoma gibt es mehrere Übernachtungsmöglichkeiten, z. B. das Kigoma Hilltop Hotel (www.mbalimbali.com), welches auch Ausflüge nach Ujiji organisiert.

Touren: Von Kigoma gibt es einen regelmäßigen Dala-Dala-Service (Minibus Taxi) nach Ujiji, das auch auf eigene Faust besucht werden kann. Das Livingstone-Museum ist täglich von 09.00 bis 16.00 Uhr geöffnet, der Eintritt kostet ca. 15 USD pro Person.

INFO

36 Lebendige Kolonialgeschichte am Tanganjikasee – die *MV Liemba*

Tief im Westen Tansanias, abseits der gängigen Safarirouten, **verkehrt seit gut 100 Jahren ein Schiff auf dem Tanganjikasee**, das aufgrund seiner einzigartigen Geschichte längst ein Mythos ist. Bei diesem Schiff handelt es sich um die *MV Liemba*, die als die älteste Passagierfähre der Welt gilt.

1913 erteilte das Deutsche Reichskolonialamt auf Befehl von Kaiser Wilhelm II. der Meyer Werft im niedersächsischen Papenburg einen ungewöhnlichen Auftrag: den Bau eines Dampfschiffs, welches nach dem Bau auseinandergenommen und in Afrika am Tanganjikasee wieder aufgebaut werden sollte. Neben seiner Funktion als Frachtschiff diente das neue Schiff vor allem einem Zweck: der Demonstration von Macht und Stärke. Gemeinsam mit zwei anderen Schiffen sollte es die deutschen Kolonialinteressen in Deutsch-Ostafrika schützen, dessen westliche Grenze durch den Tanganjikasee verlief. **Bau und Transport des Schiffes benötigten zwei Jahre.** Verpackt in 5.000 Kisten, wurde es, verteilt auf drei andere Dampfer, nach

Daressalaam und von dort mit der Eisenbahn nach Kigoma gebracht. Im Februar 1915 lief das Schiff unter seinem damaligen Namen *Goetzen* am Tanganjikasee vom Stapel.

Doch während des Ersten Weltkriegs spitzte sich auch die Situation am Tanganjikasee immer weiter zu. Nach und nach gewannen die alliierten Mächte die Kontrolle über den See und versenkten zwei der drei deutschen Schiffe. Als im Juli 1916 klar wurde, dass die Lage aussichtslos war, erteilte Befehlshaber Gustav Zimmer die Order, den See aufzugeben.

Was genau dann mit der *Goetzen* passierte, ist unklar. Bis heute weiß man nicht, wie, warum und von wem das Schiff an der Mündung des Malagarasi-Flusses versenkt wurde. Eines ist jedoch gewiss: Ohne die Ingenieure der Meyer Werft, die den Zusammenbau des Schiffes überwacht hatten und sich noch vor Ort aufhielten, gäbe es die *MV Liemba* heute wohl nicht. Bevor sie das Schiff verließen, präparierten sie es so, dass

Den Einheimischen dient das Schiff auch nach 100 Jahren noch als wichtiges Transportmittel

eine spätere Bergung und Nutzung möglich war. Hierzu überzogen sie unter anderem die Motoren mit einer dicken Fettschicht.

Erst 1924 wurde die *Goetzen* wieder gehoben. Für sein neu gegründetes Protektorat benötigte Großbritannien ein Transportschiff auf dem Tanganjikasee und so erinnerte man sich an das deutsche Schiff, das nach einem Bergungsversuch durch die Belgier inzwischen ein zweites Mal gesunken war. Für die Briten

Königin des Tanganjikasees: die MV Liemba

zahlten sich die Vorsorgemaßnahmen der deutschen Ingenieure aus, denn Motoren und Kessel waren noch funktionstüchtig. Dennoch dauerte es bis 1927, ehe das Schiff unter dem neuen Namen *Liemba* **als Passagier- und Frachtfähre** zu seiner zweiten Jungfernfahrt aufbrach.

Seither fährt die *MV Liemba* nahezu ununterbrochen als Fähre über den See, zunächst unter britischer, seit der Unabhängigkeit im Jahr 1961 unter tansanischer Flagge. 1970, 1993 und jüngst 2014 wurde der Fährbetrieb für dringende Instandhaltungsmaßnahmen ausgesetzt, dabei wurden unter anderem **Dieselmotoren eingebaut und die Kabinen renoviert**. 1997 unterstützte die *MV Liemba* die UN beim Transport von 75.000 Flüchtlingen aus dem Ersten Kongokrieg zurück in ihre Heimat. Die Fähre wird überwiegend von der lokalen Bevölkerung genutzt, ist aber für Touristen offen.

Internet: www.mscl.go.tz
Übernachten: Es gibt drei Kabinenklassen. Die erste Klasse befindet sich auf dem Panoramadeck und verfügt über zwei Betten je Kabine. In der zweiten Klasse im Unterdeck gibt es vier Betten je Kabine und in der dritten Klasse im Bauch des Schiffes gibt es nur Sitzplätze.
Preise: erste Klasse ca. 100 USD p. P., zweite Klasse ca. 90 USD p. P. und dritte Klasse ca. 70 USD p. P. An Bord gibt es die Möglichkeit, Snacks und Getränke zu kaufen.

Sonstiges: Zum Redaktionsschluss werden dringende Renovierungsarbeiten an der Liemba durchgeführt und der Fährbetrieb ist ausgesetzt. Neuigkeiten werden auf der Website der Reederei bekannt gegeben. Einen tieferen Einblick in Geschichte und Gegenwart des Schiffs gewähren Sarah Paulus und Rolf G. Wackenberg in ihrem Buch „Von Goetzen bis Liemba", in dem sie auf unterhaltsame Weise von einer Fahrt mit der *Liemba* berichten.

INFO

37   Ein Leben für die Tiere – Jane Goodall und die Schimpansen von Gombe

Forschung und Naturschutz in Afrika waren in der Vergangenheit oftmals eng mit einzelnen Persönlichkeiten verknüpft. Diesen Menschen ist es zu verdanken, dass wir heute nicht nur viele Zusammenhänge besser verstehen, sondern auch, dass bestimmte Tierarten überhaupt noch existieren. Die 50er- und 60er-Jahre des letzten Jahrhunderts waren hierbei von besonderer Bedeutung, da zu dieser Zeit viele Grundlagen gelegt wurden. Die Verdienste von Michael und Bernhard Grzimek oder der Gorillaforscherin Dian Fossey sind ebenso unvergessen wie die der heute 81-jährigen Jane Goodall, die in Gombe am Tanganjikasee das Verhalten von Schimpansen studierte und deren Lebensgeschichte sich liest wie das Drehbuch zu einem Hollywoodfilm.

Schon als Kind war Jane fasziniert vom afrikanischen Kontinent. Mit Anfang 20 erhielt sie von einer ehemaligen Schulkameradin eine Einladung nach Kenia und als sie das Geld für die Überfahrt gespart hatte, brach sie zu ihrer ersten Reise nach Afrika auf. Zufällig traf sie kurz nach ihrer Ankunft auf den bekannten Paläoanthropologen Louis Leakey. Dieser war von der Energie der jungen Frau und ihrer Begeisterung für Afrika und seine Tierwelt so angetan, dass er sie als Assistentin anstellte. Schließlich ermutigte er sie zur **Erforschung von Schimpansen in Gombe**. Zu dieser Zeit gab es nur rudimentäre Kenntnisse über Schimpansen und Leakey hoffte, anhand der Ergebnisse Rückschlüsse auf die menschliche Evolution ziehen zu können.

Im Juli 1960 betrat Jane erstmals den Strand von Gombe und den dahinterliegenden Urwald, in dem die Schimpansen bis heute leben. Nach einer frustrierenden

Abendstimmung am Tanganjikasee: der Strand vom Gombe

Anfangsphase, in der die Schimpansen sehr scheu waren und flohen, sobald sie sie sahen, machte Jane im Laufe der Zeit bahnbrechende Beobachtungen. Hierzu zählen unter anderem die Beobachtung **jagender und fleischfressender Schimpansen** – bis dahin hatte man angenommen, Schimpansen seien Vegetarier – und **sozialer Verhaltensweisen** wie der Adoption verwaister Jungtiere.

Die Entdeckung schlechthin war aber, dass Schimpansen nicht nur **Werkzeuge gebrauchen, sondern sie auch herstellen.** So konnte Jane einen Schimpansen beim „Termitenangeln" beobachten. Zunächst präparierte der Affe einen Zweig, um ihn dann in einen Termitenhügel zu stecken. Die Termiten werteten dies als Angriff und begannen den Zweig zu attackieren. Nach

Zwischen Freund und Forschungsobjekt: Jane Goodall mit einem Schimpansen

kurzer Zeit zog der Schimpanse den Zweig wieder heraus, pflückte die Termiten ab und aß sie. All diese Beobachtungen ließen letztlich nur einen Schluss zu: Menschen und Schimpansen sind sich hinsichtlich Intelligenz, Fähigkeiten, Verhaltensweisen und Emotionen viel ähnlicher als bis damals angenommen wurde.

Die ersten Ergebnisse waren ein großer Erfolg und Jane wurden mehr finanzielle Mittel zur Ausweitung ihrer Forschungen zur Verfügung gestellt. Gemeinsam mit ihrem damaligen Ehemann, dem Tierfilmer und Fotografen Hugo van Lawick, gründete Jane das **Gombe Stream Research Center**, um externen Forschern Platz und Ausbildungsmöglichkeiten zu bieten. Nach der Veröffentlichung ihrer Zusammenfassung von 25 Jahren Arbeit unter dem Titel „Chimpanzee of Gombe: Patterns of Behavior" im Jahr 1986 zog sich Jane aus der Forschung zurück. Seitdem reist sie als Botschafterin um die Welt, um auf die Situation der Schimpansen aufmerksam zu machen. Die Tiere sind stark vom Aussterben bedroht, vor allem in Westafrika ist ihre Situation sehr ernst. Dort werden sie wegen ihres Fleischs gejagt und Jungtiere illegal gefangen und verkauft, in erster Linie nach China.

Übernachten: in der Gombe Forest Lodge (www.mbalimbali.com), die die einzige Unterkunft im Gombe-Stream-Nationalpark ist. Alternativ kann Gombe auch im Rahmen eines Tagesausflugs von Kigoma aus besucht werden.
Anreise: nur per 25-minütigem Bootstransfer ab Kigoma. Es führen keine Straßen in den Park.

Sonstiges: Gombe ist der teuerste Nationalpark in Tansania. Die Parkeintrittsgebühren betragen zurzeit 100 USD pro Person und Tag. Das Mindestalter für das Schimpansen-Trekking beträgt 15 Jahre. Bei Krankheit ist eine Teilnahme aufgrund der Ansteckungsgefahr für die Tiere nicht möglich.

INFO

38   Die Swahili-Küste

Der Name der Swahili-Küste hat seinen Ursprung im Begriff *saahili*, dem arabischen Wort für Küstenbewohner. Die ersten Siedlungen in dieser Gegend soll es im dritten oder vierten Jahrhundert gegeben haben, ehe die **persischen und arabischen Entdecker** im neunten Jahrhundert die Küste erschlossen und sich hier niederließen. Zur Verständigung untereinander entwickelten Araber, Perser und Einheimische eine **gemeinsame Sprache, die heute als Swahili oder auch**

Kiswahili bezeichnet wird. Da sich entlang der gesamten tansanischen Küste und auf den vorgelagerten Inseln überall Ruinen und Spuren der geschichtsträchtigen Vergangenheit Tansanias finden, ließe sich argumentieren, dass sich die Bezeichnung Swahili-Küste auf die gesamte Region bezieht. In den letzten Jahren hat sich aber immer stärker durchgesetzt, mit dem Begriff nur den Streifen zwischen Daressalaam im Süden und der kenianischen Grenze im Norden zu bezeichnen.

Fähre über den Pangani-Fluss

Deutsches Vermächtnis: Sisal-Plantagen

Zu den ältesten Orten an der Swahili-Küste zählen Bagamoyo und Pangani. Beide spielten eine zentrale Rolle für den Sklavenhandel, da hier die Karawanen aus dem Landesinneren ankamen und die Sklaven gesammelt wurden, ehe sie nach Sansibar verschifft wurden. Während der deutschen Kolonialherrschaft wurde Bagamoyo sogar zur **Hauptstadt von Deutsch-Ostafrika**, ehe es aufgrund des tieferen Hafens von Daressalaam abgelöst wurde. Während in Bagamoyo bis heute gut erhaltene Ruinen aus der frühen arabischen Zeit besucht werden können, ist in Pangani die Geschichte der Sklaverei und der deutschen Kolonialzeit sehr präsent. Die **riesigen Sisalplantagen**, die ebenfalls von den Deutschen angelegt wurden und Tansania zum weltweit größten Sisalproduzenten aufsteigen ließen, bestimmen nach wie vor weite Teile der Landschaft.

Doch die sehr bewegte und eindrucksvolle Geschichte ist nur eine Seite der Swahili-Küste. Kilometerlange und mit Palmen gesäumte Sandstrände, ursprüngliche Fischerdörfer, lebendige Städte, Meeresschutzgebiete mit einer beeindruckenden Unterwasserwelt und eine vielfältige und teilweise unberührte Natur sind für die Swahili-Küste ebenso prägend. Vom Tourismus wird die Gegend bisher dennoch weitestgehend ignoriert. Das dürfte nicht zuletzt an der mangelnden Infrastruktur liegen. Die einzige Küstenstraße ist ein Relikt aus der deutschen Kolonialzeit und vor allem nach Regenfällen eine Herausforderung. Auch war der Wami-Fluss in Küstennähe jahrelang nicht passierbar, wodurch ein langer Umweg in Kauf genommen werden musste. Inzwischen wurde im Saadani-Nationalpark eine Brücke über den Fluss gebaut, was ein erster wichtiger Schritt für eine bessere Erreichbarkeit der Swahili-Küste war. Nicht zuletzt deshalb sehen Investoren großes Potenzial in dieser Region und es ist damit zu rechnen, dass sich der Tourismus entlang der Swahili-Küste in den nächsten Jahren entwickeln wird. Bis dahin wird sie aber bleiben, als was sie sich in den letzten Jahren ausgezeichnet hat: ein **Geheimtipp für Individualisten**, abseits der touristisch besser bekannten und erschlossenen Gebiete.

Eigenwillige Architektur

Übernachten: z. B. im Kijongo Bay Resort südlich von Pangani (s. S. 124), in der Mkoma Bay Tented Lodge (www.mkomabay.com) bei Pangani oder Lazy Lagoon (www.lazylagoon island.com) südlich von Bagamoyo. **Touren:** Geführte Touren durch die historischen Orte in Begleitung eines örtlichen Führers sind sehr zu empfehlen und ergänzen einen Safari- und/oder Strandurlaub um eine historisch-kulturelle Komponente, die in Tansania eine wichtige Rolle spielt. Ebenso bieten Besuche von Dörfern an der Swahili-Küste sehr authentische Eindrücke, da der Tourismus hier bisher keine große Rolle gespielt hat.

INFO

39   Tansanias *melting pot* – Sansibar Island

Sansibar ist eines dieser Worte, das Fernweh und Sehnsüchte aufkommen lässt; Fantasien von paradiesischen Stränden und azurblauem Ozean. Von der Leichtigkeit eines Lebens zwischen Wasser und Sand, von tropischen Früchten und dem Reichtum des Meeres. Ganz so einfach ist es mit Sansibar dann aber doch nicht, schon beim Namen fangen die Probleme an.

Denn Sansibar ist zwar mehr als ein Traumbild, was genau mit dem Namen gemeint ist, ist aber nicht immer ganz klar. Der Name bezeichnet nämlich sowohl den Archipel vor der tansanischen Küste als auch den darauf befindliche halbautonome Teilstaat (der allerdings wiederum nicht die geografisch zum Archipel gehörende Insel Mafia beinhaltet). Im allgemeinen Sprachgebrauch bezeichnet man auch die Hauptinsel des Archipels, von der hier die Rede sein soll, als Sansibar, obwohl diese eigentlich Unguja heißt.

Der Name der Insel Unguja, auf der sich wiederum Sansibar-Stadt befindet, bedeutet übersetzt „Obstschale". Es ist nur eine von vielen blumig-umschreibenden und durchaus treffenden Namen für diese Insel (ein anderer ist „Nelkeninsel"). Denn die Böden sind sehr fruchtbar und in Verbindung mit dem tropischen Klima **finden viele exotische Früchte ideale Bedingungen**. Ob Mango, Papaya oder Kokosnuss, ob Granatapfel, Ananas oder Banane: Alles wächst und gedeiht hervorragend. Außerdem werden auf Unguja viele Nutzpflanzen wie Kakao oder Zuckerrohr angebaut und der Vielzahl an hier gedeihenden Gewürzen wie Pfeffer, Zimt und Kardamom hat der Sansibar-Archipel den Beinamen „Gewürzinseln" zu verdanken.

Durch seine exponierte Lage ist die Inselwelt von Sansibar zu einem **Schmelztiegel der Kulturen** geworden. Im Laufe der Jahrhunderte lebten, herrschten und

Spuren einer bewegten Vergangenheit: die Ruinen des Marhubi-Palastes

handelten hier unter anderem Ostafrikaner, Perser, Araber, Portugiesen, Briten und Inder. Sie alle haben Sansibar und dessen Entwicklung geprägt und es zu dem gemacht, was es heute ist. Seien es Architektur oder Riten, Gewohnheiten und Bräuche, seien es Küche, Religion oder die Menschen selbst – die verschiedenen Einflüsse und das Zusammenspiel verschiedener Kulturen haben eine Vielseitigkeit erschaffen, die es so wahrscheinlich nirgendwo sonst gibt. Eins ist in dieser bewegten Geschichte allerdings so nie passiert: der Tausch Sansibars gegen Helgoland, den das Deutsche Reich gemäß einer populären Annahme mit den Briten getätigt haben soll. Hierbei handelt es sich um eine politisch motivierte Verzerrung der historischen Tatsachen. Tatsächlich gehörte Sansibar nie zum deutschen Kolonialreich.

Neben dieser vielfältigen Geschichte gibt es sie aber auch, die Kulisse für die Sansibar-Traumbilder: die weißen, von Palmen gesäumten Sandstrände am azurblauen Indischen Ozean, der hervorragende Schnorchel- und Tauchbedingungen bietet. Wer für einen Badeurlaub nach Unguja

An der Küste von Nungwi reihen sich mittlerweile die Unterkünfte, aber der Blick aufs Meer entschädigt für alles

kommt sollte seinen Aufenthaltsort allerdings mit großer Sorgfalt wählen. **Die schönsten Strände finden sich auf der Ostseite**, dafür sind hier auch die Gezeitenunterschiede am größten. Bei Nungwi am Nordende der Insel sind die Unterschiede weniger groß, dafür befinden sich hier die meisten Hotels und Lodges, teilweise dicht an dicht gedrängt.

Unguja ist allerdings nicht das Paradies auf Erden und hat auch seine Schattenseiten. Eine davon ist das Müllproblem. Im letzten Jahrzehnt hat ein Bauboom stattgefunden und in manchen Orten reiht sich ein Hotel an das nächste. Viele Unterkünfte produzieren viel Abfall, teilweise mehr, als abtransportiert werden kann. So stapelt sich zu bestimmten Zeiten der Müll auf kleinen Deponien, die vor allem aus der Luft betrachtet einen weniger schönen Eindruck hinterlassen und eine erhebliche Umweltbelastung darstellen.

INFO

Übernachten: eine Vielzahl von Möglichkeiten in allen Preisklassen. Von Luxus pur mit All Inclusive bis hin zum Hostel mit Mehrbettzimmern bietet Sansibar für jeden Geldbeutel eine Alternative. Preiswert lässt es sich z. B. in den Amaan Bungalows (www. amaanbungalows.com) übernachten. Hotels der luxuriöseren Kategorie betreibt z. B. The Zanzibar Collection im Osten der Insel (www.thezanzibar collection.com). Und ganz am Ende des Preisspektrums befindet sich z. B. das 5-Sterne-Resort The Residence (www.cenizaro.com/theresidence/zanzibar).

Aktivitäten: sind ebenso vielfältig wie die Unterkünfte. Wer nach Sansibar reist, sollte unbedingt etwas von der Insel sehen. Das historische Stone Town (s. S. 92) mit seinen engen Gassen, kleinen Geschäften und beeindruckender Geschichte ist ebenso einen Besuch wert wie der Jozani Forest (s. S. 32). Eine geführte Gewürztour ist sehr interessant und eine Safari Blue (www.safariblue.net) eine der abwechslungsreichsten Aktivitäten auf dem Indischen Ozean.

40 Sklaverei, Plattenbauten, Rockmusik – facettenreiches Stone Town

An der Küste Ungujas liegt Stone Town. Völlig zu Recht hat die **Altstadt im Herzen von Sansibar-Stadt** den Status einer UNESCO-Weltkulturerbestätte inne. Seinen Namen verdankt sie dem Korallengestein, aus dem ihre Häuser gebaut sind. Doch zwischen den pittoresken Häusern und engen Gassen lauert eine Historie, die dem magischen Klang des Wortes Sansibar oftmals einen düsteren Unterton verleiht.

Stone Town wurde im 19. Jahrhundert von arabischen Händler gegründet, die zu dieser Zeit große Teile der tansanischen Küste besiedelt hatten. **Zwischen dem 17. und 19. Jahrhundert florierte hier der Sklavenhandel.** Nach der Gründung von Stone Town etablierte sich dessen Sklavenmarkt unter Majid bin Said, dem ersten Sultan von Sansibar, schnell zum größten und wichtigsten seiner Art in ganz Afrika. Die Erinnerungen an dieses dunkle Kapitel in der Geschichte Tansanias sind bis heute gegenwärtig. Viele Gebäude wurden aufwendig renoviert und neben der von Sklaven erbauten Kirche sind auch noch viele der Kammern erhalten, in denen die Sklaven vor den Versteigerungen unter unmenschlichen Bedingungen

eingesperrt waren. Bei einer geführten Tour über den ehemaligen Sklavenmarkt kann man eine Vorstellung von den Ausmaßen und Abgründen des Menschenhandels und der einhergehenden barbarischen Behandlung seiner Opfer bekommen.

Wer sich auf seiner Erkundungstour etwas außerhalb des historischen Kerns von Stone Town bewegt, wird nach kurzer Zeit auf deutsche Bausünden aus den 1960er-Jahren treffen: Plattenbauten. Sie sind Zeugnisse einer Völkerfreundschaft zweier Staaten, die beide längst nicht mehr existieren. Im Januar 1964 probten sansibarische Sozialisten den Aufstand. Gewaltsam vertrieben sie die herrschende arabische Oberschicht und riefen die Volksrepublik von Unguja und Pemba aus. Eine der ersten Amtshandlungen des Präsidenten des neuen sozialistischen Staates war die Anerkennung der DDR. Diese wiederum bedankte sich mit **Entwicklungshilfe in Form der typischen Plattenbauten**, um der steigenden Nachfrage nach Wohnraum in Sansibar-Stadt gerecht zu werden. Dass die Volksrepublik im Sansi-

In Stone Town spielt sich das Leben in den engen Gassen ab

bar-Archipel nur drei Monate später mit der Republik Tanganjika auf dem Festland verschmolz, um den heutigen Staat Tansania zu begründen, tat dem Projekt keinen Abbruch. Immerhin befand sich mit Präsident Julius Nyerere an der Spitze des jungen Staates ein Mann, der den Ideen des Sozialismus ebenfalls nicht abgeneigt war und einige Jahre später mit dem Konzept des *Ujamaa* seine Vorstellung eines Afrikanischen Sozialismus präsentieren sollte. Bis heute existieren diese Gebäude, die vor Ort nur *Njumba za Wajerumani* (Häuser der Deutschen) genannt werden. Und nach wie vor erfüllen sie ihren Zweck als Wohnhäuser.

Die Sklavenkirche in Stone Town

Sansibars prominentester Sohn wurde am 5. September 1946 in Stone Town unter dem Namen Farrokh Bulsara als Kind eines englischen Regierungsangestellten geboren. 30 Jahre später war er unter seinem Künstlernamen Freddie Mercury weltberühmt. Als Frontman der Band Queen galt er als einer der stimmgewaltigsten und begabtesten Rocksänger seiner Zeit und schrieb Songs wie *Bohemian Rhapsody* oder *We are the Champions*. Obwohl Mercury nur

Am Strand von Sansibar

eine sehr kurze Zeit seiner Kindheit in Stone Town verbrachte und nie in seine Heimat zurückkehrte, wurde sein Geburtshaus nach seinem Tod mit einem kleinen Gedenkschild versehen, das bis heute an den 1991 im Alter von 45 Jahren an den Folgen seiner AIDS-Erkrankung verstorbenen Musiker erinnert.

INFO

Übernachten: In Stone Town gibt es eine Vielzahl von Übernachtungsmöglichkeiten. Wer es traditionell mag und in die arabische Welt aus Tausendundeiner Nacht eintauchen möchte, ist in einem der kleinen Boutique Hotels wie z. B. Emerson Spice (www.emerson spice.com) oder Zanzibar Palace Hotel (s. S. 200) an der richtigen Adresse. Das größere Zanzibar Serena Hotel (s. S. 198) dagegen ist wesentlich moderner ausgestattet und eignet sich hervorragend für diejenigen, die auf bestimmte westliche Standards (z. B. WLAN, TV etc.) nicht verzichten möchten.

Essen: Unbedingt empfehlenswert ist ein Abendessen in einem der vielen Dachterrassenrestaurants, die tolle Sonnenuntergänge und einen 360°-Blick auf Stone Town bieten.

Touren: Stone Town lässt sich hervorragend zu Fuß in Eigenregie erkunden. Um aber mehr über die Geschichte zu erfahren, empfiehlt sich eine geführte Tour mit einem Guide, z. B. von Tima Tours (www.timatours zanzibar.com).

41 Kunst *made in Tanzania* – die Tingatinga-Malereien

Farbenfroh und naiv: ein Bild im Stile Tingatingas …

Der Name **Edward Saidi Tingatinga** dürfte nur Kennern der afrikanischen Kunst ein Begriff sein, obwohl viele dem nach ihm benannten Kunststil schon begegnet sind. Tingatinga ist ein naiver und eher abstrakter Stil mit kräftigen Farben, der fast zufällig aus einer Laune heraus entstanden ist.

Die Geschichte von Edward Saidi Tingatinga erinnert an den amerikanischen Traum vom Tellerwäscher zum Millionär, allerdings ohne Happy End. In sehr einfachen Verhältnissen im südlichen Tansania aufgewachsen, machte sich Tingatinga 1957 mit Mitte 20 auf den Weg nach Tanga. Dort wollte er auf einer der vielen Sisalplantagen Geld für die Familie verdienen, für die er als ältester Sohn nach dem Tod der Mutter die Verantwortung übernommen hatte. Tingatinga war sehr ehrgeizig und strebte schnell nach mehr. Ein Job in Daressalaam sollte es sein, in der Stadt, die bis heute für viele für die Chance auf eine bessere Zukunft steht. Für einige erfüllt sich diese Hoff-

… und vom Meister selbst

nung, für die meisten allerdings nicht. Nach einer entbehrungsreichen Anfangszeit in Daressalaam, in der Tingatinga bei seinem Cousin lebte, zahlte sich seine Beharrlichkeit schließlich aus. 1968 wurde er in einem städtischen Krankenhaus unter Leitung des Gesundheitsministeriums als nicht-medizinischer Assistent angestellt. Er arbeitete überwiegend abends und nachts und hatte tagsüber viel Zeit.

Als Tingatinga eines Tages über die Independence Avenue mit ihren vielen Souvenirgeschäften schlenderte, stellte er fest, dass alle zum Kauf angebotene Bilder und Gemälde von Kongolesen angefertigt wurden. Im Laufe der nächsten Tage wuchs in ihm ein Gedanke: Wenn es bisher keine tansanischen Maler gab, könnte er doch der erste werden. Gesagt, getan: **Tingatinga begann mit der Malerei**. Es dauerte nicht lange, bis das erste Gemälde verkauft war und nach und nach wurden es immer mehr. Tingatinga baute sein künstlerisches Schaffen aus, bezog Teile seiner Familie in den Arbeitsprozess ein und schließlich wurde die Kunstwelt in Form der **National Development Cooperation** auf ihn aufmerksam. Diese garantierte ihm die regelmäßige Abnahme von Bildern zu deutlich besseren Preisen als in den Souvenirgeschäften. Schließlich verdiente Tingatinga genug, um seinen Krankenhausjob zu kündigen und sich ganz der Malerei zu widmen. Um der großen Nachfrage gerecht zu werden, wähl-

Der Künstler als junger Mann

te er einige talentierte Maler aus, die er in seinem Stil unterrichtete und die mit ihm zusammen die Bilder malten. Das Geschäft boomte, Tingatinga erlangte internationale Beachtung und alles deutete auf eine große Karriere hin – bis zum 17. Mai des Jahres 1972. Ein ausgiebiger Abend in einer Bar endete mit einer wilden **Verfolgungsjagd durch die Stadt mit der Polizei**, bei der Tingatinga von einem als Warnschuss abgegebenen Querschläger tödlich getroffen wurde.

Glücklicherweise hatte Tingatinga fünf begabte Maler (er hatte sich geweigert, mehr zu unterrichten, obwohl es viele Anfragen gab) ausgebildet. Diese waren in der Lage, seinen Stil fortzuführen und weiterzugeben. Diese fünf bildeten das Fundament der aufkommenden Tingatinga-Bewegung, die zur Gründung der **Tingatinga-Schule für Malerei** führte. Bis heute hat diese Schule viele bedeutende Künstler hervorgebracht. Die meisten von ihnen leben in Daressalaam, aber auch in Arusha und auf Sansibar sind einige hervorragende Künstler anzutreffen.

Internet: www.tingatinga.org
Einkaufsmöglichkeiten: Tingatinga Arts Cooperative, Morogoro Stores (Haile Selassie Road, Oyster Bay), Daressalaam; Modern Tingatinga Art Gallery, Dodoma Road – gegenüber Meserani Snake Park, Arusha; verschiedene kleine Geschäfte in Stone Town, Sansibar-Stadt; eine limitierte Auswahl ist auch über das Internet zu beziehen (s. oben stehenden Link).
Preise: Sehr einfache und sehr schnell gemalte Bilder mit wenig Liebe zum Detail sind auf diversen Märkten bereits ab ca. 25 USD erhältlich. Der Preis für ein richtiges Kunstwerk, das über Tage hinweg gemalt wurde und durch Detailtreue besticht, beginnt je nach Größe bei ca. 200 USD.

INFO

42   Ein Erbe von Weltrang – die Ruinen von Kilwa

Die Ruinen und historischen Gebäude von Kilwa zählen zu den wichtigsten ihrer Art an der Ostküste Afrikas. Nirgends sonst sind an einem Ort bessere Überreste aus den verschiedenen Epochen der wirtschaftlichen Besiedelung der letzten Jahrhunderte zu finden als hier. Die ältesten Ruinen befinden sich auf **den beiden kleinen Inseln Kilwa Kisiwani und Songo Mnara**. Hier errichteten die Perser im 10. Jahrhundert erste Hafenstädte, um von hier aus Handel mit dem Festland zu betreiben. Im 12. Jahrhundert wurden die Inseln an eine arabische Dynastie verkauft. Unter ihrer Herrschaft entwickelten sich hier bedeutende Hafenstädte, die als wichtige Handelsplätze für Gold und Gewürze zwischen Afrika, Arabien, Indien und China dienten. Ihre Blütezeit erlebten die beiden Städte zwischen dem 13. und 16. Jahrhundert. Kilwa Kisiwani entwickelte sich sogar zur bedeutendsten afrikanischen Hafenstadt südlich des Äquators. Mit der Eroberung weiter Teile der ostafrikanischen Küste durch die Portugiesen im 16. Jahrhundert begann der Niedergang von Kilwa Kisiwani und Songo Mnara. Die Portugiesen verlegten den Goldhandel nach Mosambik und die beiden Städte verloren nach und nach ihre wirtschaftliche Bedeutung.

Ein kurzes Aufleben gab es noch einmal im 18. und 19. Jahrhundert durch den **Sklavenhandel**. Zu dieser Zeit gehörten die Inseln dem Sultan von Oman, der zunächst versuchte seine Geschäfte von Kilwa Kisiwani aus zu steuern. Die Renovierung der Ruinen stellte sich jedoch als zu aufwendig heraus, weshalb der Sultan sei-

Kilwa Kisiwani in einer historischen Darstellung von 1572

nen Sitz auf das gegen-
überliegende Festland
verlegte und die Stadt
Kilwa Kivinje gründete.
Diese entwickelte sich
innerhalb weniger Jahre
zu einem der wichtigsten
Plätze für den Sklaven-
handel und zu einer
wohlhabenden Stadt.
Das Ende des Sklaven-
handels im Jahr 1880 ver-
kraftete die Stadt sehr
gut. Viele Sklavenhändler
hatten in lukrative Gum-
mibaumplantagen inves-
tiert, die zunächst sogar
für weiteres wirtschaftli-
ches Wachstum sorgten.
Die deutschen Kolonial-
herren machten Kilwa

Kilwa Kisiwani heute

Kivinje Ende des 19. Jahrhunderts zu einem Knotenpunkt für die Verwaltung. Erst
nach dem Ende des Zweiten Weltkriegs verlor die Stadt nach und nach an Bedeutung und wurde vom **moderneren Kilwa Masoko** als regionales Verwaltungs-
zentrum abgelöst.

Viele Bauwerke von Kilwa Kisiwani und Songo Mnara gelten als historisch bedeu-
tend. Dennoch wurden sie über viele Jahre sich selbst und damit dem Verfall überlassen. Um dem entgegenzuwirken und auf ihre Bedeutung hinzuwiesen, erklärte
die UNESCO beide Orte 1981 zu **Weltkulturerbestätten**. Dies zeigte aber zunächst nicht die erhoffte Wirkung und im Jahr 2004 wurden die Ruinen schließlich
auf die rote Liste des gefährdeten Welterbes gesetzt. Erst danach setzte in Tansania ein Umdenken ein und umfassende Maßnahmen wurden eingeleitet – mit Erfolg,
denn im Juni 2014 wurden die Ruinen wieder von der Liste gestrichen. Zu den
wichtigsten erhaltenen Ruinen zählen der frühere Sultanspalast, das ehemalige
Fort und die Große Moschee in Kilwa Kisiwani sowie die aus Korallenkalkstein errichtete Moschee in Songo Mnara.

Internet: www.tanzaniacultural
tourism.go.tz
Lage & Anreise: ca. 300 km südlich
von Daressalaam. Die Fahrzeit auf der
inzwischen komplett geteerten
Küstenstraße beträgt ca. vier Stunden.
Alternativ bietet Coastal Aviation eine
tägliche Flugverbindung von
Daressalaam nach Kilwa Masoko an.
Übernachten: Es gibt mehrere
Optionen, z. B. Kilwa Beach Lodge

(www.kilwa.co.tz) oder die Kimbilio
Lodge (www.kimbiliolodges.com).
Sonstiges: Auf beiden Inseln können
Besucher sich ohne Führer frei
bewegen und die Ruinen selbst
erkunden. Ebenso sind nach
vorheriger Anmeldung geführte
Touren möglich. Tägliche Bootstrans-
fers verbinden beide Inseln mit Kilwa
Masoko.

INFO

Safaris

43 Der nördliche Safari-Parcours

Aufgrund der Größe Tansanias und den damit verbundenen Entfernungen zwischen den Nationalparks und Schutzgebieten unterteilt die Safariindustrie das Land seit einigen Jahren in **drei sogenannte Safari-Parcours**. Der bekannteste und am einfachsten zugängliche ist der nördliche Parcours, der unter anderem die **Serengeti und den Ngorongoro-Krater** umfasst. Er zeichnet sich durch kurze Distanzen zwischen den Gebieten und einer vergleichsweise guten Infrastruktur

Leopard im hohen Gras der Serengeti

aus. Hier befindet sich auch die mit Abstand größte Anzahl an Unterkünften mit allen möglichen Variationen und Preisbereichen. Obwohl auch als Flugsafari durchführbar, finden Safaris im nördlichen Tansania überwiegend als privat geführte Reisen mit Fahrzeug und eigenem Guide statt.

Der Ausgangspunkt des nördlichen Parcours ist Tansanias Safari-Hauptstadt Arusha. Vor den Toren der Stadt liegt der gleichnamige **Arusha-Nationalpark**, der von Touristen aber meist nur wenig beachtet wird. Dabei hat der Park eine sehr abwechslungsreiche Landschaft und bietet vielfältige Aktivitäten wie Pirschfahrten, Walking-Safaris und Kanufahrten auf den Momella-Seen. Im Park befindet sich außerdem der Mount Meru, der von vielen Bergsteigern zur Vorbereitung auf den Kilimandscharo bestiegen wird.

Zwei Autostunden südwestlich von Arusha liegt der **Tarangire-Nationalpark**. In diesem nach dem gleichnamigen Fluss benannten Park prägen die mächtigen Affenbrotbäume das Landschaftsbild. Vor allem in der Trockenzeit zwischen Juli und Oktober ist ein Besuch spektakulär, wenn der Fluss tausende Tiere anzieht, die ansonsten in der umliegenden Massai-Steppe bis zum Natronsee leben. Während dieser Zeit finden sich hier mehr Elefanten als in der Serengeti.

In unmittelbarer Nähe zu Tarangire befindet sich der **Lake-Manyara-Nationalpark**, der zum größten Teil aus dem gleichnamigen See besteht. Der schmale Bereich zwischen dem Westufer des Sees und der Abbruchkante des Großen Afrikanischen Grabenbruchs ist für Safaris zugänglich. Dieser Teil des Parks besteht überwiegend aus dichten Wäldern, die ein wichtiger Lebensraum für verschiedene Primaten sind. Ansonsten bietet der See tolle Möglichkeiten für Vogelbeobachtungen. Abhängig vom Wasserstand finden sich mehrere hunderttausende Flamingos am Seeufer ein. Die auf Bäume kletternden Löwen, für die der Park über lange Jahre hinweg bekannt war, lassen sich allerdings nur selten beobachten.

Sonnenaufgang im Ngorongoro-Schutzgebiet

Vom Lake-Manyara-Nationalpark sind es nicht viel mehr als eineinhalb Autostunden bis zum **Ngorongoro-Krater**. Schon der Ausblick vom Kraterrand ist faszinierend und gibt einen guten Überblick über die landschaftliche Vielfalt. Tiere lassen sich von hier jedoch selbst mit einem Fernglas kaum erkennen, da die Entfernung bis zum 600 m tieferliegenden Boden zu groß ist. Im Krater zeigt sich die gesamte Palette der ostafrikanischen Tierwelt auf relativ kleiner Fläche und mit ein bisschen Glück lassen sich während einer einzigen Pirschfahrt die *Big Five* beobachten.

Bis zum Naabi-Tor der **Serengeti** sind es vom Ngorongoro-Krater erneut nur rund eineinhalb Autostunden. Gleich am Tor bekommen Besucher einen ersten Eindruck von der so beeindruckenden Savannenlandschaft. Welcher Bereich der Serengeti von hier dann angesteuert wird, sollte von den Wanderungen der großen Herden abhängig gemacht werden.

Reisezeit: ganzjährig möglich. Während der Regenzeit im April und Mai muss mit Einschränkungen gerechnet werden. Viele Unterkünfte sind zu dieser Zeit auch geschlossen. **Kosten:** abhängig von der Jahreszeit, Dauer und Wahl der Unterkünfte. Eine achttägige privat geführte Safari kostet ab ca. 2.600 € pro Person.

Sonstiges: Die Reihenfolge und die Aufenthaltsdauer in den Parks ist individuell planbar, eine Woche sollte aber mindestens veranschlagt werden. Während in den meisten Parks ein bis zwei Übernachtungen ausreichen, sollten für die Serengeti wenigstens drei Übernachtungen an zwei verschiedenen Orten eingeplant werden.

INFO

44   Der südliche Safari-Parcours

Ausgangsort für eine Safari im Süden Tansanias ist Daressalaam, die größte und wirtschaftlich bedeutendste Stadt des Landes. Aufgrund der Ankunftszeiten der interkontinentalen Flüge ist hier in der Regel eine Übernachtung erforderlich. Anders als im Norden werden Reisen im südlichen Landesteil überwiegend als **Flugsafaris** durchgeführt, obgleich es auch hier einige wenige Anbieter gibt, die fahrzeugbasierte Reisen anbieten.

Der südliche Parcours umfasst mit Mikumi, Udzungwa und Ruaha drei Nationalparks und mit Selous ein Reservat mit dem Status eines **UNESCO-Weltnaturerbes**. Von diesen sind Selous und Ruaha nicht nur die bekanntesten Ziele, sondern auch diejenigen, die am häufigsten besucht werden. „Häufig" ist in diesem Zusammenhang allerdings relativ zu sehen, denn 90 Prozent der Touristen wählen den nördlichen Parcours für ihre Reise.

Im Rahmen einer Flugsafari steht das **Selous-Reservat** meist an erster Stelle. Mehrmals täglich wird Selous von Dareessalaam aus angeflogen, die Flugdauer beträgt rund 45 Minuten. Es gibt mehrere Landebahnen und welche angeflogen werden, hängt von den gebuchten Camps der Gäste ab. In Afrikas größtem Schutzgebiet stehen gleich mehrere Aktivitäten zur Verfügung. Neben Pirschfahrten werden von fast allen Unterkünften auch Boot- und Walking-Safaris angeboten. Selous ist vor allem für seine vom Rufiji geprägte Fluss- und Seenlandschaft bekannt, aber auch für seine großen Populationen von Flusspferden, Krokodilen, Elefanten und Wildhunden.

Elefanten im Wasser des Manze-Sees in Selous

Nach Selous geht es für die meisten Reisenden weiter nach Westen ins Landesinnere zum **Ruaha-Nationalpark**. Die Flugdauer beträgt von Selous aus eineinhalb bis zwei Stunden. Mit seinem welligen Terrain, den vielen Trockenflüssen und Baobab-Bäumen bietet Ruaha einen großen Kontrast und eine hervorragende Ergänzung zu Selous. In Ruaha werden überwiegend Pirschfahrten gemacht, in der Trockenzeit werden gegen Aufpreis zusätzlich Walking-Safaris angeboten. Ruaha gilt als einer von Afrikas letzten wilden Parks und als eine der letzten Bastionen für Löwen. Hier leben noch große Rudel mit teils mehr als 20 Tieren, die bei Pirschfahrten regelmäßig beobachtet werden können.

Mikumi und **Udzungwa** können wahlweise als erste oder als letzte Station hinzugefügt werden. Mikumi ist der nördlichste Ausläufer des riesigen Selous-Ökosystems, welches sich bis nach Mosambik erstreckt. Der Park gilt als das beste Beobachtungsgebiet in Tansania für die Elenantilope, die größte Antilopenart der Welt. Während Mikumi über eine eigene Landebahn verfügt, ist Udzungwa nur per Fahrzeug erreichbar – und zwar von Mikumi aus. Die Fahrzeit zwischen beiden Parks beträgt etwa zwei Stunden und oftmals wird Udzungwa im Rahmen eines Tagesausflugs von Mikumi aus besucht. Alternativ gibt es vor Ort auch ein paar Übernachtungsmöglichkeiten.

Trotz der geringen räumlichen Distanz könnte der Kontrast zwischen Udzungwa und Mikumi kaum größer sein. Udzungwa ist kein klassischer Safaripark, sondern ein Paradies für Wanderer, Biologen und Ornithologen. Aufgrund seiner Artenvielfalt wird das Gebiet auch als das Galapagos Afrikas bezeichnet.

Beliebtes Safari-Vehikel:
Cessna Caravan

Die teils dichten Wälder mit geschlossenem Blätterdach sind einzigartig in Tansania. Hier finden sich in Flora und Fauna viele endemische Arten und man geht davon aus, dass längst noch nicht alle entdeckt sind. Im Park gibt es keine Straßen, aber ein gutes Netz an Wanderwegen. Der Udzungwa-Nationalpark mit seiner Berglandschaft (teilweise über 2.000 m hoch) ist noch ein echter Geheimtipp und wer die Möglichkeit hat, sollte unbedingt einen Abstecher hierher machen.

Reisezeit: von Juni bis Mitte März. Im April und Mai sind die Camps geschlossen.
Kosten: abhängig von Saison, Länge der Reise und Standard der Unterkünfte. Eine siebentägige Flugsafari nach Selous und Ruaha kostet ab ca. 2.500 €/P.

Sonstiges: Die Reihenfolge und die Aufenthaltsdauer in den Parks sind individuell planbar, pro Park sollten aber mindestens zwei Übernachtungen eingeplant werden.

INFO

45   Der westliche Safari-Parcours

Eine Reise in den Westen Tansanias ist immer eine logistische Herausforderung. Aufgrund der abgeschiedenen Lage ist eine Anreise per Fahrzeug im Prinzip nicht möglich und aufgrund des geringen Besucheraufkommens bedienen die Fluggesellschaften den Westen nicht sehr häufig.

Zum westlichen Safari-Parcours gehören die fünf Nationalparks Rubondo Island, Saanane Island, Gombe Stream, Mahale und Katavi. Mit Ausnahme von Katavi sind sie **alle von den großen Seen, dem Viktoriasee und dem Tanganjikasee, geprägt**. Auch wenn es möglich ist, alle Parks miteinander zu kombinieren, werden auf einer Reise meist nur die drei nördlichen (Rubondo Island, Saanane Island, Gombe Stream) oder die beiden südlichen Parks (Mahale, Katavi) besucht.

Büffelherde auf der Katsunga-Ebene in Katavi

Am einfachsten zu erreichen ist der **Saanane-Island-Nationalpark** im Viktoriasee. Coastal Aviation fliegt täglich von Arusha mit Zwischenstopps nach Mwanza, von wo aus der Nationalpark mit dem Boot in zehn Minuten zu erreichen ist. Die kleine Insel war einst der erste Zoo in Tansania und wurde aufgrund der **Brazzameerkatze** im Juli 2013 zum Nationalpark erklärt. Diese seltene Affenart hat hier ihren einzigen Lebensraum in Tansania. Saanane ist hervorragend zum Wandern geeignet und bietet tolle Möglichkeiten zur **Vogelbeobachtung und zum Angeln**.

Mwanza ist auch der Drehpunkt, von dem aus sich die anderen beiden nördlich gelegenen Parks erreichen lassen. Von hier aus gibt es tägliche Flugverbindungen nach **Rubondo Island im Viktoriasee**. Abwechslungsreicher kann ein Nationalpark in Hinblick auf Tierwelt und Aktivitäten kaum sein. Die sonst selten gewordenen Graupapageien haben hier ebenso eine Heimat gefunden wie einige Elefanten und Schimpansen, die hier ausgewildert wurden.

Fünfmal in der Woche gibt es von Mwanza aus auch eine Flugverbindung nach Kigoma. Per Bootsfahrt über den Tanganjikasee gelangt man von hier aus in den kleinen **Gombe-Stream-Nationalpark**. Gombe ist vor allem durch die Primatenforscherin Jane Goodall bekannt geworden, die hier über lange Jahre das Verhalten von Schimpansen studierte. Zusammen mit Mahale gilt Gombe als die beste Möglichkeit in Afrika, diese Affen in ihrem natürlichen Lebensraum zu beobachten.

Auf den regulären Flugrouten sind die beiden weiter südlich gelegenen Parks Katavi und Mahale nur über Ruaha im Süden oder von Arusha aus erreichbar. **Katavi** ist der einzige klassische Safaripark im Westen. Vor allem während der Trockenzeit sind hier große Büffelherden und viele Flusspferde und Krokodile zu finden. Auch wegen der ausgeprägten Sumpflandschaften empfiehlt es sich, Katavi während der Trockenzeit zu besuchen.

Der **Mahale-Mountains-Nationalpark** ist zu weiten Teilen unerforscht. Benannt nach dem Mahale-Gebirgszug, der mitten durch den Park führt, ist für Reisende nur der am Ufer des Tanganjikasees liegende westliche Teil zugänglich. Dieser Abschnitt ist sehr waldreich und bietet zahlreichen Vogel- und Primatenarten eine Heimat, vor allem auch Schimpansen. Ähnlich wie in Gombe ist das **Schimpansen-Trekking** die Hauptattraktion.

Nilpferde und Krokodile am Katuma-Fluss in Katavi

Reisezeit: Juni bis Ende Februar. In den Monaten März, April und Mai sind die meisten Camps geschlossen.
Kosten: abhängig von Länge, Dauer und gewählten Parks. Je nach Saisonzeit kostet z. B. eine siebentägige Flugsafari ab/bis Arusha nach Katavi und Gombe ab 5.415 USD pro Person/DZ.

Sonstiges: Bei Krankheit ist es wegen Ansteckungsgefahr nicht möglich, am Schimpansen-Trekking teilzunehmen. Das Mindestalter für das Schimpansen-Trekking beträgt 12 Jahre in Mahale und 15 Jahre in Gombe.

INFO

46 Das unbekannte Tansania – auf dem Landweg von Daressalaam nach Arusha

Wer Tansania abseits der bekannten Pfade des nördlichen Safari-Parcours entdecken möchte und von einer Flugsafari in den südlichen Teil des Landes absieht, für den kann eine Reise von Daressalaam nach Arusha auf dem Landweg das Richtige sein. Die Strecke zwischen diesen beiden Städten ist an sich nicht sonderlich lang und durchaus an einem Tag zu bewältigen, doch es lohnt sich, die Straße hier und da zu verlassen und weniger bekannte Ziele anzusteuern.

Von Daressalaam geht es zunächst Richtung Norden zum Saadani-Nationalpark, Tansanias einzigem Nationalpark, der bis an die Küste reicht. Nur hier sind Safari und Strandurlaub an einem Ort möglich. Um hier eines der großen Säugetiere wie Giraffe oder Elefant am Strand zu sehen, braucht es allerdings sehr viel Glück. Vergleichsweise häufig sind am Meeresufer hingegen Grüne Meerkatzen oder Zibetkatzen zu finden, was einen nicht minder ungewöhnlichen Anblick darstellt. Saadani ist außerdem einer der letzten verbliebenen Orte auf dem tansanischen Festland, an denen die bedrohte Grüne Meeresschildkröte (auch als Suppenschildkröte bekannt) nistet.

Die Reise folgt der Swahili-Küste in Richtung Norden. Neben schönen Stränden und vielfältigen Wasseraktivitäten bietet sich hier ein **Einblick in die Geschich-**

Blick vom Aussichtspunkt Irente in den Usambara-Bergen über die Massai-Steppe

te des Landes. Hier sind noch viele Gebäude unterschiedlicher Epochen vorhanden, teilweise in gutem Zustand; zahlreiche Ruinen von Palästen und Moscheen zeugen von der einstigen Pracht arabischer Siedlungen.

Von der Küste geht es nun in nordwestlicher Richtung ins Landesinnere bis zu den Usambara-Bergen. Diese sind das letzte Refugium eines Regenwaldes, der einst große Teile des nördlichen Tansanias bedeckte. Die Wandermöglichkeiten in den Bergen sind schier unbegrenzt und bieten **einen tollen Kontrast zur klassischen Safari**. Das historische Städtchen Lushoto ist ebenso einen Besuch wert wie einer der vielen landwirtschaftlichen Märkte, die frische Produkte in bester Qualität in Hülle und Fülle anbieten.

Erste Station der Route ist der Saadani-Nationalpark, der sich bis an die Küste erstreckt

Nicht weit von den Usambara-Bergen entfernt befindet sich Mkomazi, Tansanias zweitjüngster Nationalpark. Er bildet die Verlängerung des kenianischen Tsavo-West-Nationalparks und ist vor allem für seine atemberaubende Landschaft und Programme zur **Auswilderung von Spitzmaulnashörnern und Afrikanischen Wildhunden** bekannt. Das Babu's Camp ist die einzige Unterkunft im Park und bietet seinen Gästen ein sehr privates und ungestörtes Safarierlebnis.

Über Moshi nähert sich die Reise ihrer letzten Station, dem als West Kilimanjaro bezeichneten Massailand im Dreieck zwischen den Bergen Mount Meru und Kilimandscharo und der kenianischen Grenze. Neben weiteren Safariaktivitäten bietet sich hier die Möglichkeit zu einer Begegnung mit den Massai oder für einen **Tagesausflug auf das in 3.500 m Höhe gelegene Shira-Plateau** des Kilimandscharo, des höchsten Berges Afrikas. Von hier aus ist es nicht mehr weit bis Arusha, wo die Reise endet.

47 Hoch hinaus – Wandern am Mount Meru

Der Mount Meru ist zwar nicht ansatzweise so bekannt wie der benachbarte Kilimandscharo, dafür ist er aber viel einfacher zu besteigen. **Der Aufstieg ist nicht nur deutlich kürzer, sondern auch günstiger als am Kilimandscharo**. Zudem sind am Mount Meru weniger Menschen und mehr Tiere unterwegs, weshalb die Wanderung oft einer Walking-Safari in den Bergen gleicht.

Die Wanderung beginnt auf etwa 1.500 m Höhe am Momella Gate, dem nördlichen Eingang des Arusha-Nationalparks. Anders als am Kilimandscharo wird die Wanderung die ganze Zeit über von einem bewaffneten Ranger begleitet, denn die Route führt durch ein Gebiet, in dem ständig mit Büffeln und Elefanten zu rechnen ist. Vom Momella Gate geht es mit Guide und Trägern in Richtung Westen stetig bergauf zur ersten Station, der 2.500 m hoch gelegenen Miriakamba-Hütte. Die Wanderung ist relativ einfach und dauert drei bis vier Stunden. In der Regel erreicht man die Hütte gegen Mittag, sodass am Nachmittag Zeit für die Erkundung des Meru-Kraters bleibt. **Alternativ kann man auch den 3.667 m Aschenkegel besteigen**, der sich etwa eine Stunde von der Hütte entfernt befindet.

Am nächsten Morgen geht es weiter in westlicher Richtung. Zwar werden wie am Vortag erneut gute 1.000 Höhenmeter überwunden, allerdings auf kürzerer, also steilerer, Strecke. Der Aufstieg dauert ebenfalls drei bis vier Stunden, sodass man wiederum gegen Mittag die Saddle-Hütte erreicht. Während der Wanderung können im Bergwald Mantelaffen gesehen werden. Ab ca. 3.000 m, wenn die Wälder der alpinen Moorlandschaft weichen, **stehen die Chancen gut, den Kilimandscharo zu sehen**, wenn er nicht von dichten Wolken verhüllt wird. Wer sich am Nachmittag frisch genug fühlt, kann den 3.820 m hohen Little Meru besteigen.

Den dritten Tag sollte man in den frühen Morgenstunden beginnen. Es ist durchaus möglich, an diesem Tag bis zum Gipfel des Mount Meru und zurück zum Momella Gate zu wandern. Insgesamt müssen dann ca. zwölf Stunden eingeplant werden. Empfehlenswerter, weil weniger anstrengend und hektisch, ist es, vom Gipfel aus zur Saddle-Hütte zurückzukehren. Der Aufstieg bis zum Gipfel in 4.566 m Höhe erfordert etwa vier bis fünf Stunden, der Abstieg zwei bis drei. Am nächsten Tag kann man dann relativ entspannt zum Momella Gate wandern und es bleibt mehr Zeit, um sich beim Abstieg auf Natur und Tiere zu konzentrieren.

Auch wenn den Mount Meru nicht der mythische Nimbus des Kilimandscharo umgibt, bietet er Wanderfreunden **eine schöne Alternative und lässt sich aufgrund der kürzeren Dauer auch gut mit einer klassischen Safari kombinieren**. Der große Vorteil des Mount Meru liegt in der geringeren Höhe. Zwar erfordert auch der Mount Meru eine gute körperliche Konstitution, es ist aber sehr unwahrscheinlich, hier an der Höhenkrankheit zu erkranken. Warme und alpine Kleidung ist allerdings zwingend erforderlich. Denn eines haben die Berge dann doch gemeinsam: Auf beiden ist es empfindlich kalt.

Aussicht vom Rhino Point über den Aschenkegel hinweg auf den Gipfel des Mount Meru

Reisezeit: ganzjährig. Während der Regenzeit im April und Mai ist von der Besteigung allerdings abzuraten.
Kosten: ab ca. 550 € pro Person für die dreitägige Besteigung mit privatem Guide, Trägern, Ranger und Parkeintrittsgebühren.

Sonstiges: Wie beim Kilimandscharo empfiehlt es sich, die Besteigung nicht im Schnelldurchlauf zu planen. Die umliegende Natur und Landschaft hat viel zu bieten und mit der richtigen Kleidung kann sie trotz der Kälte auch genossen werden.

INFO

48 Walking-Safaris in der Wildnis von Ruaha – Kichaka Expeditions

Menschen für Termiten begeistern zu können ist ein seltenes Talent. Nicht zu Unrecht ist der in England geborene Kenianer Andrew „Moli" Molinaro in Ostafrika deshalb unter dem Titel *Herr der Termiten* bekannt: Kaum jemand ist in der Lage, seinen Gästen das Leben dieser Insekten auf derart unterhaltsame Weise nahezubringen. Aber dies ist nur eines von vielen von Molis Talenten, der sich in langen Jahren den Ruf erarbeitet hat, **einer der besten und charismatischsten Guides Afrikas** zu sein. Gemeinsam mit der Amerikanerin Noelle Herzog bildet er Herz, Hirn und Seele von Kichaka Expeditions.

Mit dem im Jahr 2013 gegründeten Unternehmen sind Moli und Noelle angetreten, um die Safaribranche aufzumischen. Hierfür konnten beide auf eine breite Erfahrungen zurückgreifen. Noelle war zunächst Managerin der Ruaha River Lodge und später, gemeinsam mit Moli, im Jongomero Camp. Schon als Guide hatte Moli lange für Jongomero gearbeitet, bis er ebenfalls ins Management wechselte.

Mit Kichaka Expeditions verfolgen die beiden ein Konzept, das darauf ausgerichtet ist, jedem Gast **ein individuelles Safari-Erlebnis zu ermöglichen, das sich von allem unterscheidet, was man sonst aus Afrika kennt**. Um mit diesem Konzept Afrikakenner und Safarineuling gleichermaßen zu begeistern, bedient Kichaka Expeditions sich eines perfekt abgestimmten Systems, in dem stets ein Rädchen ins andere greift. Für die unmittelbare Erfahrung geht es tief hinein in den Busch (*Kichaka* bedeutet Busch auf Swahili) des Ruaha-Nationalparks, in dem Moli und Noelle ihre Heimat gefunden haben. Zu den einzelnen Versatzstücken, die Kichaka so einzigartig machen, gehören ein zuverlässiges Team hinter den Kulissen, erstklassige Logistik und Catering und herausragendes Guiding. Das kleine, mobile Camp besteht aus maximal drei Zelten mit externen Badezimmern und einem Zelt, das als Speise- und Loungezelt dient. Im Vordergrund stehen die Walking-Sa-

Noch mehr draußen geht nicht – jedenfalls nicht ohne Insektenstiche

faris, wenngleich Kichaka Expeditions auch Pirschfahrten anbietet.

Die **geringe Teilnehmerzahl von maximal sechs Personen** ermöglicht eine größtmögliche Flexibilität und einen individuellen Zuschnitt auf die Bedürfnisse, Wünsche und Erwartungen der Gäste. Die Länge des Aufenthalts ist frei wählbar, wobei mindestens drei Nächte empfohlen werden. Erst ab dieser Länge können **Fly Camping und Bush-Sleepouts** durchgeführt werden. Dabei handelt es sich um Übernachtungen im Freien, bei denen sich zwischen Matratze und Sternenhimmel, vom Schlafenden einmal abgesehen, lediglich ein Moskitonetz befindet.

Kichaka operiert im nördlichen Teil von Ruaha, weit entfernt von den Camps im zentralen Bereich. Hierdurch können Moli und Noelle **ein wirklich privates Safarierlebnis** anbieten. Und während die festen Camps im April und im Mai geschlossen sind, führt Kichaka ganzjährig Safaris durch. Bislang sind Noelle und Moli nahezu ohne Marketing ausgekommen. Die beiden sind so bekannt, dass ihr Unterfangen von Anfang an ein voller Erfolg war. Das liegt vor allem daran, dass jeder, der die beiden persönlich getroffen hat oder mit ihnen auf Tour war, gerne und begeistert von ihnen erzählt.

Andrew Molinari vor der Landschaft des Ruaha-Nationalparks

Im mobilen Camp stehen die Badezimmer separat

INFO

Internet: www.kichakaexpeditions.com
Preise: ab 584 USD pro Person/DZ mit Vollpension, lokalen Getränken, Aktivitäten und allen Nationalparkgebühren als Zubucher; bei exklusiver Nutzung sind die Preise nach Personenanzahl gestaffelt und beginnen bei 584 USD pro Person/DZ bei einer Gruppe von sechs Personen bei gleichem Leistungsumfang.
Sonstiges: Die Zelte bei Kichaka sind nicht en-suite, d. h. die Badezimmer befinden sich außerhalb des Schlafzeltes. Von einem nächtlichen Gang zur Toilette sollte deswegen, wenn irgendwie möglich, abgesehen werden.
Stromversorgung: Trotz der abgeschiedenen Lage mitten im Busch ohne feste Basis können Batterien im Hauptbereich des Camps dank Solarenergie aufgeladen werden.
Kinder: Das Mindestalter beträgt 16 Jahre.

49   Hoch zu Ross – Reitsafari im Singita-Grumeti-River-Reservat

Das Singita-Grumeti-River-Reservat ist bekannt als Standort eines Ensembles der exklusivsten Lodges in Tansania und als Erfolgsbeispiel für privates Engagement in Sachen Naturschutz (s. S. 160). Darüber hinaus bietet es erfahrenen Reitern die Möglichkeit, **die weite Landschaft der afrikanischen Savanne vom Rücken eines Pferdes aus zu erleben**. Mit ein bisschen Glück kann man dabei sogar zwischen den großen Gnu- und Zebraherden reiten, die in den Monaten Juni und Juli durch das Gebiet ziehen.

Eine Reitsafari eröffnet neue Perspektiven

Dauer und Ablauf einer Reitsafari können individuell geplant und organisiert werden. Empfohlen wird eine mehrtägige Safari, die bei den Ställen der Sasakwa Lodge beginnt und in der Faru Faru Lodge endet. Dazwischen erfolgen Übernachtungen im mobilen Singita Explore Camp, mitten im Busch und ohne weitere Gäste. So kann die ganze landschaftliche Vielfalt des Reservats entdeckt werden.

Am Ankunftstag gibt es eine Vorbesprechung über den Ablauf der Safari und einen ersten Kontakt mit den Pferden. Der Rest des Tages dient der Akklimatisierung oder für eine Pirschfahrt. Nach einem zeitigen Frühstück beginnt am nächsten Morgen die Reitsafari. Der erste Ritt dauert ca. vier Stunden, inklusive einer kurzen Pause. Das Mittagessen wird im mobilen Camp serviert. Die Zeit der Mittagshitze dient der Entspannung für Pferd und Reiter, ehe am Nachmittag ein weiterer, kürzerer Ausritt stattfindet. Für die nächsten drei Nächte ist das Camp die Basis, von der aus die Ausritte unternommen werden. Die tägliche Zeit im Sattel beträgt ca. fünf bis sechs Stunden. Wahlweise besteht aber auch die Möglichkeit, einen

Die rund 20 Pferde der Sasakwa Lodge sind speziell ausgebildet – Reiterfahrung ist dennoch erforderlich

Ausritt durch eine Pirschfahrt zu ersetzen. Am letzten Tag der Reitsafari geht es dann zur Faru Faru Lodge, wo die Safari nach einer weiteren Nacht endet.

Die Anforderungen einer Reitsafari sind nicht zu unterschätzen. Reiter sollten **ausreichend Geländeerfahrung** haben und **in allen Gangarten sattelfest** sein, denn im Grumeti-Reservat leben auch Löwen und Hyänen. Zwar sind die Reitführer sehr erfahren und mit Funkgerät und Gewehr für den Notfall ausgestattet, dennoch sind Begegnungen mit Raubtieren immer unberechenbar und Reiter sollten auch in diesen Situationen ihr Pferd beherrschen können.

In den Stallungen der Sasakwa Lodge sind gut 20 zuverlässige Pferde verschiedener Rassen untergebracht, die speziell für Reitsafaris ausgebildet und an die afrikanische Tierwelt gewöhnt sind. Während der Ausritte sind Helme verpflichtend. Sie lassen sich aber ebenso wie sämtliche andere Reitausrüstung (Sattel und Zaumzeug, Reitbekleidung etc.) vor Ort ausleihen und müssen nicht mitgebracht werden.

Internet: www.singita.com
Preise: abhängig von Dauer und Auswahl der Unterkünfte; ab ca. 5.800 € pro Person mit Vollpension, lokalen Getränken und Aktivitäten (Ausritte und Pirschfahrten) für die beschriebene Safari.
Sonstiges: Das Gewicht des Reiters darf 100 kg nicht übersteigen. Weniger erfahrene Reiter bzw. Nicht-Reiter einer Familie oder Gruppe können der Safari im Begleitfahrzeug folgen und statt Ausritten Pirschfahrten unternehmen. Die mehrtägige Reitsafari wird nur zwischen Juni und Oktober durchgeführt.
Kinder: sind mit entsprechender Erfahrung ab 14 Jahren im Sattel willkommen, jüngere Kinder ab 10 Jahren im Begleitfahrzeug.

INFO

50 Zeitreise zu den Ursprüngen der Safari – Fly Camping

Als Fly Camping bezeichnet man eine Safari, bei der die Gäste weit entfernt von einem Basiscamp oder einer Lodge in einem **simplen Zelt an ausgewählten Stellen mitten im Busch übernachten**. Die Ausstattung besteht meist aus nicht viel mehr als einer Eimerdusche, einem Plumpsklo und einem Lagerfeuer. Auf Komfort und Luxus wird bewusst verzichtet, im Vordergrund steht die möglichst direkte Naturerfahrung. Die Zelte sind dabei zwar klein, bieten aber genügend Platz für zwei Matratzen samt Kissen und Decken. Fly Camping hat seinen Ursprung in Ostafrika und soll den Gästen ein Gefühl dafür vermitteln, wie Safaris in ihren Anfangszeiten vor rund 150 Jahren durchgeführt wurden.

Die Hauptaktivität beim Fly Camping sind Walking-Safaris. Meist brechen die Gäste zusammen mit ihrem Guide zu Fuß vom Basiscamp oder einer Lodge auf, während eine kleine Crew bestehend aus einem Koch und einem Assistenten per Fahrzeug mit der Ausrüstung vorfährt, um an einem vorher festgelegten Ort das Camp aufzubauen. Die durchschnittliche Übernachtungsdauer beim Fly Camping beträgt zwei bis drei Nächte und in der Regel zieht das Camp jede Nacht um. Die Walking-Safaris finden in den frühen Morgen- und späten Nachmittagsstunden statt, während die Hitze des Tages im Camp verbracht wird.

Diese mobilen Walking-Safaris bieten Gästen die Möglichkeit, in absoluter **Ruhe abseits der gängigen Routen** die Natur zu genießen. Weit und breit werden keine weiteren Safarigruppen unterwegs und keine Motorengeräusche zu hören sein. Neben der Chance, sich den Tieren nahezu lautlos zu nähern, erleben Gäste

Mobiles Camp im Katavi-Nationalpark

eine völlig andere Safari-Perspektive. Ob eine Einführung in das Spurenlesen oder die medizinische Bedeutung einheimischer Pflanzenarten oder die intensive Auseinandersetzung mit der Welt der Insekten – all dies ist während einer „normalen" Safari kaum möglich.

Aufgrund **strenger Regeln und Auflagen** seitens der Nationalparkbehörde ist Fly Camping nur an sehr wenigen Orten möglich. Am bekanntesten hierfür ist inzwischen das Selous-Reservat, in dem gleich mehrere Camps über die Voraussetzungen für Fly Camping verfügen. In den Nationalparks Tarangire, Serengeti, Ruaha und Katavi verfügen einige Camps über Ausnahmegenehmigungen.

Abendstimmung im tansanischen Busch

Beste Reisezeit: während der Trockenzeit zwischen Juni/Juli und Oktober.
Kosten: variieren von Camp zu Camp und liegen für gewöhnlich bei den gleichen Preisen wie eine Übernachtung im zugehörigen Camp/in der zugehörigen Lodge.
Camps, die Fly Camping anbieten: Oliver's Camp, Tarangire (www. asiliaafrica.com); Alex Walker's Serian, Serengeti (www.serian.net); Serengeti Wilderness Camp (www.wildfrontiers. com), Chada Katavi, Katavi; Sand Rivers Camp, Selous (beide unter www. nomad-tanzania.com); Impala Camp, Selous (www.adventurecampstz.com), Jongomero Camp, Ruaha (www. selous.com).
Sonstiges: Jeweils eine Übernachtung vor und nach dem Fly Camping sollten zur Vor- bzw. Nachbereitung in dem Camp/der Lodge eingeplant werden. Das Mindestalter beträgt 16 Jahre.

INFO

51 Wandersafari durch das Ngorongoro-Hochland

Der Ngorongoro-Krater ist zwar eines der größten und eindrucksvollsten Natur-
denkmäler Afrikas, aber er ist nur ein kleiner Teil des insgesamt 8.292 km² großen
Ngorongoro-Schutzgebiets. In diesem liegt unter anderem die Gegend um den
Ndutu-See, die große Gnu- und Zebraherden beherbergt. Darüber hinaus **beein-
druckt das Ngorongoro-Hochland vor allem mit seinen erloschenen
Vulkanen**. Hier finden sich der Olmoti- und Empakai-Krater. Abseits der klassi-
schen Touristenrouten leben die Massai hier noch weitestgehend traditionell im
Einklang mit Natur und wilden Tieren. Eine **mehrtägige Wanderung durch das
Ngorongoro-Hochland** ist die schönste Möglichkeit, Menschen und Natur ken-
nenzulernen.

Ausgangspunkt der Wanderung ist Arusha. Mit dem Auto geht es vorbei am Manyara-See und dem Ngorongoro-Krater nach Nainokanoka, einem kleinen Massai-
Dorf. In der Nähe des Dorfes gibt es einen Campingplatz, wo das Lager für die erste Nacht aufgebaut wird. Am Nachmittag steht die Besteigung des Olmoti-Kraters
an, von dessen Rand sich ein faszinierender Blick in sein Innere bietet.

Am nächsten Tag startet die eigentliche Wanderung, die von einem einheimischen
Massai angeführt wird. Nach dem Frühstück werden Gepäck und Ausrüstung auf
Esel geladen, die für die nächsten Tage treue Begleiter sein werden. Die Tagesetap-
pe ist ca. 16 km lang und führt nach Bulati, einem weiteren Massai-Dorf. Das
durchquerte Gebiet dient den Massai als Weidegrund für ihr Vieh und ist Heimat
vieler wilder Tiere, darunter Gazellen, Zebras und Gnus. Aber auch Büffel und Elefanten lassen sich während der Wanderung beobachten.

Blick in den Empakai-Krater

Nach dem Frühstück am nächsten Morgen wird das Gepäck wieder auf die Esel gehievt und die Wanderung fortgesetzt. Der Weg führt stetig bergauf und bei klarer Witterung bieten sich **fantastische Aussichten auf Kilimandscharo, Mount Meru, Olmoti und Ol Doinyo Lengai**. Das Ziel der heutigen Etappe ist der Rand des Empakai-Kraters, der gegen Mittag erreicht wird. Je nach Ankunftszeit kann man in den Krater hinabsteigen, dessen Boden zu einem Drittel von einem See bedeckt ist. Der Empakai-See ist einer von vielen Sodaseen im Großen Afrikanischen Grabenbruch. Die Mikroorganismen dieser Seen sind eine wichtige Nahrungsquelle für Flamingos.

Das Ngorongoro-Hochland ist von Hügeln geprägt

Beim Trekking in Ngorongoro

Nach dem anstrengenden Vortag ist die nächste Wanderung vergleichsweise einfach. Gegen Mittag erreicht man das Massai-Dorf Naiyobi. Nach dem Mittagessen geht es, den Blick auf den Ol Doinyo Lengai gerichtet, weiter Richtung Norden. Schließlich verlässt man das Ngorongoro-Schutzgebiet und erreicht nur wenig später das Nachtlager in einem kleinen Wald aus Fieberakazien. Außerhalb des Schutzgebiets ist es bereits deutlich wärmer und trockener.

Die letzte Etappe ist nicht sonderlich lang, führt hauptsächlich bergab und bietet herrliche Aussichten auf den Ol Doinyo Lengai und den Natronsee. Es wird zunehmend heißer und trockener, typisch für diese Gegend. Gegen Mittag erreicht man den Treffpunkt mit dem Fahrer. Hier verabschiedet man sich von den Begleitern der letzten Tage und den Eseln, um den Rückweg nach Arusha anzutreten.

Reisezeit: ganzjährig möglich, die große Regenzeit im April und Mai ist allerdings nicht zu empfehlen.
Kosten: ca. 1.400 € pro Person/DZ mit Vollpension und allen Kosten für Guide, Esel, Ausrüstung und Parkeintrittsgebühren.

Sonstiges: Der Ablauf ist beispielhaft und kann individuell ergänzt oder verlängert werden, z. B. um eine Pirschfahrt im Ngorongoro-Krater oder die Besteigung des Ol Doinyo Lengai.

INFO

52 Wildes Tansania – auf Safari mit Legendary Expeditions

Seit mehr als 25 Jahren ist der amerikanische Reiseveranstalter Legendary Expeditions in Tansania aktiv und damit einer der am längsten ansässigen Safarianbieter. Das Unternehmen ist eng mit der Friedkin Stiftung verbunden, die zum Erhalt wichtiger, aber weitestgehend unbekannter Schutzgebiete in Tansania gegründet wurde und heute nahezu 25.000 km² Land verwaltet. Hierdurch verfügt Legendary Expeditions über **exklusive Nutzungsrechte für einige der wildesten Gebiete Tansanias**, wenn nicht ganz Afrikas.

Eine Safari-Rundreise mit Legendary Expeditions startet üblicherweise in Arusha. Von hier aus wird als erste Station der Natronsee angesteuert. Vom Ostufer des Sees bis zum West-Kilimanjaro-Schutzgebiet erstreckt sich die von den Massai erteilte private Konzession. Die Gegend ist heiß und trocken, aber landschaftlich sehr reizvoll. Hier stehen drei Unterkünfte zur Auswahl, die sich in Stil und Ausstattung teils deutlich unterscheiden. Geführte Wanderungen und Besuche in abgeschiedenen Dörfern ermöglichen intime Begegnungen mit den Massai. Bei Pirschfahrten können einige Tierarten beobachtet werden, die sonst eher schwierig zu finden sind, wie der Kleine Kudu, die Ostafrikanische Oryx und die Giraffengazelle. Außerdem werden regelmäßig die stark bedrohten Wildhunde gesichtet, gelegentlich auch Löwen und Leoparden.

Auf Safari im Maswa Game Reserve

Wer den Ngorongoro-Krater besuchen möchte, führt die Safari per Fahrzeug fort, ansonsten geht es per Kleinflugzeug in Richtung Serengeti. Das Ziel ist allerdings nicht die Serengeti selbst, sondern das **Maswa Game Reserve** sowie das **Mwiba Private Game Reserve**, die beide weiter im Süden liegen. In den von vielen Quellen durchzogenen Gebieten erleben Gäste die afrikanische Savanne auf exklusive Weise bei ganzjährig sehr guten Tierbeobachtungsmöglichkeiten. Teilweise ziehen zwischen Dezember und März auch die großen Herden durch beide Gebiete. Insgesamt gibt es hier fünf Camps, die sehr weitläufig verteilt sind, sodass es durchaus lohnend sein kann, den Aufenthalt auf zwei unterschiedliche Gegenden zu splitten.

Ein **Abstecher in die nahegelegene Serengeti** darf von hier aus natürlich nicht fehlen. Zwar ist dies nun kein exklusives Safarierlebnis mehr, aber die Serengeti

Auf einem Kopje liegt die exklusive Mwiba Lodge

und die Wanderung der Gnus und Zebras bieten nach wie vor eines der beeindruckendsten Schauspiele dieser Erde. Für diesen Zweck betreibt Legendary Expeditions ein **kleines mobiles Camp**, welches den Herden folgt.

Zum Abschluss der Safari verlässt man die weiten Ebenen der Serengeti und fliegt per Kleinflugzeug in Richtung Westen zum Moyowosi Game Reserve in Grenznähe zu Burundi. Das Reservat wird von fünf Flüssen durchzogen, die eines der **größten und wichtigsten Feuchtgebiete Ostafrikas** bilden. Hier findet sich ein internationales Vogelschutzgebiet, das viele seltene Arten beheimatet, darunter auch den markanten Schuhschnabel. In den offenen und weniger feuchten Teilen sind viele große Säugetiere zu Hause, darunter nicht nur Löwen, Leoparden, Büffel und Flusspferde, sondern auch seltene Antilopenarten wie Pferde- und Rappenantilope. Die Impressionen der Touren per Fahrzeug, Boot oder zu Fuß erinnern an das deutlich bekanntere Okavangodelta in Botswana – und brauchen diesen Vergleich keineswegs zu scheuen.

Internet: www.legendaryexpeditions.com
Preise: ab ca. 10.000 USD pro Person/DZ für eine zwölftägige Safari. Preise variieren je nach Dauer und Wahl der Unterkünfte. Im Preis sind außer Trinkgeldern die Kosten für Flüge, Unterkünfte, Parkeintrittsgebühren und Aktivitäten enthalten.

Sonstiges: Der Standard der Unterkünfte ist sehr hoch, allen voran in der Mwiba Lodge, die das Flaggschiff von Legendary Expeditions ist. Der beschriebene Verlauf ist beispielhaft und kann individuell geändert werden. Auch können die Camps separat gebucht und in andere Safaris integriert werden.

INFO

Camps und Lodges

53   Lodge der unbegrenzten Möglichkeiten – die Saadani Safari Lodge

Qual der Wahl: Pool oder Meer

Dieses Boot wurde zu einem Teil der Lounge umgebaut

Direkt am Strand, inmitten des Saadani-Nationalparks gelegen, verfügt die Saadani Safari Lodge über ein so breites Spektrum an Möglichkeiten, wie kaum eine andere Lodge in Afrika. Vor der Lodge liegt der Indische Ozean mit seinem feinen Sandstrand den Gästen zu Füßen, nur wenige Meter dahinter tummeln sich Elefanten an Wasserlöchern und ziehen Löwen durch die Savanne. Was sonst nur mit langen Fahrten oder Flügen kombinierbar ist, macht die Saadani Safari Lodge auf unkomplizierte Weise möglich: **Safari- und Strandurlaub an einem Ort**.

Die Lodge bietet neben Walking-Safaris und Pirschfahrten in offenen Fahrzeugen auch **Bootsafaris auf dem Wami-Fluss** an. Der Fluss ist bis zur Mündung in den Ozean befahrbar und durchläuft verschiedene Vegetationszonen, von typischen Auen- bis zu dichten Mangrovenwäldern. Außerdem können die Gäste der Lodge zwischen zwei Ausflügen auf dem Meer wählen. Per Motorboot geht es zu einer einsamen Sandbank, die von einem Korallenriff umgeben ist. Hier bestehen hervorragende Schnorchelmöglichkeiten, die mit einem **Mittagessen mitten im Ozean** abgerundet werden.

Als Alternative zum Motorboot verfügt die Lodge seit Ende 2014 über eine eigene Dhow, ein traditionelles Segelboot, für Tagesausflüge nach Stone Town auf Unguja, der Hauptinsel Sansibars. Des Weiteren besteht die Gelegenheit mit der einheimischen Bevölkerung in Kontakt zu kommen: Viele der Angestellten der Lodge stammen aus dem nahegelegenen Dorf Saadani und führen Gäste gerne durch ihren Heimatort. Über die Askari, die Massai-Wachleute, können Besuche zu einem Massai-Dorf organisiert werden. Der dortige Dorfvorsteher ist Touristen gegenüber sehr offen und freut sich immer über Besuch. Wem dies aber alles zu viel ist, der kann auch einfach nur am Strand mit einem Buch und einem kühlen Drink entspannen und im Meer baden.

Vor der Wahl der Aktivitäten steht allerdings die Wahl der Unterkunft. Es stehen traditionelle Bandas, luxuriöse Chalets und eine private Suite zur Verfügung, die

Im Inneren der Chalets ist es komfortabel

sich hinsichtlich Größe und Ausstattung unterscheiden. Während die Bandas klein, rustikal, dabei aber sehr charmant sind, verfügen die Chalets über eine hochwertige Ausstattung und bieten mehr Platz und Privatsphäre. Die private Suite ist sehr exklusiv ausgestattet und verfügt über ein zusätzliches Sonnendeck mit eigenem Pool und einer Lounge, wo auf Wunsch die Mahlzeiten serviert werden. Eines haben alle Unterkünfte aber gemeinsam: die **direkte Lage am Strand**.

Auch im Hauptbereich der Lodge ist das Meer allgegenwärtig. Dieser ist sehr weit gefächert und die verschiedenen Bereiche wie Restaurant, Lounge, Bar und Pool sind zwischen Sträuchern, Palmen und Bäumen über Holzstege miteinander verbunden. **Das gesamte Ensemble ist zum Meer hin offen,** sodass Gäste nicht nur einen direkten Blick auf dasselbe haben, sondern auch stets von einer erfrischenden Meeresbrise umweht werden. Seit der Übernahme durch das Safariunternehmen Sanctuary Retreats im Jahr 2012 wurde der Standard der Lodge verbessert, das Angebot an Unternehmungen erweitert und die Qualität von Mahlzeiten und Service erhöht. Dies alles macht die Saadani Safari Lodge zu einem ganz besonderen Ort und nicht wenige Stammgäste verbringen ihre gesamte Reisezeit hier, ohne andere Orte oder Unterkünfte zu besuchen.

Internet: www.sanctuaryretreats.com
Preise: ab 356 USD pro Person/Banda bzw. ab 427 USD pro Person/Chalet mit Vollpension, lokalen Getränken, Cocktails und Aktivitäten.
Sonstiges: WLAN gibt es kostenfrei in der Lounge. In Kombination mit anderen Camps von Sanctuary Retreats werden oft attraktive

Paketpreise angeboten. Das Camp ist während der großen Regenzeit im April und Mai geschlossen.
Kinder: jeden Alters sind willkommen. Es besteht allerdings ein Mindestalter von 5 Jahren für Pirschfahrten. Ein Babysitterservice steht nicht zur Verfügung.

INFO

54

Kleinod an der Swahili-Küste –
das Kijongo Bay Resort

Kim Armstrong lebte schon einige Jahre in Tansania, als sie im Jahr 2010 den idealen Ort zum Bau einer Lodge fand. Einen kleinen Flecken Land in der Nähe des Dorfes Sange an einem **nahezu unberührten Abschnitt der Swahili-Küste** hatte sich die Kanadierin ausgesucht. Diese Unberührtheit stellte sich aber nicht nur als Vorteil, sondern auch als Hindernis heraus: Der Weg von der durch das Dorf verlaufenden Hauptstraße bis zum Strand war von Kokosnusspalmen gesäumt, sodass ein Durchkommen für Fahrzeuge unmöglich war. Der Preis, den die einheimischen Arbeiter für das Schlagen einer Schneise verlangten, war für Armstrong aber viel zu hoch. Deshalb geriet der Plan zunächst ins Stocken. Eines Morgens hatte sich das Problem aber wie von Zauberhand von selbst gelöst: Elefanten aus dem nahegelegenen Saadani-Nationalpark, die gelegentlich diesen Küstenabschnitt aufsuchen, hatten nachts entlang der geplanten Zufahrt einige Palmen umgestoßen und so unabsichtlich die Grundlage für den Bau der Lodge gelegt. Deshalb ziert heute ein kleiner Elefant das Logo des Kijongo Bay Resorts.

So ungewöhnlich diese Geschichte ist, so ungewöhnlich ist auch die Bauweise der Lodge. Während die meisten Lodges entlang der Küste traditionelle Bauweisen bevorzugen, wurden hier **kleine, zweistöckige Villen unter Reetdächern** gebaut. Diese bieten nicht nur viel Platz für bis zu sechs Personen, sondern verströmen mit einer eher schlichten, aber komfortablen und modernen Ausstattung eine angenehm ruhige Atmosphäre. Auf den Veranden im ersten Stock der Villen, lässt es sich bei einem Cocktail, einem Buch oder einfach beim Nichtstun hervorragend aushalten.

Das Kijongo Bay Resort besteht aus reetgedeckten Villen

Nichtstun steht bei den empfohlenen Aktivitäten an erster Stelle, denn Entspannung und Erholung kommen bei einem Safariurlaub für gewöhnlich zu kurz. Aber auch für diejenigen, die auf Aktivitäten nicht verzichten möchten, steht eine große Auswahl zur Verfügung. Kijongo verfügt über ein eigenes Safarifahrzeug für **Touren in den nahegelegenen Saadani-Nationalpark**, ein eigenes Boot für **Schnorchelausflüge** und bietet zudem **geführte Wanderungen in die Mangrovenwälder** sowie kulturelle Ausflüge in das historische Pangani und das weiter entfernte Bagamoyo (mit Übernachtung) an. Baden im Meer oder im großen Pool und ausgiebige Spaziergänge am Strand sind ebenso möglich – aber das fällt ja eher wieder in die Kategorie Nichtstun.

Abgerundet wird der Aufenthalt durch einen sehr freundlichen und zuvorkommenden Service und eine hervorragende Küche, in der überwiegend lokale Produkte verarbeitet werden. Im eigenen Garten werden viele Küchenkräuter angebaut, die die Grundlage der meisten Gerichte bilden. Wer Tee mag,

Einladung zum Nichtstun: die Veranda im ersten Stock

sollte unbedingt nach einem **Chai Masala** (Gewürz-Tee) fragen, der nach einem Hausrezept frisch zubereitet wird. Kijongo ist außerdem eine umweltfreundliche Lodge. Sowohl bei der Strom- als auch der Warmwasserversorgung setzt man auf Solarenergie. In Sachen Nachhaltigkeit gibt es außerdem Bemühungen, die lokale Bevölkerung einzubeziehen, damit diese langfristig ebenfalls vom Tourismus an der Swahili-Küste profitiert.

INFO

Internet: www.kijongobayresort.com
Preise: ab 170 USD pro Person/DZ mit Halbpension; Vollpension ist gegen Aufpreis möglich.
Lage: Sange Long Beach, zwischen dem Saadani-Nationalpark und Pangani.
Anreise: mit dem Fahrzeug ab Daressalaam (ca. vier bis fünf Stunden) oder per Kleinflugzeug zur Landebahn in Pangani oder Saadani (Transferzeit eine bzw. eineinhalb Stunden).

Sonstiges: Kijongo ist unter deutschem Management und somit besonders für Gäste geeignet, deren Englischkenntnisse nicht so gut sind. Neben den Villen gibt es noch einen Bungalow mit zwei Schlafzimmern und Küche, welcher für Selbstversorger geeignet ist. Kijongo ist ganzjährig geöffnet.
Kinder: sind jeden Alters willkommen.

55   Hoch gelegen – das Shu'Mata Camp

In der Sprache der Massai bedeutet *Shu'Mata* so viel wie „über den Wolken" oder „himmlisch". Kaum ein Wort wäre besser geeignet, um das Shu'Mata Camp zu be-

schreiben. Mit seinen nur fünf Zelten befindet sich das Camp auf dem kleinen **Hügel Nessuandet**, der aus der weiten Ebene des als West Kilimanjaro bekannten Lands der Massai aufragt. Gästen bietet sich nicht nur ein großartiger Ausblick über weite Savannenlandschaften, sondern auch auf die Westseite des nahen Kilimandscharo.

Der Aufenthalt im Camp ist wie eine Reise in die Zeit der Anfangsjahre des Safaritourismus. Die Wohnzelte bieten eine gelungene Kombination aus Massai- und Kolonialstil, ergänzt um Einflüsse aus der arabischen Welt. Die Inneneinrichtung wurde von der Eigentümerin selbst ausgewählt und besteht überwiegend aus Massai-Kunstgegenständen und verschiedenen stilvollen Accessoires. Abgerundet werden die Zelte durch ein großzügiges Badezimmer und eine Veranda mit traumhaftem Blick über die Savanne. Zum Abendcocktail kommen die Gäste an der Feuerstelle zusammen, während das Panorama aus untergehender Sonne und Kilimandscharo den **Traum von afrikanischer Romantik** Wirklichkeit werden lässt.

Außer für Safaris eignet sich Shu'Mata ideal als Ausgangsort für einen Besuch in die Welt der Massai. Einige der Angestellten, darunter die Guides, entstammen den umliegenden Massai-Stämmen und freuen sich, den Gästen ihre Kultur näherzubringen. In Kooperation mit Ole Sululu, einem Massai aus dem Ngorongoro-

Die Inneneinrichtung wurde von der Besitzerin selbst gewählt

Auch das Bad ist wild-afrikanisch

Vom Nessuandet blickt man auf die Westseite des Kilimandscharo

Gebiet, offeriert das Camp seit Kurzem auch ein zweitägiges Programm, das **tiefe und außergewöhnliche Einblicke in das Leben der Massai** eröffnet. Im Rahmen von Naturwanderungen erfahren Gäste einiges über die Bedeutung verschiedener Kräuter, aus denen im Anschluss ein Tee gekocht wird. Bei einem traditionellen Ziegen-Barbecue unter Massai-Kriegern, begleitet von rituellen Tänzen und Gesängen, klingt der erste Tag am Abend aus. Beim Essen ist ein Mitarbeiter **der Lion Guardians** anwesend, der über die Ziele und Anforderungen des Projekts zum Schutz der Löwen in West Kilimanjaro berichtet.

Am nächsten Morgen begibt man sich mit einem der Lion Guardians auf die Spur der Löwen. Zum Abschluss des Programms steht der Besuch in einem Boma an, um mehr über den traditionellen Alltag der Massai zu erfahren. Auf Wunsch besteht auch die Möglichkeit, an einer der verschiedenen Zeremonien teilzunehmen, deren Bedeutung Ole Sululu gerne erklärt.

Internet: www.shumatacamp.de
Preise: ab 534 USD pro Person/DZ mit Vollpension, lokalen Getränken und Aktivitäten (Pirschfahrten, Walking-Safaris, Besuch eines Massai-Dorfes). Weitere Aktivitäten wie die Masai Experience sowie Ausflüge zum Shira-Plateau oder zu den Lion Guardians gegen Aufpreis.
Anreise: per Fahrzeug (ca. drei Stunden) oder per Kleinflugzeug ab Arusha zur West-Kilimanjaro-Landebahn (ca. 20 Minuten, ab 100 USD pro Person).
Sonstiges: Alle Zelte können auch als Dreibettzimmer belegt werden. Das Camp ist während der Regenzeit im April und Mai geschlossen. Shu'Mata ist das Schwestercamp der Hatari Lodge im Arusha-Nationalpark und in Kombination werden interessante Pakete angeboten.
Kinder: jeden Alters sind willkommen.

INFO

56 Zu Gast bei einer Weltrekordlerin – die Meru View Lodge und die Ngurdoto Lodge

Nur einen Katzensprung vom Arusha-Nationalpark entfernt liegen auf fast 1.400 m Höhe die gemütliche Meru View Lodge und die kleine Ngurdoto Lodge. Beide Lodges befinden sich in unmittelbarer Nachbarschaft zueinander und sind nicht nur ein

Zimmer in der Meru View Lodge

idealer Ausgangspunkt für Reisen durch Tansania, sondern auch die Heimat einer Weltrekordlerin.

Seit mehr als zehn Jahren wohnt und lebt die in Simbabwe geborene Deborah Bachmann mit ihrem Mann Horst und den beiden Töchtern Maria und Anna vor den Toren des Arusha-Nationalparks. Nach Ihrem Reise- und Touristikstudium in Kapstadt arbeitete Deborah als Reiseführerin. Dabei lernte sie nicht nur ihren heutigen Mann Horst kennen, sondern entdeckte auch ihre Leidenschaft für den Kilimandscharo, die sich zu einer kleinen Obsession ausgewachsen hat: Inzwischen hat ‚Debbie' den Gipfel mehr dreißigmal bestiegen und hält mit einer Zeit von unter zwölf Stunden den **Weltrekord für Frauen**.

Nach einem Intermezzo in Horsts Heimatort Mespelbrunn im bayerischen Spessart beschlossen die beiden ihr eigenes Unternehmen in Tansania aufzubauen. 2004 übernahmen sie die Meru View Lodge und veränderten sie nach Ihren Vorstellungen. Heute ist sie die Ausgangsbasis ihres kleinen Safariunternehmens, dessen **Schwerpunkt auf Besteigungen des Kilimandscharo** liegt. Einige Zeit später pachteten die beiden ein weiteres Grundstück, auf dem sie ihre zweite

Im Speisesaal stärkt man sich fürs Bergsteigen

Lodge errichteten, die nach dem Ngurdoto-Krater benannt ist, einem erloschenen Vulkan im Arusha-Nationalpark.

Mit ihren 15 Zimmern ist die Meru View Lodge die größere der beiden Lodges. Während sie einfacher ausgestattet ist, soll die Ngurdoto Lodge mit ihren neun geräumigen Zimmern (zwei im Haupthaus und sieben Bungalows) gehobenen Ansprüchen gerecht werden. Beide Lodges bieten sehr schöne Alternativen zu den Hotels direkt in Arusha und eignen sich hervorragend als Ausgangspunkt für Safaris und die **Erkundung von Arusha und Umgebung**.

So wächst rund um beide Lodges eine der **besten Kaffeesorten Tansanias** und ein Besuch auf einer privaten Farm der lokalen Wameru-Bauern kann organisiert werden. Donnerstags und sonntags kann man den quirligen Markt im nur wenige Kilometer entfernten Ort Usa besuchen, auf dem eine Vielzahl unterschiedlicher lokaler Produkte angeboten wird. Genauso gut kann man aber auch einfach nur in den Lodges relaxen, bei einem Drink am Swimmingpool die Ruhe der schönen Gärten genießen und bei klarem Wetter die Sicht auf die Gipfel von Mount Meru und Kilimandscharo bestaunen.

Die Meru View Lodge wird ihrem Namen durchaus gerecht

Internet: www.african-view.com
Preise: ab 50 USD pro Person/DZ inkl. Frühstück in der Meru View Lodge, ab 105 USD pro Person/DZ inkl. Frühstück in der Ngurdoto Lodge. Gegen Aufpreis sind Halbpension und Vollpension möglich.

Sonstiges: Beide Lodges verfügen über WLAN und bieten Flughafentransfers, Gepäckaufbewahrung und Wäscheservice an. Außerdem kann Bergausrüstung ausgeliehen werden.
Kinder: jeden Alters sind in beiden Lodges gerne gesehen.

INFO

57

Pioniergeist zwischen Elefanten und Baobabs – Oliver's Camp und Little Oliver's Camp

Als der Engländer Paul Oliver 1985 zum ersten Mal den Tarangire-Nationalpark besuchte, war er dem Land der Elefanten und Baobabs sofort verfallen. Sieben Jahre verbachte Paul damit, den Park, die lokale Bevölkerung und die natürlichen Gegebenheiten zu studieren, bis er 1992 endlich sein eigenes Camp eröffnete. Ursprünglich befand sich Oliver's Camp knapp außerhalb der östlichen Grenze des Parks. Dieser Bereich war damals noch völlig wild und unerschlossen und so gehörte neben dem Aufbau des Camps auch die Schaffung eines Wegenetzes für Pirschfahrten zu den Herausforderungen. Doch Paul und seine Partner meisterten jede Hürde und mit der steigenden Bekanntheit des Camps nahmen auch die Buchungen rapide zu. Mitte der 1990er-Jahre waren Oliver's Camp und Tarangire so bekannt geworden, dass Paul die Nachfrage kaum noch befriedigen konnte. Hieraus schlugen Trittbrettfahrer Kapital: 1996 entstanden innerhalb weniger Wochen acht neue Camps, zwei davon in unmittelbarer Nähe zum Oliver's Camp.

Stuhlkreis ums Feuer

Einladung zum Entspannen

Durch seine Einbindung der lokalen Bevölkerung war Paul Oliver einer der **Vorreiter für den nachhaltigen Tourismus**. Auch deshalb schien der Nationalparkbehörde TANAPA kaum ein Kandidat geeigneter, als sie über die Einführung von Walking-Safaris nachdachte. Da Paul sich ohnehin zunehmend von den neuen Camps eingeschränkt fühlte, nahm er das Angebot an und verlegte sein Camp in Abstimmung mit den Behörden im Jahr 2002 tief in den südöstlichen Teil von Tarangire, abseits der gängigen Routen. Hier etablierte er die **Walking-Safaris**, für die das Oliver's Camp bis heute bekannt ist.

Schon zu diesem Zeitpunkt war Oliver's Camp ein zeitloses

Camp mit einer stilvollen und komfortablen Ausstattung, ohne dabei übertrieben luxuriös zu wirken. Daran änderte sich auch nichts, als sich Paul im Jahr 2004 der **Asilia-Gruppe** anschloss. Neben kleinen Veränderungen an den zehn Zelten (Renovierungen, Vergrößerung und Bau einer traumhaften Außendusche) wurde das Camp auf eine kleine Anhöhe verlegt. Von jedem Zelt aus haben die Gäste nun eine tolle Aussicht auf ein tiefer gelegenes Sumpfgebiet, welches während der Trockenzeit viele Tiere anzieht.

2012 erhielt Asilia den Zuschlag für den Bau eines kleineren Schwestercamps und im Juli 2013 eröffnete das saisonale Little Oliver's Camp in ca. 1 km Entfernung vom Oliver's Camp seine fünf Zelte für die ersten Gäste. Abgesehen vom Namen und ihrer Lage unterscheiden sich beide Camps kaum voneinander. Service, Gastfreundschaft und Essen bieten den für Asilia typischen hohen Standard, die Atmosphäre ist sehr persönlich und regelmäßig werden anstelle der **familiären Abendessen an der gemeinsamen Tafel** großartige **Grillabende** veranstaltet. Nicht umsonst wird Oliver's Camp regelmäßig als eines der besten Busch-Camps in Ostafrika ausgezeichnet.

Mit herkömmlichen Zelten haben die Zelte im Oliver's Camp nicht viel gemeinsam.

Internet: www.asiliaafrica.com und www.asiliaafrica.de/tansania/camps-in-tansania.htm
Preise: ab 555 USD pro Person/DZ mit Vollpension und lokalen Getränken; ab 650 USD pro Person/DZ mit Vollpension, lokalen Getränken und Pirschfahrten.
Anreise: per Fahrzeug ca. zwei bis drei Stunden ab Parkeingang, bzw. vier bis fünf Stunden ab Arusha. Per Kleinflugzeug ab Arusha ca. eine Stunde bis zur Kuro-Landebahn.

Sonstiges: Neben Pirschfahrten werden auch Walking-Safaris, Nachtpirschfahrten und Fly Camping (s. S. 114) angeboten. Beide Camps sind im April und Mai geschlossen.
Kinder: sind ab 5 Jahren im Camp willkommen. Für Familien gibt es ein Familienzelt mit Platz für bis zu vier Personen.

INFO

58   Idyllische Lage zwischen Tarangire und Lake Manyara – das Maramboi Tented Camp

Auf den ersten Blick ist das Maramboi Tented Camp eher unscheinbar und wenig individuell: eines von vielen Camps außerhalb des Tarangire-Nationalparks, mit 40 Zimmern vergleichsweise groß und eher ein Resort als ein Camp. Wer aber genauer hinblickt, entdeckt, dass Maramboi trotz seiner Größe seinen ganz eigenen Charme versprüht.

Auch wenn sich das Camp außerhalb der Nationalparks Tarangire und Lake Manyara befindet, verfügt es über eine tolle Lage. Es liegt in einem **privaten Konzessionsgebiet** zwischen beiden Parks, unweit des Ostufers vom Manyara-See. Von hier aus bietet es einen weiten Blick über den See hinweg auf die Abbruchkante des Großen Afrikanischen Grabenbruchs. Sonnenauf- und -untergänge sind hier sehr schön und lassen See, Palmen und die Abbruchkante in unterschiedlichen Farbkompositionen erscheinen – **traumhafte Bedingungen für tolle Landschaftsaufnahmen**.

Die 40 Zimmer sind in drei Kategorien unterteilt: 26 Standardzelte, zehn Zelt-Suiten und zwei Familieneinheiten. Die Zelte stehen separat und befinden sich auf hölzernen Plattformen, bei den Familieneinheiten handelt es sich um zwei Chalets, die sich eine Plattform teilen und durch eine gemeinsame Veranda und einen gemeinsamen Eingangsbereich miteinander verbunden sind. Alle Zimmer sind sehr groß, selbst die Standardzelte würden in manch anderem Camp als Suiten durchgehen.

Statt Schnickschnack gibt es geräumige Zimmer

Ebenfalls viel Platz bieten die angeschlossenen Badezimmer. Auf eine luxuriöse Ausstattung wurde zugunsten großer und komfortabler Betten mit Moskitonetzen verzichtet. Vor jedem Zelt gibt es eine **Veranda mit Blick auf den See**.

In der Mitte des Camps befinden sich Lounge, Restaurant und Bar, ebenfalls mit Blick auf den See. Über einen Steg lässt sich der große Swimmingpool erreichen, von dem aus man ebenfalls den See im Blick hat. Wegen der Größe des Camps werden **alle Mahlzeiten als Buffet serviert**, dabei ist das Essen für eine Anlage dieser Größe überraschend gut. Eine Besonderheit sind die Mittagspakete, die vor allem bei den vergleichsweise günstigen Unterkünften oftmals eher lieb- und einfallslos zusammengestellt werden. Beim Maramboi Camp hingegen werden auch diese als Buffet angeboten, sodass sich jeder Gast sein Paket individuell zusammenstellen kann – einmalig in Tansania.

Zelte im Maramboi Tented Camp

Pool mit Seeblick

Das Maramboi Tented Camp ist eine sehr schöne Alternative zu den höherpreisigen Camps innerhalb des Tarangire-Nationalparks. Die Entfernung zum Parkeingang ist nicht weit und im Rahmen von Ganztagesfahrten können große Bereiche des Parks abgedeckt werden. Für Besuche des gleichnamigen Nationalparks ist das Camp aber trotz der Lage am Ostufer des Manyara-Sees nur bedingt geeignet: Der Parkeingang liegt auf der anderen Seite des Sees.

Internet: www.tanganyikawildernesscamps.com
Preise: ab 95 USD pro Person mit Vollpension.
Anreise: per Fahrzeug. Die Fahrzeit von Arusha beträgt ca. zwei Stunden.
Aktivitäten: Maramboi bietet Wanderungen zum Ufer des Manyara-Sees in Begleitung eines Massai an, zum Sonnenuntergang auch mit Sundowner. Diese Wanderungen dauern ca. eine Stunde und sind eine schöne Gelegenheit, sich die Beine nach einem Safaritag im Fahrzeug zu vertreten.
Sonstiges: Die Zimmer reihen sich links und rechts um den Hauptbereich. Bei 40 Zimmern sind die Wege zum Teil recht lang. Gäste, die nicht mehr so gut zu Fuß sind, sollten bei der Buchung ein Zimmer nahe des Hauptbereichs anfragen. Am weitesten entfernt liegen die beiden Familienchalets.
Kinder: jeden Alters sind willkommen.

INFO

59   Inmitten wilder Tiere – das Swala Camp

Tief im Südwesten des Tarangire-Nationalparks, abseits der gängigen Routen und weit von den anderen Camps und Lodges entfernt, liegt in einem kleinen Waldgebiet das Swala Camp des Safariunternehmens Sanctuary Retreats. An und um alte Baobabbäume gebaut, besticht das Swala Camp vor allem durch sein Lage.

Das Wasser lockt die Tiere zum Camp

Der Wald ist Heimat einer Vielzahl von Vögeln, Insekten und Säugetierarten. Am zahlreichsten sind die Impala-Antilopen vertreten, denen das Camp auch seinen Namen verdankt: *Swala* ist das Swahili-Wort für Impala. Aber auch Elefanten, Büffel und Raubtiere wie Löwen und Leoparden sind im Wald und dem angrenzenden Sumpfgebiet zu Hause. **Das Camp befindet sich im Revier eines Löwenrudels**, welches regelmäßig im und um das Camp gesehen wird.

Während der Trockenzeit ziehen das Wasser des Sumpfes und ein **Wasserloch direkt vor dem Camp** viele Tiere an, teilweise wird dann auch der Pool als Trinkstätte genutzt. Während dieser Zeit lassen sich hier spektakuläre Beobachtungen machen, ohne dass man das Camp verlassen müsste. Große Elefantenherden, verschiedenen Antilopenarten, Büffel, Löwen, Leoparden und Hyänen – sie alle werden vom Wasserloch angezogen. Die Campmanager haben hierzu einige spannende Geschichten zu erzählen, die sie am Abend bei einem Drink um das Lagerfeuer gerne mit den Gästen teilen.

Aber in Swala spielen nicht nur die großen Säugetiere, sondern auch Insekten eine wichtige Rolle. Das Camp unterstützt das nahe, allerdings außerhalb des Parks liegende Dorf Mwika und **fördert hier unter anderem ein Imker-Projekt**. Und das mit Erfolg: Inzwischen produzieren die Imker von Mwika genug Honig, um alle Camps von Sanctuary Retreats in Tansania zu beliefern. Gäste haben die Möglichkeit, die Imker zu besuchen und so mehr über das Projekt und das Dorf zu erfahren.

Eine deutlich unrühmlichere Rolle spielt leider ein anderes Insekt: die Tsetsefliege. In der waldreichen Gegend um das Camp fühlen sich die Insekten, deren Stiche sehr schmerzhaft sein können, ausgenommen wohl. Die Fliegen sind sehr hartnäckig und reagieren auf dunkle Farben, vor allem auf schwarz und blau. Kleidung in diesen Farben sollte deshalb besser zu Hause gelassen werden.

Trotz dieses kleinen Wermutstropfens **bietet das Camp ein Höchstmaß an Komfort**. Die insgesamt zwölf Zelt-Pavillons sind hell und stilvoll eingerichtet und befinden sich auf Plattformen mit privater Terrasse und Blick auf das Wasserloch.

Dank modernster, aber umweltfreundlicher Technologie müssen Gäste auch mitten im afrikanischen Busch nicht auf Annehmlichkeiten wie beispielsweise Föhn und WLAN verzichten.

Auch wenn viele Tiere vom Camp aus beobachtet werden können, sind Pirschfahrten in der Gegend lohnend – und das nicht nur, um den Tsetsefliegen zu entkommen. Im letzten Jahr wurde nach langer Zeit wieder ein Rudel Wildhunde in diesem Teil des Parks gesichtet und auch Geparden zeigen sich hier regelmäßig. Da sich keine weiteren Camps in der Nähe befinden, wird man kaum von anderen Fahrzeugen gestört. Als nur eines von zwei Camps in Tarangire darf Swala außerdem Walking-Safaris (70 USD pro Person) und Nachtpirschfahrten (80 USD pro Person) durchführen.

Die Zelte sind hell und elegant

60   Eine einheimische Erfolgsgeschichte 1 – die Karatu Country Lodge

Die Lodge mit dem unscheinbaren Namen befindet sich am Stadtrand des kleinen Ortes Karatu im Ngorongoro-Hochland, umgeben von fruchtbaren Feldern und malerischen Wäldern. Entstanden aus einer Idee von **Reginald ‚Reggie' Bay** und **Jacob Ombay**, beide in Karatu geboren und aufgewachsen, entwickelte sich die Karatu Country Lodge im Laufe der Jahre von einem Geheimtipp zu einer belieb-

In einheimischer Hand: die Karatu Country Lodge

ten Station für Safarireisende. Ausschlaggebend hierfür waren die sich ergänzenden Fähigkeiten von Jacob und Reggie. Während Jacob lange Zeit im Verkauf und im Gastgewerbe tätig war, erarbeitete Reggie sich einen **hervorragenden Ruf als Koch** auf der bekannten Gibb's Farm, die unweit von Karatu liegt.

So unscheinbar wie ihr Name ist die Lodge allerdings nicht. Die insgesamt 22 Zimmer verteilen sich auf 11 Cottages, die weitläufig in der gepflegten Gartenanlage verteilt stehen. Bougainvillea-Hecken, tropische Pflanzen und verschiedene Baumarten säumen den Garten und locken verschiedene Vogel- und Schmetterlingsarten an, die sich bei einem Spaziergang durch die Anlage beobachten lassen.

Die Zimmer sind gemütlich und geräumig

Die Zimmer sind vergleichsweise einfach, aber gemütlich eingerichtet und bieten viel Platz. Über den Betten sind Moskitonetze angebracht und an kühleren Tagen sorgt ein Kamin für angenehme Wärme. Die Badezimmer sind ausschließlich aus lokalen Materialien gebaut und ungewöhnlich gestaltet. Auch der Hauptbereich der Lodge ist bewusst einfach gehalten.

Statt eine weitere luxuriöse Lodge zu bauen, von der es im Ngorongoro-Hochland bereits einige gibt, hatten Jacob und Reggie ein anderes Ziel. Sie wollten zeigen, dass eine sehr gute Kü-

Die Lodge ist bekannt für ihre gute Küche

che, gepaart mit hervorragendem Service und lokaler Gastfreundschaft, auch zu **kleinen Preisen** möglich ist.

Eine weitere Besonderheit der Karatu Country Lodge ist die **Integration der einheimischen Bevölkerung**. Die meisten Lebensmittel, die nicht im hauseigenen Garten angebaut werden, bezieht Reggie von einheimischen Bauern und sämtliche Angestellte der Lodge wurden von Jacob in Karatu

Der Kamin sorgt für kuschelige Atmosphäre

angeheuert. Außerdem betreiben die beiden ein Trainingsprogramm im Gastgewerbe für junge Menschen aus dem Ort und bieten Studenten Praktikumsmöglichkeiten an – beides stets unter Leitung von Reggie und Jacob, deren Leidenschaft für den Tourismus jeder Gast zu spüren bekommt.

Aufgrund seiner zentralen Lage im nördlichen Safari-Parcours und des sehr guten Preis-Leistungs-Verhältnisses eignet sich die Karatu Country Lodge hervorragend als Ausgangsbasis für Reisende, die mit einem kleineren Budget unterwegs sind. Die Nationalparks Tarangire und Lake Manyara sind nur ca. eineinhalb Stunden

bzw. eine halbe Stunde entfernt und der berühmte Ngorongoro-Krater nur ca. 40 Minuten. Neben klassischen Safariaktivitäten können aber auch geführten Touren durch die Orte Mto wa Mbu und Karatu gemacht werden sowie verschiedene Wanderungen zu nahegelegenen Wasserfällen oder über eine Kaffeeplantage.

Der weitläufige Garten wurde liebevoll angelegt

Internet: www.countrylodgekaratu.com
Lage: außerhalb des Ortes Karatu gelegen, nur zehn Minuten vom Eingang zum Ngorongoro-Schutzgebiet entfernt.
Preise: ab 80 USD pro Person/DZ mit Frühstück. Halbpension und

Vollpension sind gegen vergleichsweise geringen Aufpreis möglich.
Sonstiges: WLAN ist kostenfrei im Hauptbereich der Lodge verfügbar. Dreibettzimmer sind möglich.
Kinder: jeden Alters sind gerne gesehen.

INFO

61 Gartenparadies im Hochland – die Plantation Lodge

Inmitten der grünen Hügel Afrikas, denen Ernest Hemingway ein literarisches Denkmal gesetzt hat, findet sich umgeben von Kaffeeplantagen die vergleichsweise kleine Plantation Lodge. Sie liegt ca. 1.600 m über dem Meeresspiegel im Norden Tansanias in der Nähe des Ortes Karatu. Die Lage eignet sich hervorragend für Tagesausflüge in die Umgebung. Der Lake-Manyara-Nationalpark ist in einer halben Stunde zu erreichen, bis zum Eingang des Ngorongoro-Schutzgebietes sind es nur 20 Minuten und von dort bis zum Rand des Ngorongoro-Kraters nur eine weitere halbe Stunde. Auch der Eyasisee befindet sich nur ca. zwei Stunden von der Lodge entfernt.

Blick in den Garten der Plantation Lodge

Charakteristisch für die Plantation Lodge sind die hochwertige Ausstattung der Zimmer und die Liebe zum Detail. Wer genau hinschaut, findet in den Badezimmern ausschließlich Armaturen made in Germany – nicht ganz zufällig, schließlich gehört die Lodge seit vielen Jahren den beiden **Hamburgern Renate und Udo Marahrens**. Jedes der sehr geräumigen Zimmer ist stilvoll und individuell eingerichtet und verfügt über ein großzügiges Bad mit WC und Dusche oder Badewanne. Die größeren Suiten sind noch geräumiger und zusätzlich mit einem Kühlschrank, einem Ankleidezimmer und größeren Badezimmern ausgestattet. Die insgesamt

Die Zimmer sind stilvoll und individuell eingerichtet

23 Zimmer und Suiten befinden sich in mehreren, im deutschen Kolonialstil des 19. Jahrhunderts gestalteten Gebäuden, die weitläufig über die Anlage verteilt sind.

Ein besonderes Highlight ist der **prächtige Garten**, in dem sich neben einer Vielzahl von Baumarten wie Bougainvilleen, Jacaranda-, Mango- und Avocadobäumen auch eine kleine Kaffeeplantage, viele farbenprächtige Blumenarten und der haus-

Rasen und Telefonzelle muten englisch an, dennoch befindet sich die Lodge in deutscher Hand

eigene Nutzgarten befinden. Vor allem während der Blütezeit im Sommer können bei einem nachmittäglichen Spaziergang durch die Anlage viele Vögel und Insekten beobachtet werden. **Über 100 Vogelarten wurden im Garten bereits gesichtet**, darunter besonders farbenfrohe Exemplare wie der Afrikanische Paradiesschnäpper oder der Gelbbauch-Nektarvogel.

Bei einem solchen Garten ist es wenig verwunderlich, dass frische Vielfalt das Motto der hervorragenden Küche ist, denn **Gemüse, Salate, Kräuter und Obst kommen aus eigenem Anbau**. Je nach Jahreszeit werden die Mahlzeiten im Freien oder in dem sehr stilvoll eingerichteten Restaurant serviert. Vor und/oder nach dem Essen lädt die Bar zu einem Drink in gemütlicher Atmosphäre ein und wem das alles noch nicht genug ist, kann einen Blick in den **hauseigenen Weinkeller** werfen, der im Jahr 2008 eingeweiht wurde. Hier lagert ein großes Sortiment überwiegend südafrikanischer Weine und regelmäßig werden Weinproben durchgeführt.

Internet: www.plantation-lodge.com
Preise: ab 265 USD pro Person/DZ mit Halbpension; Vollpension ist gegen Aufpreis möglich.
Sonstiges: Im Garten befindet sich ein Swimmingpool, zudem gibt es ein kleines Internetcafé. Die Lodge ist ganzjährig geöffnet.

Kinder: sind in der Plantation Lodge gerne gesehen. Es gibt sowohl Dreibett- als auch Familienzimmer. Kinder unter 12 Jahren übernachten zu sehr günstigen Preisen im Zimmer der Eltern und zahlen meist nicht mehr als den Preis für die Mahlzeiten.

INFO

62

Stilikone am Kraterrand – die Ngorongoro Crater Lodge

Die Ngorongoro Crater Lodge von AndBeyond ist nicht nur eine der ältesten Safarilodges in Afrika, sondern auch eine der ungewöhnlichsten. Was im Jahr 1934 als private Jagdfarm begann, wurde 1997 mit Übernahme und aufwendiger Renovierung durch AndBeyond vollendet. Das Ergebnis kann sich bis heute sehen lassen: die Ngorongoro Crater Lodge **vereint unterschiedliche Stile**, kombiniert Tradition und Moderne ebenso wie Afrika und Europa. AndBeyond selbst beschreibt den Stil der Lodge sehr zutreffend als *Maasai meets Versailles*, als eine Kombination aus Massai und Versailles.

Der Stil der Massai ist von außen direkt erkennbar. Jede der insgesamt 30 Suiten besteht aus zwei reetgedeckten sogenannten Rondavels, die **den Rundhütten der Massai nachempfunden** sind. Um die Lodge nicht zu groß und unpersönlich wirken zu lassen, ist sie in drei kleinere Bereiche mit eigenem Aufenthalts- und Speisebereich unterteilt: das Ngorongoro North Camp, das Ngorongoro South Camp (beide mit jeweils zwölf Suiten) und das Ngorongoro Tree Camp (mit nur sechs Suiten). Der Stil ist in allen Camps gleich. Brokat-Sofas, persische Teppiche, Silber und Kristall gepaart mit einem offenen Kamin und einem persönlichen Butlerservice sorgen für eine warme Atmosphäre mit einem unübersehbaren Hauch von Luxus.

Stilikone am Kraterrand: die Ngorongoro Crater Lodge

Die Suiten sind freistehend und befinden sich auf hölzernen Plattformen. In einem Rondavel befindet sich das Schlafzimmer mit Lounge, in dem anderen das Badezimmer. Beide Zimmer sind mit großen Fenstern bis zum Boden versehen, sodass Gäste selbst **aus der Badewanne in den Ngorongoro-Krater blicken können**. Das Interieur besteht aus eleganten Verkleidungen aus Teakholz, alten viktorianischen Möbelstücken und afrikanischen Kunstgegenständen als Dekoration. In schweren Ledersesseln können Gäste am knisternden Kaminfeuer bei einem Drink den Blick in den Krater genießen. Kronleuchter in den Badezimmern, große Duschen und eine freistehende Badewanne ergänzen die hochwertige Einrichtung der Suiten.

Abgerundet wird der Service der Lodge durch eine **ausgezeichnete Küche**. Dazu zählen nicht nur die Mahlzeiten in der Lodge, sondern auch die üppigen Frühstücks- oder Mittagspakete zum Mitnehmen sowie die **hausgemachte Schokolade** in den Suiten. Die Guides der Lodge sind sehr erfahren und verfügen nicht nur über hervorragendes Wissen über Flora und Fauna im Allgemeinen, sondern auch über den Ngorongoro-Krater und das Hochland im Speziellen.

Badewanne mit Kraterblick

Wie bei AndBeyond üblich, spielen **Nachhaltigkeit und Naturschutz** auch bei der Ngorongoro Crater Lodge wichtige Rollen. So wurden beispielsweise seit der Übernahme mehr als 30.000 neue Bäume in der Umgebung gepflanzt und namhafte Wissenschaftler und Naturschützer durch die Lodge unterstützt. Die Guides unternehmen regelmäßig Pirschfahrten mit Massai-Kindern aus den umliegenden Dörfern, um sie über Flora und Fauna zu unterrichten.

Internet: www.andbeyond.com
Preise: ab 1.040 USD pro Person mit Vollpension, lokalen Getränken und Aktivitäten. Preise für Vollpension und lokale Getränke im Rahmen einer privat geführten Safari mit eigenem Guide und Fahrzeug auf Anfrage.
Anreise: per Fahrzeug (ca. drei Stunden Fahrzeit ab Arusha) oder per Kleinflugzeug zur Manyara-Landebahn (ca. 15 Minuten Flugzeit und eine Stunde Transferzeit zur Lodge)
Sonstiges: Die Lodge ist ganzjährig geöffnet.
Kinder: jeden Alters sind willkommen, allerdings wird ein Mindestalter von 8 Jahren empfohlen. In der Tree Lodge besteht allerdings ein Mindestalter von 11 Jahren.

INFO

63 Oase am Eyasisee – das Kisima Ngeda Tented Camp

Vor vielen Jahren erwarb ein deutscher Einwanderer namens Schmeling ein Stück Land am Ufer des Eyasisees. Für die Einheimischen war dieses Land ohne Wert. Zum Seeufer hin war der Boden trocken und wenig fruchtbar und im Hinterland machte dichte Vegetation eine wirtschaftliche Nutzung unmöglich. Der Kaufpreis war deshalb recht gering und das Investitionsrisiko für Schmeling, der zu dieser Zeit die Farmen um die heutige Plantation Lodge verwaltete, überschaubar. Damals ahnte niemand, dass sich auf dem Grundstück eine verborgene Quelle (*Kisima* bedeutet Quelle auf Swahili) befand. Diese ist heute die Grundlage einer **kleinen Oase und eines Camps, das zu den schönsten in Tansania zählt**.

Der Pool mit natürlichem Sichtschutz

Das Land befindet sich nach wie vor in Familienbesitz und es war Schmelings Sohn Christian, der das Camp gemeinsam mit seiner argentinischen Frau Nani aufbaute. Durch die Quelle stand unbegrenzt Wasser zur Verfügung, welches die beiden nutzten, um eine grüne Oase als Kern des Camps anzulegen. Die Wege zwischen den Zelten sind mit Gras bedeckt und viele Blumen, Sträucher und Bäume wurden gepflanzt, die die Anlage frisch und lebendig machen. Es gibt einen herrlichen Pool und **eine sehr schöne Teichanlage, die Rückzugsmöglichkeiten zur Entspannung bietet**. Die Teiche sind außerdem Lebensraum unzähliger Fische, Reptilien und Insekten, die wiederum viele bunte Vogelarten wie etwa Eisvögel anziehen. Gelegentlich stehlen Schreiseeadler den ein oder anderen Fisch aus den Teichen, selbst Pelikane haben sich schon hierher verirrt. Letztere wurden aber schnellstmöglich verscheucht, sonst wären die Teiche schnell geplündert worden.

Das Camp besteht aus nur sieben klassischen Safarizelten und einem sehr gemütlichen und zum See hin offenen Hauptbereich mit Restaurant, Bar und einer Lounge mit einer kleinen Bibliothek. Die Zelte sind komfortabel, aber ohne großen Luxus

Der Speisebereich mit freier Sicht auf den See

ausgestattet und verfügen neben einer Veranda mit Blick auf den See über sehr schöne Badezimmer, die sich hinten an die Zelte anschließen. Hervorzuheben sind außerdem der sehr freundliche und zuvorkommende Service, die hervorragende Küche (viele Zutaten werden im eigenen Garten angebaut) und **die Gastfreundschaft von Nani und Christian**, die sich nach wie vor persönlich um die Gäste kümmern.

Kisima Ngeda ist allerdings kein Safari-Camp. Zwar leben entlang des Sees auch einige Tiere, so haben in unmittelbarer Nähe des Camps z. B. Streifenhyänen einen Bau, aber Pirschfahrten können hier nicht gemacht werden. Stattdessen ist das Camp ein idealer Ausgangsort für Jagdausflüge mit den Hadzabe (s. S. 76). Ansonsten eignet sich Kisima Ngeda hervorragend als Ort zur Entspannung, etwa bei Spaziergängen entlang des Seeufers.

INFO

Internet: www.anasasafari.com
Preise: ab 270 USD pro Person/DZ mit Vollpension.
Anreise: per Fahrzeug. Die Fahrzeit beträgt ca. eineinhalb Stunden ab Karatu auf sehr schlechter Straße.
Sonstiges: Der Ausflug mit den Hadzabe muss vorab gebucht werden, alle anderen Aktivitäten können vor Ort gewählt werden. Für die Zeit des Aufenthaltes bekommen Gäste einen lokalen Guide zugewiesen, der u. a. mit den Hadzabe kommunizieren kann. WLAN ist im Hauptbereich der Lodge verfügbar, teilweise auch in den Zelten.
Tipp: Hinter dem Camp befindet sich ein kleiner Felsen, von wo aus sich der Sonnenuntergang über dem See sehr schön beobachten lässt.

64 Einfach, naturnah, charmant – die Wilderness Camps

„Zurück zur Natur" – dieses Motto schreiben sich zwar viele Safariunternehmen auf ihre Fahnen, aber kaum jemand setzt es so konsequent um wie Wildfrontiers mit seinen Wilderness Camps. Hier gibt es keinerlei Luxus, keinerlei überflüssige Dekoration, kein fließendes Wasser – und *Haute cuisine* ist hier tatsächlich noch ein Fremdwort. Stattdessen gibt es umweltfreundliche Toiletten, herzlichen und persönlichen Service, eine familiäre Atmosphäre und bodenständige Mahlzeiten. Nur Camping ist einfacher und noch näher an der Natur – und so gesehen bieten die Wilderness Camps dann doch ein kleines bisschen Luxus: Die Zelte sind größer als die des durchschnittlichen Campers und verfügen über richtige Betten und eigene Badezimmer.

In den Wilderness Camps geht es bodenständig zu

Die Einrichtung ist zweckdienlich, aber gemütlich

Die Wilderness Camps bestehen aus zwei verschiedenen Camps: **dem permanenten Serengeti Wilderness Camp und einem mobilen Camp.** Während sich das Serengeti Wilderness Camp ganzjährig in der zentralen Serengeti befindet, wechselt das mobile Camp innerhalb des Jahres seinen Standort. Zwischen Dezember und März liegt es im südlichen Bereich des Ngorongoro-Schutzgebiets beim Ndutu-See und trägt den Namen Ndutu Wilderness Camp. Die Regenzeit im April und Mai wird für Wartungsarbeiten genutzt, ehe im Juni der Umzug in die nördliche Serengeti erfolgt. Zwischen Juli und Oktober ist das Camp in unmittelbarer Nähe zum Mara-Fluss positioniert und dann unter dem Namen Serengeti North Wilderness Camp zu finden.

Beide Camps verfügen über jeweils zehn zweckmäßig ausgestattete Zelte, wobei die des mobilen Camps etwas kleiner sind als die des permanenten Camps. Daneben gibt es ein Speise- und ein Loungezelt mit Bar und einer kleinen Bibliothek. Hier können auch Akkus aufgeladen werden, da es in den Gästezelten außer Solarlampen am Bett keinen Strom gibt. Am Abend ist das **Lagerfeuer** ein beliebter Treffpunkt, um sich über die Erlebnisse des Tages auszutauschen und ein wenig kennenzulernen. Nach Einbruch der Dunkelheit sorgen Massai für die Sicherheit im Camp und begleiten Gäste zu ihren Zelten oder holen sie nach Vereinbarung dort ab.

Die Wilderness Camps gehören zu den **günstigsten Übernachtungsmöglichkeiten innerhalb der Serengeti**. Die Camps sind somit die beste Option für Reisende mit einem – gemessen an den üblichen Kosten eines Safariurlaubs – kleinerem Budget. Aber auch Reisende, die ihr Augenmerk weniger auf Luxus und eher auf die Naturerfahrung legen, kommen hier auf ihre Kosten.

Unprätentiös und ursprünglich: die Wilderness Camps

Internet: www.wildfrontiers.com und www.tanzaniawildernesscamps.com
Preise: ab 300 USD pro Person/DZ mit Vollpension. Optional bietet Wildfrontiers auch sog. Game Packages an, d. h. die Camps können auch im Rahmen einer Flugsafari gebucht werden, da die Camps über eigene Fahrzeuge und Guides verfügen, was in dieser Preisklasse sonst eher unüblich ist (Aufpreis 120 USD pro Person).

Sonstiges: Das Serengeti Wilderness Camp ist ganzjährig geöffnet und bietet in der Regenzeit im April und Mai günstigere Preise an. In allen Camps sind gegen Aufpreis Walking-Safaris möglich. Diese müssen allerdings im Voraus gebucht werden, da die Begleitung eines bewaffneten Nationalpark-Rangers erforderlich ist.
Kinder: sind ab 5 Jahren willkommen.

INFO

65   Auf den Spuren der Wanderungen – das mobile Olakira Camp

Zur rechten Zeit am rechten Ort zu sein ist eine Kunst, die beim Safaritourismus in der Serengeti noch wesentlicher ist als im sonstigen Leben. Wie überall hat auch hier Safari immer ein Stück weit mit Glück zu tun, auch wenn die großen Gnu- und Zebraherden für gewöhnlich einem bestimmten Schema folgen. Der Trick ist, genau dort ein Camp als Basis zu haben, wo sich die Herden zu einer bestimmten Zeit befinden und von wo aus sie gut beobachtet werden können. Zu diesem Zweck wurde einst das mobile Olakira Camp gebaut, welches seit jeher den Tieren folgt.

Von Dezember bis März befindet sich das Camp in der Ndutu-Gegend, die Teil des Ngorongoro-Schutzgebietes ist und an die Serengeti grenzt. Zu dieser Jahreszeit stärken sich die Gnu- und Zebraherden hier und bringen ihre Kälber zur Welt. Die Regenzeit im April und Mai wird dann genutzt, um das Camp in die nördliche Serengeti umzusiedeln. Hier befindet es sich zwischen Juni und November in der **Bologonja-Region** an einem der wohl spektakulärsten Orte im Norden der Serengeti. Das Camp bietet einen **direkten Blick auf den Mara-Fluss** und ist nur 300 m von einer Stelle entfernt, die von den Tieren oft zur Flussüberquerung genutzt wird.

Olakira ermöglicht eine authentische Buscherfahrung, ohne dass es an hohem Komfort mangelt. Die Kombination aus dezentem Luxus, großen bequemen Bet-

Großartiger Blick und exzellentes Essen

ten und einer stilvollen Einrichtung mit rustikalen Elementen wie einer Eimerdusche sorgt für ein besonderes Flair. Mit nur neun Zelten bietet das Camp seinen Gästen zudem eine sehr persönliche und vertraute Atmosphäre, zu der das stets freundliche und zuvorkommende Personal einen großen Teil beiträgt. Als Teil der Asilia-Gruppe ist Olakira auch ein Beispiel für die **Unterstützung und Förderung der einheimischen Bevölkerung**. So bekommen die Angestellten die Möglichkeit, in der Hierarchie aufzusteigen. Hierfür ist Daudi Antony eines der besten Beispiele. Er startete 2006 als Tellerwäscher, arbeitete in den folgenden Jahren hart und entwickelte Interesse für die Küche. Heute ist er der Chefkoch des Camps.

Das wirklich Besondere an Olakira lässt sich aber nur schwer in Wort fassen. Olakira lebt von den Menschen und den Tieren, von einer exzellenten Buschküche und dem besonderen Charme, den ein romantisches

Abendstimmung in Olakira

Mobiler Luxus

Lagerfeuer oder ein Abendessen unter freiem Sternenhimmel versprühen. Olakira zeichnet sich aber vor allem durch die einzigartige Atmosphäre aus, die nur ein mobiles Zeltcamp bietet. In Swahili bedeutet *Olakira* „strahlender Stern". Der Name wurde nicht grundlos gewählt: Dieses Camp sollte unter all den mobilen Zeltcamps herausragen und neue Maßstäbe setzen. Vieles spricht dafür, dass dies gelungen ist.

Internet: www.asiliafrica.com und www.asiliaafrica.de/tansania/camps-in-tansania.htm
Preise: ab 605 USD pro Person/DZ mit Vollpension und lokalen Getränken; ab 690 USD pro Person/DZ mit Vollpension, lokalen Getränken und Pirschfahrten.
Sonstiges: Zwei der Zelte können mit drei Personen belegt werden, außerdem gibt es ein Familienzelt für bis zu vier Personen. Die Anreise erfolgt abhängig von der Jahreszeit mit dem eigenen Fahrzeug und Fahrer/Guide von Seronera, Loliondo oder dem Ndutu-See oder per Kleinflugzeug zur Ndutu- oder Kogatende-Landebahn.
Kinder: sind ab 5 Jahren willkommen.

INFO

66   Zelten zwischen Gnus und See – das Lake Masek Tented Camp

Gnuherden im Ngorongoro-Schutzgebiet statt in der Serengeti? Richtig, denn was im Zusammenhang mit der großen Wanderung oft als südliche Serengeti bezeichnet wird, ist eigentlich Teil des Ngorongoro-Schutzgebiets. Der Übergang zwischen beiden Gebieten ist zwar fließend, aber es sind die weiten und fruchtbaren Ebenen im Ngorongoro-Schutzgebiet, auf denen sich Gnus und Zebras zwischen

Dezember und März von den Strapazen der Wanderung erholen und ihre Kälber zur Welt bringen. Das Gebiet wird als Ndutu bezeichnet, in Anlehnung an den gleichnamigen See. Während der Migrationsmonate ziehen viele mobile Camps hierher, während der restlichen Zeit des Jahres ist es hier nahezu menschenleer. Dann freuen sich die Gäste der **beiden einzigen permanenten Unterkünfte** nicht nur über attraktive Nebensaisonpreise, sondern auch über ein fast privates Safarierlebnis. Denn auch wenn Gnus und Zebras dann längst weitergezogen sind, leben dennoch

Ungewöhnliche Formen: Die Zelte sind achteckig angelegt

ganzjährig Tiere in Ndutu. So bestehen gute Chancen, Geparde und die sonst nur schwer zu beobachtenden Löffelhunde zu sehen. **Gerne auch bei Off-Road-Fahrten, die hier im Gegensatz zu den Nationalparks gestattet sind**.

Eine der beiden permanenten Unterkünfte ist das Lake Masek Camp. Es liegt auf einer kleinen Anhöhe und überblickt den Masek-See, den neben dem Ndutu-See zweiten größeren See der Gegend. Während der Ndutu-See stark alkalisch ist und

große Scharen von Flamingos anzieht, ist das Wasser im Masek-See wesentlich milder und beheimatet sogar eine kleine Gruppe von Flusspferden, die oft vom Camp aus gesehen und gehört werden können. In Begleitung eines bewaffneten Rangers können **Wanderungen am Ufer des Sees** gemacht werden, die eine willkommene Abwechslung zu den Pirschfahrten bieten.

Die Veranden sind ein Refugium während der Mittagshitze

Auf den ersten Blick wirkt das Camp wie ein typisches Zeltcamp. Mit 20 Zelten ist es vergleichsweise groß. Damit wird es sowohl den Ansprüchen von Individual- als auch von Gruppenreisenden gerecht. Erst auf den zweiten Blick fällt die ungewöhnliche Gestaltung der Zelte auf. Statt in der typischen rechteckigen Form sind die Zelte des Lake Masek Camps als Oktagon angelegt und **die Seiten-**

Der beste Blick auf den Masek-See bietet sich vom Restaurant

wände mit großen Fenstern versehen. Somit kommt viel mehr Tageslicht in die Zelte als bei einer herkömmlichen Konstruktion, was zu einer warmen und freundlichen Atmosphäre führt. Die Ausstattung der Zelte ist überschaubar aber komfortabel. Fehlender Luxus wird durch viel Platz und eine Energieversorgung durch hochwertige Solartechnologie (die sogar den Betrieb eines Föhns ermöglicht!) ausgeglichen. Die Zelte stehen auf hölzernen Plattformen und die kleine überdachte Veranda mit bequemen Sesseln mit Blick auf den See lädt zum Verweilen während der Mittagshitze ein.

Eine noch schönere Aussicht haben Gäste nur vom Restaurant und der dazugehörigen Terrasse, auf der regelmäßig die Abendessen unter freiem Sternenhimmel serviert werden. Auch hier gibt es viel Platz, sodass selbst bei einem ausgebuchten Camp keine gedrängte Atmosphäre aufkommt. Frühstück und Mittagessen werden meist als Buffet serviert, während die Darreichungsform des Abendessens variiert. Da das Camp nicht umzäunt ist, werden die Gäste am Abend von einem Massai-Wächter zu ihren Zelten eskortiert.

Internet: www.tanganyikawilderness camps.com
Preise: ab 220 USD pro Person mit Vollpension und lokalen Getränken. Preise für sogenannte Game Packages im Rahmen einer Fly-In-Safari auf Anfrage.
Aktivitäten: Neben geführten Wanderungen am Seeufer können auch kulturelle Begegnungen mit den Massai organisiert werden. Ebenso eignet sich das Camp für Besuche der Oldupai-Schlucht, die sich ca. eine Stunde entfernt befindet. Fahrten in die benachbarte Serengeti sind auch möglich, es fallen dann allerdings zusätzliche Parkeintrittsgebühren an.
Sonstiges: Das Camp ist ganzjährig geöffnet.
Kinder: sind jeden Alters willkommen.

INFO

67 Auf Stein gebaut – das Kusini Camp

Exklusive Tierbeobachtungen, Einsamkeit und Abgeschiedenheit, tolle Lage und luxuriöse Safarizelte – das alles bietet das Kusini Camp seinen Gästen. Es ist das **einzige permanente Camp in diesem südlichen Abschnitt der Serengeti** und nur während der Migrationsmonate zwischen Dezember bis März befinden sich zwei mobile Camps in der Nähe. Wer die großen Gnu- und Zebraherden sehen, dabei aber auf die sonst übliche Masse anderer Fahrzeugen verzichten möchte, ist hier richtig aufgehoben. Außerhalb der Migrationszeit erscheint die gelegentlich von Kopjes (Granitfelsen) und kleinen Akazienwäldern durchzogene Savanne verlassen. Doch der Schein trügt, denn Elefanten, Büffel und Löwen halten sich hier dauerhaft auf und die offene Landschaft bietet einer stabilen Population von 50 bis 80 Geparden einen idealen Lebensraum. Einige Tiere suchen während der Nacht bewusst den Schutz des Camps auf und nicht selten begegnen Gäste nach dem Abendessen auf dem Rückweg zu ihren Zelten dem ein oder anderen Büffel.

Das Camp wurde auf und um einen Kopje in einem Waldgebiet errichtet. **Zum Sundowner werden auf der Spitze des Kopje Sitzkissen verteilt,** um bei Snacks und Drinks den Ausklang des Tages genießen zu können. Während der großzügig gestaltete Hauptbereich des Camps auf dem Kopje steht, wurden die zwölf Zelte um diesen herum gebaut. Die 48 m² großen Zelte stehen auf hölzernen Plattformen mit Terrassen und sind weit genug voneinander entfernt, um ausrei-

Abgeschieden im Süden der Serenegti liegt das Kusini Camp

Tagesausklang am Kopje

chend Privatsphäre zu ermöglichen. Die Innenausstattung ist klassisch-luxuriös und das angeschlossene Badezimmer mit separierten Türen für Dusche und WC ist großzügig angelegt. Trotz der ungewöhnlichen Lage muss auf fließendes Wasser und richtige Toiletten nicht verzichtet werden.

Bei einem Aufenthalt von mehr als zwei Nächten empfiehlt sich eine ganztägige Ausfahrt zu den 40 km nördlich gelegenen Moru Kopjes, um hier auf die Suche nach den letzten verbliebenen Ostafrikanischen Spitzmaulnashörnern in der Serengeti zu gehen. Bei diesen Tagesausfahrten gibt es statt der üblichen Lunchpakete ein **stilvolles Mittagessen im Busch**, für das Kusini weithin bekannt ist. Neben klassischen Pirschfahrten haben Gäste die Möglichkeit, das Serengeti-Geparden-Projekt zu besuchen. Hier informiert ein Mitarbeiter des Projekts über die Lebens- und Verhaltensweisen der Tiere und die Kunst, diese richtig zu fotografieren und einzelne Tiere zu identifizieren. Anschließend geht es per Fahrzeug hinaus in die Savanne auf die Suche nach den Geparden.

Internet: www.sanctuaryretreats.com
Preise: ab 585 USD pro Person/DZ mit Vollpension, lokalen Getränken und Pirschfahrten. Preise für Vollpension und lokale Getränken im Rahmen einer privat geführten Safari mit eigenem Guide und Fahrzeug auf Anfrage.
Sonstiges: Die waldreiche Gegend um Kusini ist idealer Lebensraum für Tsetsefliegen, die manchmal auch im Camp anzutreffen sind. Deshalb sollte im Camp und bei An- bzw. Abfahrt lange Kleidung zur Vermeidung von sehr schmerzhaften Stichen getragen werden. Allerdings sollte man blaue und schwarze Kleidung vermeiden, da diese Farben anziehend auf die Tsetsefliegen wirken.
Kinder: sind ab 6 Jahren im Camp willkommen.

INFO

68 Auf Zeitreise in der Serengeti – das Pioneer Camp

Ein Camp in der Serengeti – vor vielen Jahren hätte dieser Satz als Alleinstellungsmerkmal ausgereicht. Aber im Laufe der letzten 15 Jahre wuchs die Safaribranche in Tansania immens und mit ihr auch die Anzahl der Unterkünfte in der Serengeti. Wer heute ein Camp in der Serengeti eröffnet, muss etwas Besonderes bieten, einen tollen Standort oder einen ungewöhnlichen Stil haben, um sich gegen die Konkurrenz durchzusetzen. Beides trifft auf das Pioneer Camp zu, welches im Jahr 2012 eröffnet wurde und damit eines der neusten Camps in der Serengeti ist.

Beste Hanglage: Das Pioneer Camp liegt verstreut auf einem Kopje

Die Moru Kopjes liegen eineinhalb Autostunden südlich der Seronera, der zentralen Serengeti, und sind eines der schönsten Gebiete in der Serengeti. Mit offener Savanne, Akazienwäldern, dem Magadi-See und den charakteristischen Granitfelsen, den Kopjes, ist die Landschaft sehr abwechslungsreich. Hinzu kommt eine nicht minder vielseitige Tierwelt. Hier haben Reisende **die Chance, die Big Five zu sichten**, auch wenn es ganz viel Glück braucht, um eines der wenigen verbliebenen Nashörner zu sehen. Neben dem Pioneer Camp gibt es in dieser Gegend nur zwei weitere Camps, sodass die Besucherzahlen überschaubar sind.

Das Pioneer Camp wurde direkt an einem Kopje errichtet, und zwar versetzt auf verschiedene Ebenen. Dies ermöglicht zum einen eine große Privatsphäre, zum anderen auch traumhafte Ausblicke über diesen Teil der Serengeti. Am höchsten gelegen und mit den besten Aussichten versehen sind das Lounge- und Frühstückszelt. Durch die verstreute Lage am Kopje ist das Camp recht weitläufig und die Wege hügelig, sodass Gäste sicher zu Fuß sein sollten.

Doch auf die spektakuläre Lage allein wollte sich der Betreiber des Camps, das Safariunternehmen Elewana, nicht verlassen. Das Pioneer Camp sollte **eine Hommage an die mobilen Zeltcamps der 1930er-Jahre** werden, als die Safariindustrie noch in ihren Kinderschuhen steckte und eine Reise nach Afrika eine Reise ins Unbekannte war. Wie damals prägen dunkle Möbel, Truhen und mit Leder bezogene Stühle die Ausstattung der insgesamt zehn Zelte, in den Badezimmern gibt es Waschbecken und Duschköpfe aus Kupfer. Abends werden die Wege zwischen den Zelten und dem Restaurant mit Paraffinlampen beleuchtet. Moderne Annehmlichkeiten gibt es nur im kleinen Stil: richtige Toiletten, solarbetriebene Lampen sowie fließendes Wasser, welches ebenfalls mit Solarenergie erhitzt wird. In einem separaten Zelt bei der Lounge kann man Akkus laden und seinen Laptop mit dem Internet verbinden. In naher Zukunft soll die Lounge mit WLAN ausgestattet werden. Das Camp ist umweltfreundlich nach höchsten Standards und kommt vollständig ohne feste Konstruktionen aus. Es kann innerhalb weniger Stunden komplett abgebaut und abtransportiert werden und bereits nach wenigen Tagen sind kaum noch Spuren vorhanden.

Die Küche und der Service sind hervorragend, wie es in dieser Preisklasse auch zu erwarten ist. Während des Aufenthaltes kümmert sich ein persönlicher Butler um die Belange der Gäste und die Mahlzeiten finden in privater Atmosphäre an separaten Tischen statt. In der Regel wird das Abendessen jeden Tag an einer anderen Stelle serviert, um den Gästen auch hier Abwechslung zu bieten.

Der Stil der Pioneer Lodge erinnert an die Frühzeiten des Safaritourismus

Internet: www.elewanacollection. com

Preise: ab 500 USD pro Person/DZ mit Vollpension und lokalen Getränken; ab 650 USD pro Person/DZ mit Vollpension, lokalen Getränken und Pirschfahrten im Rahmen einer Fly-In-Safari.

Sonstiges: Das Camp ist ganzjährig geöffnet. In Kombination mit weiteren Camps von Elewana sind oft günstige Paketpreise erhältlich.

Kinder: sind ab 7 Jahren willkommen. Für Familien gibt es ein Familienzelt mit zwei Schlafzimmern.

INFO

69 Im Reich der Raubkatzen – das Namiri Plains Camp

20 Jahre lang war das Gebiet zwischen den Gol Kopjes und den Barafu Kopjes in der östlichen Serengeti für den Safaritourismus gesperrt. Es diente als **Forschungs- und Schutzgebiet für Geparde** und dank dieser Maßnahme lebt hier heute die größte ostafrikanische Population dieser Raubkatzen. Aber auch Löwen und Leoparden finden hier ideale Lebensbedingungen und haben der Gegend ihren Namen gegeben. *Namiri* ist das Swahili-Wort für Großkatze.

Die Namiri Plains sind eine der **spektakulärsten Landschaften Tansanias** und verkörpern Afrika, wie es aus Bildbänden bekannt ist: endlose Grassavanne, nur gelegentlich durchzogen von Schirmakazien und den als Kopjes bezeichneten Granitfelsen. Zwischen November und Juni ziehen die großen Gnu- und Zebraherden durch das Gebiet und mit ihnen viele Raubtiere. Neben den Großkatzen ist die Konzentration von Hyänen zu dieser Zeit eine der größten in ganz Afrika und nicht selten werden Rudel mit bis zu 30 Tieren gesichtet. Aber auch außerhalb dieser Monate leben viele Antilopen hier und bieten mehr als ausreichend Beute für die Großkatzen.

Das erst im Juli 2014 eröffnete Namiri Plains Camp von Asilia ist eines der vielleicht bestgehüteten Geheimnisse der Serengeti, wenn nicht von ganz Tansania. Die Genehmigung für das Camp wurde nur unter strengen Auflagen erteilt. Neben **hohen Umweltauflagen** sollte vor allem die Anzahl an Fahrzeugen und Touristen streng limitiert sein. So kann dieses Camp, anders als sonst in der Serengeti üblich, nicht mit dem eigenen Fahrzeug oder im Rahmen einer privat geführten Safari angesteuert werden (Ausnahme: eine von Asilia privat geführte Safari). Die Anreise erfolgt ausschließlich über die Seronera-Landebahn, wo die Gäste von einem der

Blick in die weiten Ebenen   *Die Zelte sind großzügig über die Fläche des Camps verteilt*

Großkatzen wie Geparden verdanken die Namiri Plains ihren Namen

sehr gut ausgebildeten Guides des Camps abgeholt werden. Mit nur acht Zelten gehört Namiri Plains zu den kleinsten stationären Camps in der Serengeti und garantiert ein **ungestörtes Safarierlebnis, wie es sonst nur in einem privaten Reservat möglich ist**. In der näheren Umgebung gibt es keine weiteren Camps, sodass dieses Gebiet den Gästen von Namiri Plains exklusiv zur Verfügung steht.

Das Camp liegt in einem kleinen Wald aus Fieberakazien und bietet einen freien Blick auf die unendlichen Weiten. Die traditionellen Safari-Zelte bieten Komfort auf höchstem Niveau, wie es für Asilia typisch ist. Der Abstand zwischen den Zelten ist mit bis zu 20 m sehr groß und bietet sehr viel Privatsphäre. Neben täglichen Pirschfahrten besteht die Möglichkeit zu einem Frühstückspicknick bei Sonnenaufgang auf dem Soit-le-Motonyi-Felsen oder einem Sundowner auf einem der Kopjes. Zusätzlich werden Walking-Safaris angeboten.

Internet: www.asiliaafrica.com und www.asiliaafrica.de/tansania/camps-in-tansania.htm
Preise: ab 605 USD pro Person/DZ mit Vollpension und lokalen Getränken (nur mit einer von Asilia privat geführten Safari); ab 690 USD pro Person/DZ mit Vollpension, lokalen Getränken und Aktivitäten.

Sonstiges: Von den acht Zelten kann eines als Familienzelt und eines für Hochzeitsreisende genutzt werden. Das Camp ist im April und Mai geschlossen.
Kinder: sind ab 5 Jahren willkommen.

INFO

70 Exklusiv und nachhaltig – das Sayari Camp

Weit entfernt von allen anderen Camps in der nördlichen Serengeti liegt das Sayari Camp am Mara-Fluss. Trotz steigender Beliebtheit gilt das Camp der Asilia-Gruppe noch immer als Geheimtipp. Es liegt in einem der schönsten Teile der Serengeti und nirgends findet sich die Vorstellung eines Bilderbuch-Afrikas eher verwirklicht als hier, wenn die Zeit der Migration einsetzt. Dann überqueren zwischen Flusspferden und Krokodilen hunderttausende Gnus und Zebras den Mara und bieten **ein Naturspektakel sondergleichen**. Aber auch während des restlichen Jahres sind auf den weiten Ebenen und in den Waldgebieten um den Fluss ungestörte Wildbeobachtungen an der Tagesordnung. Zudem sind sie hier besonders lohnend, denn die Artenvielfalt in der nördlichen Serengeti ist sehr hoch. Unter anderem ist dies neben den Moru Kopjes das **einzige Gebiet in der Serengeti, in dem noch Nashörner leben**. Ermöglicht werden diese Tiererlebnisse nicht zuletzt durch die hervorragenden Guides, für deren hohes Niveau Asilia seit Jahren bekannt ist.

Als Asilia Sayari im Jahr 2005 eröffnete war es eines der ersten Camps in der nördlichen Serengeti. Schon der Name verrät die ehrgeizigen Ziele, die sich das Safariunternehmen mit der Eröffnung des Camps gesteckt hat: *Sayari* bedeutet Planet auf Swahili. **Sayari sollte kein gewöhnliches Safari-Camp werden, Sayari sollte neue Maßstäbe setzen**. Schon die Aufteilung in zwei Flügel mit sechs bzw.

Neuer Maßstab im Norden der Serengeti: das Sayari Camp

neun Zeltsuiten, die sich einen gemeinsamen, auf einem Granitfelsen gebauten Pool teilen, ist ungewöhnlich. Beide Flügel haben eine eigene Lounge und einen eigenen Speisebereich. Sowohl vom Pool aus als auch von der Lounge und dem Speisebereich haben Gäste einen ungestörten Blick auf die offene Savanne und die Turner Hills im Hintergrund.

Jede der 15 Zeltsuiten steht auf einer Plattform und ist mit einem Parkettboden aus Mahagoni ausgestattet. Im Inneren dominieren Brauntöne, die Materialien sind hochwertig, das Doppelbett riesig. Die geräumigen Badezimmer verfügen über eine Regendusche und eine Badewanne mit Aussicht auf die weite Landschaft. Auf den Plattformen befindet sich außerdem eine Veranda, von der aus die Gäste den Blick über die Serengeti genießen können.

Sayari war eines der ersten Camps in Tansania, das **höchste Umweltstandards** erfüllte, und wurde so zu einem Vorreiter in Sachen nachhaltigen Tourismus in der Serengeti. Viele der Arbeitsplätze im Camp wurden an Menschen des **Kuria-Stammes** aus den umliegenden und an den Nationalpark angrenzenden Dörfer vergeben. In Zusammenarbeit mit diesen Dörfern wurde außerdem ein Früchte- und Gemüseprojekt ins Leben gerufen, welches zu-

Die Inneneinrichtung ist fast so beeindruckend wie die Landschaft

Die Zelte gewähren freien Aus- und Einblick

sätzliches Einkommen generiert und durch das die Menschen direkt vom Safaritourismus profitieren. Seit 2009 ist Sayari – wie alle Asilia Camps – zudem CO_2-neutral.

Internet: www.asiliaafrica.com und www.asiliaafrica.de/Tansania/camps-in-tansania.htm
Preis: ab 605 USD pro Person/DZ mit Vollpension und lokalen Getränken, ab 695 USD pro Person/DZ mit Vollpension, lokalen Getränken, Pirschfahrten und Walking-Safaris.
Sonstiges: Drei der Zeltsuiten können als Dreibettzimmer belegt werden. Die Zeltsuiten verfügen über WLAN. Das Camp ist im April u. Mai geschlossen.
Anfahrt: Die Anreise erfolgt mit dem eigenen Fahrzeug und Driver/Guide von Seronera oder Loliondo oder per Kleinflugzeug zur Kogatende-Landebahn (ca. 15 Min. vom Camp entfernt).
Kinder: sind ab 5 Jahren willkommen. Walkings-Safaris sind allerdings erst ab 16 Jahren möglich.

INFO

71 Hüter des Kogakuria Kopje – das Lamai Serengeti Camp

Lamai Serengeti gehört zu jenen Unterkünften, denen eine Beschreibung in Wort und Bild nicht gerecht werden kann. Es ist eines dieser Camps, von denen Gäste sagen: „Fahrt hin und erlebt es einfach selber." Nomad Tanzania, dessen Flaggschiff Lamai Serengeti ist, nennt es den „Hüter des Kopje", eines jener Granitfelsen, die zu den markanten landschaftlichen Merkmalen der Serengeti zählen. Um dem Namen gerecht zu werden, ließ Nomad Tanzania sich viel Zeit mit der Planung, Gestaltung und Umsetzung. Das Ergebnis bei der Eröffnung im Jahr 2011 waren eine ungewöhnliche Architektur und ein besonderes Design. **Wie ein Leopard verschmilzt das Camp mit der Landschaft:** Sehen, aber nicht gesehen werden; hören, aber nicht gehört werden.

Auch beim Essen gilt: Sehen, aber nicht gesehen werden

Die Badezimmer sind hell und lichtdurchflutet

Lamai Serengeti ist eine gelungene Kombination aus Komfort und Eleganz, ohne dabei jedoch die Nähe und den Bezug zur Natur zu verlieren. Die großen Gästezimmer sind im Stile von Zeltchalets gehalten und nach vorne hin offen. Bei Bedarf können sie mit einem Moskitonetz geschlossen werden. Sowohl vom Schlafzimmer mit vorgelagerter Terrasse als auch vom Badezimmer aus haben Gäste somit jederzeit einen freien Blick auf die offene Landschaft unterhalb des Kopje. Das Camp ist in zwei Einheiten mit vier bzw. acht Zimmern unterteilt. **Die kleinere Einheit kann auch als privates Camp gebucht werden**. Beide Einheiten verfügen über separate Gemeinschaftseinrichtungen wie Lounge, Restaurant und Swimmingpool.

Durch den Bau um den Kopje herum ist das Camp sehr weitläufig und die Zimmer sind weit genug voneinander entfernt und in unterschiedlichen Höhen platziert, um größtmögliche Privatsphäre zu gewähren. Küche,

Bester Aussichtspunkt für den Hüter des Kopje

Service und Guiding brauchen sich vor dem Design und der Architektur nicht zu verstecken und lassen keine Wünsche offen – weder bei Neulingen noch bei erfahrenen Safarigästen.

Das Camp befindet sich in der nördlichen Serengeti am Kogakuria Kopje, nur wenige Kilometer vom Mara-Flusses entfernt, an dem sich jedes Jahr zwischen Juli und Oktober **die spektakulären Flussüberquerungen hunderttausender Gnus und Zebras** ereignen. Aber auch außerhalb dieser Zeit können viele Tiere beobachtet werden, die sich ganzjährig hier angesiedelt haben, mit viel Glück sogar Nashörner, allerdings nur nördlich des Mara. Zudem hat die vermeintliche Nebensaison den Vorteil, dass sich keine mobilen Camps hier aufhalten und deutlich weniger Gäste den Weg in die nördliche Serengeti finden. Zudem sind die Preise deutlich günstiger als in der Hochsaison.

Internet: www.nomad-tanzania.com
Preise: ab 625 USD pro Person/DZ mit Vollpension, lokalen Getränken und Aktivitäten (Pirschfahrten & Walking-Safaris). Preise für Vollpension und lokale Getränken im Rahmen einer privat geführten Safari mit eigenem Guide und Fahrzeug auf Anfrage.

Sonstiges: Das Camp ist während der Regenzeit im April und Mai geschlossen. In Kombination mit anderen Camps von Nomad Tanzania sind oftmals günstigere Paketpreise möglich.
Kinder: sind ab 8 Jahren willkommen. Das Mindestalter für Walking-Safaris beträgt 12 Jahre.

INFO

72 Exklusives Trio –
die Lodges im Grumeti-River-Reservat

Der mächtige Grumeti-Fluss, von Schirmakazien und Kopjes durchgezogene Savanne und die Wanderung der Gnu- und Zebraherden – dies alles prägt das 1.400 km² große private Grumeti-River-Reservat. In diesem Gebiet, welches für die Öffentlichkeit nicht zugänglich ist und direkt an den westlichen Korridor der Serengeti angrenzt, betreibt das südafrikanische Safariunternehmen Singita **drei exklusive, aber völlig verschiedene Lodges**.

Singita bedeutet übersetzt „Ort der Wunder" und ein solcher wird den Gästen in Grumeti auch geboten. Das Reservat wird erst seit 2002 von einem professionellen Naturschutz-Management kontrolliert, vorher konnten Wilderer ungehindert durch das Gebiet streifen. 2006 bekam Singita das Management übertragen, **um mittels nachhaltigem Tourismus die Zukunft des Reservates zu sichern**. Das Ergebnis spricht für sich, denn die Populationen von Büffeln und verschiedener Antilopenarten haben sich deutlich erhöht, teilweise sogar verfünffacht. Ohne Einbezug der lokalen Bevölkerung wäre dieser Erfolg nicht möglich gewesen. Deshalb sind heute viele Menschen aus den umliegenden Dörfern im Reservat und in den Lodges beschäftigt.

Jede der drei spektakulären Lodges ist Mitglied bei Relais & Châteaux, einer weltweiten Kollektion von exklusiven Unterkünften. Das Flaggschiff ist die auf einem Hügel liegende **Sasakwa Lodge**, die im Stile eines englischen Anwesens gebaut ist. Sie verfügt über zehn freistehende Cottages mit atemberaubender Aussicht auf die

Retro-Charme im Busch bietet Faru Faru

weiten Ebenen. Alle Cottages sind im **klassischen englischen Kolonialstil** eingerichtet, gepaart mit moderner Technologie. Hinsichtlich Komfort, Platz und Service erfüllt die Lodge auch höchste Ansprüche. Nicht ohne Grund wird Sasakwa von vielen als **die exklusivste Safarilodge in ganz Afrika** bezeichnet.

Eher rustikal gibt sich das Sabora Camp

Das **Sabora Camp dagegen ist ein klassisches Zeltcamp**, welches im Stil der 1920er-Jahre eingerichtet ist. Der eher rustikale Stil verleiht den Zelten einen besonderen Charme, ohne aber auf Komfort zu verzichten. Neben einem großen Badezimmer mit Badewanne und Außendusche mit Aussicht und einem separaten Ankleidebereich verfügen alle Zelte über eine Klimaanlage, die auch während der heißen Jahreszeit für angenehme Temperaturen sorgt. Das offene Hauptzelt umfasst eine Lounge mit Bar sowie ein Aussichtsdeck mit Blick auf den Grumeti-Fluss und ein Wasserloch, welches zu jeder Jahreszeit viele Tiere anzieht.

Eine sehr ungewöhnliche und einzigartige Lodge ist Singita mit Faru Faru gelungen. Die Kombination aus Retro-Look der 1960er-Jahre, ostafrikanischer Architektur, natürlichen Elementen und moderner Technik führt zu einem ungewöhnlichen Stil, der sich mit Worten

Sasakwa: die vielleicht exklusivste Lodge Afrikas

nur schwer beschreiben lässt. Jede der neun klimatisierten Suiten verfügt über eine private Veranda mit Swarowski-Teleskop, sodass Tiere und Umgebung direkt von den Suiten aus beobachtet werden können.

So unterschiedlich der Stil der Lodges auch ist, zwei Dinge haben sie gemeinsam: erstklassiges Guiding und ein einzigartiges Naturerlebnis in Singitas privatem Grumeti-River-Reservat.

Internet: www.singita.com
Preise: ab 1.425 USD pro Person/DZ in der Sasakwa Lodge; ab 1.150 USD pro Person/DZ im Sabora Camp und der Faru Faru Lodge; Preis jeweils mit Vollpension, lokalen Getränken und Aktivitäten (Pirschfahrten, Walking-Safaris, Mountainbike-Safaris, in Faru Faru und Sasakwa zusätzlich Pferdesafaris).
Sonstiges: Singita ist für seine herausragende Küche bekannt, die auf dem Niveau europäischer Sterneköche liegt. In der Trockenzeit sind Walking-Safaris im Flussbett des Grumeti sehr zu empfehlen. Singita betreibt außerdem noch ein mobiles Camp und ein privates Haus, welche nur exklusiv gebucht werden können und für größere Familien und kleine Gruppen sehr gut geeignet sind.
Kinder: sind jeden Alters willkommen. Für Kinder werden eigene Aktivitäten wie z. B. Bogenschießen oder Mini-Ranger-Kurse angeboten.

INFO

73 Eine einheimische Erfolgsgeschichte 2 – die Mbugani Camps

Viele Camps und Lodges in Tansania gehören ausländischen Investoren oder größeren Safariunternehmen mit ausländischen Wurzeln. Nicht so die noch recht neuen Mbugani Camps, die fest in den Händen eines Einheimischen sind.

Die Geschichte von Barnabas Petro Raphael liest sich wie ein modernes tansanisches Märchen. Schon als junger Mann interessierte sich der Massai mehr für Natur und Tiere als für das traditionelle Hirtenleben seines Stammes. So entschied er sich für eine Ausbildung zum Safariguide. Nach erfolgreichem Abschluss führte er jahrelang Safari-Touristen aus aller Welt durch sein Land, ehe ihm die Möglichkeit angeboten wurde, sein eigenes Camp zu errichten – und zwar in einem der faszi-

Das Camp bietet echt tansanische Gastfreundschaft inmitten der Serengeti

nierendsten Nationalparks der Welt, der Serengeti. Die Aussicht, ein eigenes Camp nach seinen Vorstellungen zu bauen und zu führen und seinen Gästen tansanische **Gastfreundschaft auf authentische Art und Weise näher** zu bringen, wollte Barnabas sich nicht entgehen lassen.

Gemeinsam mit seiner Familie errichtete er ein klassisches Zeltcamp, zunächst in der westlichen Serengeti, nicht weit vom Grumeti-Fluss entfernt. Da dieser Standort für die meisten Touristen aber nur für wenige Wochen im Jahr interessant ist – die Herden ziehen zwischen Mai und Juli hier vorbei –, erfolgte 2014 der Umzug in die zentrale Serengeti nahe der Turner-Quellen und des Engare-Nanyuki-Flusses. Beide führen permanent Wasser und dienen vielen Tieren als wichtige Wasserquelle. Mit Elefant, Büffel, Löwe und Leopard leben sogar vier der sogenannten *Big Five* ganzjährig in der unmittelbaren Umgebung des Camps. Ebenfalls im Jahr

Lagerfeuer in der Serengeti

2014 wurde das **permanente Camp um ein mobiles Camp** ergänzt, welches im Laufe des Jahres der großen Wanderung von Gnus und Zebras folgt.

Neben einheimischer Gastfreundschaft und persönlichem und familiärem Service sind die insgesamt zwölf Zelte ein weiterer Pluspunkt des Camps. Mit zwei großen Queensize-Betten, viel Platz, permanentem Strom dank moderner Solaranlagen und fließend Kalt- und Warmwasser setzt Mbugani **neue Maßstäbe für klassische Zeltcamps**. Das mobile

Viel Platz und große Betten

Camp mit seinen zehn kleineren Zelten ist zwar etwas einfacher ausgestattet, muss sich hinsichtlich des Service aber keinesfalls verstecken. Im Mittelpunkt beider Camps stehen ein Lounge- und ein Speisezelt sowie eine Feuerstelle unter freiem Himmel, die vor den Mahlzeiten am Abend als Treffpunkt dient. Diese werden gemeinsam an einem großen Tisch eingenommen und verstärken die familiäre Atmosphäre im Camp. Die langjährige Erfahrung von Barnabas spiegelt sich auch in der sehr guten Küche wieder, in der sich verschiedene kulinarische Richtungen und Einflüsse wiederfinden.

Internet: www.mbuganicamps.com
Preise: ab 215 USD pro Person/DZ mit Vollpension in beiden Camps
Sonstiges: während das permanente Camp ganzjährig geöffnet ist, ist das mobile Camp in den Monaten April und November geschlossen. Diese Monate werden genutzt, um erforderliche Wartungsarbeiten zu erledigen und von einem Standort zum nächsten umzuziehen.
Kinder: jeden Alters sind willkommen.

INFO

74   Auf Afrikas Arche – das Rubondo Island Camp

Die Presse hat Rubondo Island im Viktoriasee den Namen „die Arche Afrikas" verpasst. In den letzten Jahrzehnten wurden auf der Insel einige Tierarten wie Schimpansen, Elefanten, Giraffen und Graupapageien, die ursprünglich nicht hier heimisch waren, erfolgreich angesiedelt. Auf dieser Arche findet sich auch das im Jahr 2013 eröffnete Rubondo Island Camp. Das Camp ist eine Kombination aus klassischem Safaricamp und Strand-Lodge. Die Innenausstattung der Cottages erinnert stark an ein Safaricamp – komfortable Betten, ein Schreibtisch mit Stühlen und ein Badezimmer mit offener Dusche – während die Veranda mit Hängematte und Aussicht auf Strand und See mehr an eine Lodge in einem Badeort erinnert. Beim Bau des Camps wurden **ausschließlich lokale Materialien** verwendet, damit es sich perfekt an seine Umgebung anpasst. Herzstück des Camps ist der Lounge- und Restaurantbereich. Dieser ist zu drei Seiten offen und bietet eine traumhafte Aussicht auf den See. Hier können Gäste während des Tages bei einem Drink oder einem Buch aus der gut ausgestatteten Bibliothek abschalten und entspannen.

Rubondo Island ist kein Ort für Safaris auf der Suche nach Großwild, stattdessen bietet das Camp Erlebnisse der besonderen Art. Eines davon ist eine **Wanderung durch den Wald auf der Suche nach Schimpansen**. Anders als in Gombe oder Mahale sind die Tiere hier noch nicht an den Menschen gewöhnt, aber einer der erfahrenen Guides wird immer Spuren und Nester und mit ein bisschen Glück auch Schimpansen selbst entdecken. Doch auch wenn sich die Affen nicht zeigen, sind die Wanderung durch den Regenwald mit dem geschlossenen Blätterdach, den Geräuschen der Natur und den Informationen, die man von den Guides erhält, etwas ganz Besonderes.

Für die Abenteuerlustigen werden **mehrtägige Wanderungen über die Insel mit Fly Camping mitten im Wald**, an einem Strand oder an der felsigen Küste angeboten.

Neben den Wanderungen an Land sind vor allem die Wasseraktivitäten ein Highlight auf Rubondo Island. Das Camp verfügt über eine Dhow, mit der meist gen

Eine Kanusafari gehört zu den besonderen Höhepunkten eines Aufenthaltes auf Rubondo Island

Sonnenuntergang gesegelt wird, während sich der Tag bei einem kühlen Drink dem Ende neigt. Eine **geführte Kanusafari** wird dagegen meist vormittags unternommen, um der Hitze des Tages auszuweichen. Auch hierfür sind die Guides sehr gut ausgebildet und führen die Gäste in Gewässer, die per Motorboot nicht zu erreichen sind. Aber auch über ein solches verfügt das Camp, inklusive einer modernen Ausrüstung für die **Hochseefischerei**. Denn eine solche ist erforderlich, um erfolgreich dem neuen Herrscher des Viktoriasees, dem Viktoria-Barsch, nachzustellen.

So bunt wie die Tierwelt ist auch die Inneneinrichtung

Als wäre das alles nicht genug, wartet das Rubondo Island Camp noch mit einem weiteren Höhepunkt auf: Mitten im Regenwald auf einer Plattform hoch in den Bäumen findet sich ein kleines **Baumhaus mit Blick auf den See** – selbstverständlich mit allem Komfort, etwa einer richtigen Toilette und einer Badewanne. Eine Übernachtung in den Bäumen mit Blick auf das Sternenzelt an diesem noch so unberührten Ort gehört zu den romantischsten und wildesten Erfahrungen, die Afrika zu bieten hat.

Das Camp changiert zwischen Safaricamp und Strand-Lodge

Internet: www.asiliaafrica.com und www.asiliaafrica.de/tansania/camps-in-tansania.htm
Preise: ab 690 USD pro Person/DZ mit Vollpension, lokalen Getränken und Aktivitäten. Für das Hochseefischen muss eine zusätzliche Lizenz erworben werden (zurzeit 50 USD für eine dreitägige Lizenz).
Anreise: per Kleinflugzeug von allen Orten des nördlichen Safari-Parcours und ab Mwanza mit Auric Air bzw. Coastal Aviation.
Kinder: sind ab 5 Jahren willkommen. Eines der Cottages ist für Familien geeignet und verfügt über zwei Schlafzimmer für max. vier Personen.
Sonstiges: Im Hauptbereich gibt es eine Internet-Verbindung. Das Camp ist während der Regenzeit im April und im Mai geschlossen.

INFO

75   Tarzan und der Pelikan – das Greystoke Mahale Camp

Das kristallklare Wasser des Tanganjikasees, eine einsame Bucht mit feinem Sandstrand, der dichte undurchdringliche Dschungel der Mahale Mountains, in denen eine der **größten verbliebenen Populationen von Schimpansen** lebt – so sähe wohl der ideale Schauplatz für einen Tarzan-Film aus. Dies dachten sich wohl auch die heutigen Eigentümer des Greystoke Mahale Camps und benannten es nach dem fiktiven Adelsgeschlecht, dem Tarzan entstammt.

Um dieses Szenario nicht zu trüben, sollte das Camp so weit wie möglich mit der Landschaft verschmelzen. Die **sieben doppelstöckigen Bandas** wurden in den an den Strand angrenzenden Wald integriert und auf einem die Bucht begrenzenden Felsvorsprung wurden eine kleine Bar und zwei Lounges gebaut. Lediglich der imposante zweistöckige Hauptbereich des Camps, der als einer der schönsten in Tansania gilt, ragt aus der Mitte des Strandes hervor und bietet den Gästen bei der Ankunft einen echten Blickfang, ohne jedoch das Landschaftsbild zu trüben.

Der Star von Greystoke: Big Bird

Die Gäste von Greystoke Mahale leben deutlich komfortabler als der Namensgeber des Camps

Die zweistöckigen Bandas sind ähnlich beeindruckend wie der zu allen Seiten offene Hauptbereich. Für ihren Bau und die Innenausstattung wurden fast ausschließlich die **Planken und Masten alter und verschrotteter Dhow-Segelboote** verwendet, die Einheimischen entlang des Seeufers abgekauft wurden. Unter den spitz zulaufenden Makuti-Dächern aus geflochtenen Palmenblättern befinden sich Schlafzimmer, Ankleidebereich und eine private Lounge, mit tollem Blick auf Strand und See. Das offene Badezimmer befindet sich direkt hinter der eigentlichen Banda.

Neben den Schimpansen, die das Camp während der Trockenzeit regelmäßig aufsuchen, ist **Big Bird der Star von Greystoke**. Big Bird ist ein als Jungtier im Camp gestrandeter Pelikan, der während eines Sturms seine Kolonie verloren und alleine keine Chance aufs Überleben hatte. Die Manager des Camps erhielten von der Nationalparkbehörde die Erlaubnis, ihn zu füttern und ermutigten ihn durch regelmäßi-

Der Hauptbereich des Camps ist nach allen vier Seiten hin offen

ge Übungen am Strand zum Fliegen. Heute ist Big Bird ausgewachsen und so an die Nähe und die fütternde Hand des Menschen gewöhnt, dass das Camp sein neues Zuhause geworden ist. Er hat keinerlei Scheu Menschen gegenüber und gehört inzwischen neben den Managern und Guides zum Empfangskomitee am Strand, wenn neue Gäste anreisen.

Zwar lässt Greystoke Mahale sich mit Worten beschreiben, aber die Atmosphäre, die dieses Camp und die Mahale Mountains zu einem der faszinierendsten Orte in Afrika machen, ist nicht in Sprache zu fassen. Sowohl Afrika-Neulingen als auch erfahrenen Safari-Touristen bleibt nichts anderes übrig, als hierher zu reisen und sie selbst zu erleben.

Internet: www.nomad-tanzania.com
Preise: ab 625 USD pro Person/DZ mit Vollpension, lokalen Getränken. Im Preis enthalten sind ein Schimpansen-Trekking pro Tag, Boot- und Angelausflüge und die Nutzung von Kajaks. In Kombination mit anderen Camps von Nomad Tanzania gibt es oft günstigere Paketpreise.
Sonstiges: Insgesamt gibt es sieben Bandas, wobei eines nur an Guides und/oder Piloten vergeben wird. In den Bandas gibt es keinen Strom.

Akkus etc. können an der zentralen Ladestation im Hauptbereich geladen werden. Das Camp ist zwischen den 26. März und dem 31. Mai geschlossen. Ein Video von Big Birds Flugversuchen kann unter www.nomad-tanzania.com/west/greystoke-mahale angesehen werden.
Kinder: sind ab 8 Jahren willkommen. Für das Schimpansen-Trekking besteht jedoch ein Mindestalter von 12 Jahren.

INFO

76 Zwischen Berg und Strand – die Kungwe Beach Lodge

Der Mount Kungwe ist mit 2.400 m der höchste Berg in den Mahale Mountains und seine Ausläufer reichen bis an die **Strände des Tanganjikasees**. An einem dieser Strände steht seit einigen Jahren eine Lodge, die in Anlehnung an ihre Lage zwischen Berg und Wasser den Namen Kungwe Beach Lodge trägt.

Nach einer einstündigen Bootsfahrt, auf welcher **verschiedene Vogelarten und manchmal auch Krokodile zu sehen sind**, taucht in einer einsamen Bucht wie aus dem Nichts die Lodge auf. Der Blickfang ist ihr Hauptbereich, der wie ein gestrandetes Schiff am Strand liegt und bei der Ankunft gemeinsam mit den dicht bewachsenen Bergen im Hintergrund zu einem betörend-schönen Ensemble verschmilzt. Das Gebäude ist einer Dhow nachempfunden und in zwei Ebenen unterteilt. Im oberen Bereich befindet sich das Restaurant und im unteren Bereich Bar und Lounge. Beide Bereiche sind zu allen Seiten hin offen und bieten uneingeschränkten Blick auf Strand und See.

Beim Bau der Lodge hatten sich die Eigentümer bewusst für Zelte als Unterkünfte entschieden, um auch am Tanganjikasee ein Safari-Feeling heraufzubeschwören. Die **insgesamt zehn Zelte** sind links und rechts vom Hauptbereich angeordnet und so in die Landschaft integriert, dass die Nachbarzelte nicht gesehen werden können. Auf hölzernen Plattformen stehend und mit einer kleinen Terrasse versehen, **bieten fast alle Zelte einen Blick auf den See**. Die Innenausstattung und die Badezimmer der großen Zelte sind dunkel und dezent gehalten.

Nach einem ereignisreichen Schimpansen-Trekking ist das **Baden im durchschnittlich 26 °C warmen See** die bei den meisten Gästen beliebteste Form

Wie ein gestrandetes Segelboot liegt der Hauptbereich am Strand

der Entspannung. Deshalb wurden am Strand in regelmäßigen Abständen feste Sonnenschirme mit Liegen und Badehandtüchern aufgestellt. Aber Achtung: Der feine Sand kann sehr heiß werden, weshalb Sandalen oder Flipflops getragen werden sollten. In der Regel kann man im See bedenkenlos schwimmen, da gelegentlich aber Krokodile am Ufer brüten, sollte man vorher unbedingt das Management fragen.

Die Guides der Kungwe Beach Lodge verfügen allesamt über eine **zusätzliche Ausbildung für das Schimpansen-Trekking**. Einige von ihnen haben sogar unter Jane Goodall persönlich gelernt. Der zuvorkommende Service des weiteren Personals und die vorzügliche mediterrane Küche runden den Aufenthalt in der Kungwe Beach Lodge ab. Als kleiner kulinarischer Höhepunkt findet immer am letzten Abend eines Aufenthaltes (aufgrund des Flugplans für gewöhnlich drei oder vier Nächte) ein Grillabend am Strand statt.

Wie am Meer: Urlaub am Strand des Tanganjikasees

Internet: www.mbalimbali.com
Preise: ab 605 USD pro Person/DZ mit Vollpension, Softgetränken und einem Schimpansen-Trekking pro Tag. Ebenso werden Bootsafaris (30 USD pro Person) und Angelausflüge (85 USD pro Person) angeboten. Kajaks stehen kostenfrei zur Verfügung.
Sonstiges: Alkoholische Getränke sind aufgrund der aufwendigen Logistik vergleichsweise teuer (Bier ca. 7 USD, ein Glas Wein 10 USD) und können nur bar bezahlt werden. Die Lodge ist zwischen dem 26. Februar und 15. Mai geschlossen. Im Hauptbereich der Lodge ist WLAN kostenlos verfügbar.
Kinder: jeden Alters sind willkommen. Es wird allerdings kein Babysitter-Service während der Aktivitäten angeboten. Das Mindestalter für das Schimpansen-Trekking beträgt 12 Jahre.

INFO

77 Tauchparadies am Tanganjikasee – die Lake Shore Lodge

Ein ganzjährig warmes Klima, kristallklares Wasser, freundliche und offene Menschen und nahezu unberührte Natur im Hinterland – der Tanganjikasee hat nur wenige Besucher, begeistert sind sie fast alle. So ging es auch den beiden Südafrikanern Louis und Chris Horsfall, die sich 2007 kurzerhand hier niederließen, um eine Lodge zu eröffnen. Den geeigneten Ort dafür fanden sie in der Nähe des Ortes Kipili, direkt am Ufer des Sees. Hier eröffneten sie unter Einbeziehung der lokalen Bevölkerung die Lake Shore Lodge, die heute **vor allem unter Tauchern einen hervorragenden Ruf genießt**.

„Afrikanisches Zen" nennen die Inhaber den Einrichtungsstil

Im Zentrum eines jeden Besuchs in Lake Shore steht der Tanganjikasee. Direkt vor der Lodge befinden sich **sieben kleine Inseln, die tolle Möglichkeiten zum Tauchen und Schnorcheln bieten**. Mit über 280 Arten von Buntbarschen, einer fantastischen Unterwassersicht von bis zu 22 m und einer durchschnittlichen Wassertemperatur von 23 °C herrschen ideale Bedingungen, weshalb der See auch gerne als das größte Aquarium der Welt bezeichnet wird. Die Inseln können per Kajak erreicht und zu Fuß erkundet werden. Und wem nach all den kleinen Buntbarschen nach Größerem zumute ist, kann bei einem **Angelausflug dem bis zu zwei Meter großen Tanganjikabarsch** (die Einheimischen nennen ihn *Sangala Pamba*) nachstellen, einem Verwandten des Viktoriabarsches. Für die Erkundung des Hinterlandes stehen Quadbikes zur Verfügung und Ausflüge in den nur 150 km entfernten Katavi-Nationalpark können ebenso organisiert werden. Jedes Jahr im April und Mai werden spezielle Kajak-Safaris mit Übernachtungen entlang des Sees und auf Inseln angeboten.

Der Tanganjikasee in seiner ganzen Pracht

Nah am Wasser gebaut: die Lake Shore Lodge

In der Lodge selbst stehen zwei verschiedene Zimmerkategorien zur Verfügung. Direkt am Seeufer befinden sich die komfortabel ausgestatteten Strandchalets. Die Ausstattung ist ausgewogen und harmonisch und wird von Louis und Chris als „Afrikanisches Zen" beschrieben. In der zweiten Reihe liegen die rustikalen Garten-Bandas mit Gemeinschaftsbadezimmern, die in erster Linie für Reisende mit geringerem Budget angelegt wurden. **Außerdem ist ein kleiner Campingplatz vorhanden**.

Lake Shore ist nicht nur ein kleiner Familienbetrieb mit persönlichem und herzlichem Service, sondern auch eine **umweltfreundliche Lodge, die auf nachhaltigen Tourismus setzt**. So werden Beleuchtung und Wasserpumpen durch Solarenergie und die Küche mit Gas betrieben. Sämtliche Angestellten sind aus den umliegenden Dörfern und die meisten Lebensmittel werden von heimischen Bauern bezogen. Dies führt zu einer hohen Identifikation der lokalen Bevölkerung mit der Lodge und dem Tourismus, da sie hiervon direkt profitieren.

Internet: www.lakeshoretz.com
Preise: ab 100 USD pro Person/DZ mit Halbpension in den Bandas, ab 225 USD pro Person/DZ mit Halbpension in den Chalets direkt am Seeufer. Tauchgänge kosten 75 USD pro Person, halbtägige Schnorchel- und Kajakausflüge ab 30 USD.
Anreise: per Kleinflugzeug ab Daressalaam mit Auric Air (dreimal wöchentlich, 375 USD pro Person) nach Sumbawanga und von hier per dreistündigem Straßentransfer (300 USD pro Fahrzeug) zur Lodge. Abenteurer können auch mit der MV Liemba (s. S. 84) anreisen, die vor Kipili hält.
Sonstiges: Die Lodge ist im Februar geschlossen.
Kinder: sind jeden Alters willkommen.

INFO

78 Zurück in die Vergangenheit – das Chada Katavi Camp

Nur wenig hat sich in Chada Katavi geändert, seit das Camp vor 20 Jahren eröffnet wurde. Katavi ist immer noch einer der abgelegensten und am wenigsten besuchten Nationalparks Tansanias und das Camp besticht seit Mitte der 1990er-Jahre durch seinen **relativ einfachen, aber komfortablen Stil**. Es ist ein intimes kleines Buschcamp, welches an die Zeit der ersten Safaris zu Beginn des 20. Jahrhunderts erinnert und von denen es in Afrika nur noch wenige gibt.

Nicht nur für Nostalgiker: Chada Katavi

In einem lichten Wald am Rande der riesigen Chada-Ebene gelegen, bietet Chada Katavi ein Stück Safarinostalgie in wild-romantischer Lage. Schwere Polstersessel mit geschwungenen Füßen und antike Regale und Anrichten prägen das kleine Loungezelt, welches sich seit 2013 zusammen mit dem Speisezelt auf einem kleinen Podest befindet und den Mittelpunkt des Camps darstellt. In den insgesamt sechs Gästezelten gibt es nicht viel mehr als ein großes, bequemes Bett, eine Truhe für das Gepäck und einen alten Schreibtisch. Die separaten Badezimmerzelte, die über einen Gang mit den eigentlichen Zelten verbunden sind, bestehen aus einem Waschbecken, einer Eimerdusche und einer Komposttoilette. Durch den **Verzicht auf fließendes Wasser** und eine Toilette mit Spülung kommt das Camp ohne feste Strukturen aus und ist somit eines der umweltfreundlichsten Camps in

Tansania. Innerhalb weniger Stunden können die Zelte und das Camp abgebaut und die Natur sich wieder nahezu komplett selbst überlassen werden. Lediglich Küche und Vorratskammern sind in festen Räumen untergebracht.

Doch auch so hinterlässt das Camp kaum sichtbare Spuren. Die **Zelte sind hervorragend in die Landschaft integriert** und weder aus der Luft, noch vom Boden aus Fahrzeugen heraus zu entdecken. Auch viele Tiere nehmen das Camp gar nicht als solches wahr und ziehen regelmäßig hindurch. Auch wenn die Gästezelte absolut sicher sind und es keinerlei Bedrohung durch die Tiere gibt, ist ein Adrenalinschub garantiert, wenn direkt vor dem Fenster die Silhouette eines Elefanten auftaucht oder eine Hyäne sich nachts ein

Das Camp liegt in einem Wald im abgelegenen Katavi-Nationalpark

Brüll- und Heulduell mit einem Löwen liefert. Für den Fall, dass das noch nicht aufregend genug ist, bietet Chada Katavi die **Möglichkeit zum Fly Camping** an. Das muss allerdings bereits bei Buchung angemeldet werden.

Aufgrund der Rahmenbedingungen ist Chada Katavi nicht für jeden geeignet, sondern eher etwas für Individualisten, die bereit sind, ihr gewohntes Komfortniveau zu verlassen und sich auf etwas Neues und Ungewohntes einzulassen. Aber auch wenn das Camp eher einfach und rustikal sein mag, auf den erstklassigen Service und die ausgezeichnete Küche von Nomad Tanzania muss auch in Katavi nicht verzichtet werden.

Internet: www.nomadtanzania.com
Preise: ab 625 USD pro Person/DZ mit Vollpension, lokalen Getränken, Pirschfahrten und Walking-Safaris; Fly Camping und Nachtpirschfahrten sind gegen Aufpreis (225 USD bzw. 50 USD pro Person) möglich. In Kombination mit anderen Camps von Nomad Tanzania gibt es oft günstigere Paketpreise.

Sonstiges: Es gibt keinen Strom und keine Telefonverbindung im Camp. Lediglich die Manager verfügen über eine Internetverbindung per Satellit, um mit der Außenwelt kommunizieren zu können. Das Camp ist nur von Juni bis Mitte November geöffnet.
Kinder: sind ab 12 Jahren im Camp willkommen.

INFO

79

Rustikal und präsidial –
die Katuma Bush Lodge

Die Katuma Bush Lodge inmitten des Katavi-Nationalparks ist zwar abgelegen, erfreut sich aber selbst an höchster Stelle größter Beliebtheit: Sie ist die bevorzugte Unterkunft von Tansanias Präsident Jakaya Kikwete. Gemeinsam mit seiner Familie verbringt der Staatsmann regelmäßig die Weihnachtstage in Katuma. Hierfür wurde im Jahr 2013 eigens eine 500 m² große Präsidentensuite gebaut. Diese ist – sofern es das Budget hergibt – aber auch für Normalreisende buchbar.

Die Katuma Bush Lodge ist eine von nur drei permanenten Unterkünften im Katavi-Nationalpark und liegt unweit des namensgebenden Katuma-Flusses. Mit zwölf auf hölzernen Plattformen stehenden Zelten und der Präsidentensuite ist die Lodge vergleichsweise groß, allerdings ist sie auch nur selten ausgebucht – es sei denn, Jakaya Kikwete ist mit seinem Gefolge zu Besuch. Katuma **verbindet die Annehmlichkeiten einer Lodge mit dem bodenständigen Charme eines Buschcamps**. Die typischen Safarizelte im Meru-Stil kommen ohne großen Luxus aus und sind mit komfortablen Betten mit Moskitonetzen, einem kleinen Schreibtisch, zwei Stühlen und einer Veranda mit Blick auf die Katsunga-Ebene eher spartanisch eingerichtet. Im Gegensatz dazu verfügt jedes der Zelte über eine **dauerhafte Stromversorgung**, wodurch sowohl Licht als auch Auflademöglichkeiten jederzeit vorhanden sind. Das Highlight in den angeschlossenen Badezimmern ist

Blick von oben auf die Katuma Bush Lodge

Der Pool lädt die Gäste zum Baden ein – und Löwen zum Trinken

zweifellos die mit einem großen Duschkopf versehene Dusche. Zu jeder Tageszeit sind ausreichender Wasserdruck und heißes Wasser verfügbar, was in einer solch abgelegenen Gegend keine Selbstverständlichkeit ist. Als i-Tüpfelchen gibt es in den Zelten eine überraschend gute WLAN-Verbindung, die kostenlos genutzt werden kann.

Der zu drei Seiten offene Hauptbereich ist ebenfalls auf einem Podest erbaut und besteht aus zwei Ebenen. Auf der ersten Ebene befindet sich das Deck mit Feuerstelle und dem **einzigen Swimmingpool in Katavi**. An diesem wurden sogar schon Löwen beim Trinken beobachtet. Auf der zweiten Ebene befinden sich die mit komfortablen Sofas und Sesseln ausgestattete Lounge und der große, rustikal eingerichtete Speisebereich, von wo aus sich vorbeiziehende Tiere wie Giraffen, Zebras und Impalas gut beobachten lassen. Bis auf die sehr zu empfehlenden Frühstücke im Busch und die Mittagessen en route bei Tagesausflügen finden hier alle Mahlzeiten statt. Die Küche ist etwas einfacher und tendiert eher in Richtung Buschcamp; trotzdem: Die Frühstücksmuffins sind hervorragend.

Internet: www.mbalimbali.com
Preise: ab 450 USD pro Person/DZ mit Vollpension, Softgetränken und Pirschfahrten. Preise für die Präsidentensuite auf Anfrage.
Sonstiges: Alkoholische Getränke sind vergleichsweise teuer (Bier ca. 5 USD, ein Glas Wein 8 USD) und können nur bar bezahlt werden.
Die zeitliche Planung der Aktivitäten (Tagesausflüge, Busch-Frühstück) wird i. d. R. von den Managern übernommen, individuelle Änderungen sind aber möglich. Es werden auch Nachtpirschfahrten (80 USD pro Person) angeboten, diese müssen allerdings im Voraus gebucht werden. Die Lodge ist zwischen dem 26. Februar und 15. Mai geschlossen.
Kinder: sind prinzipiell jeden Alters im Camp willkommen, können aber unter Umständen nicht an allen Aktivitäten teilnehmen.

INFO

⑧⓪ Auf das Wesentliche – das Katavi Wildlife Camp

Das Katavi Wildlife Camp war das erste Camp im gleichnamigen Nationalpark und befindet sich seit jeher in einer hervorragenden Lage mit Blick über die Katsunga-Ebene und einen Teil des Katuma-Flusses. Bis heute bietet das Camp seinen Gästen ein pures Safarierlebnis, welches sich im Laufe der Jahre kaum verändert hat. Der ganz wilde Buschcamp-Charakter früherer Jahre ist zwar nicht mehr zu finden, aber es handelt sich nach wie vor um ein **rustikales Camp, dessen Schwerpunkt auf Safari liegt**. Stopps für Tee- und Kaffeepausen oder Sundowner gibt es dabei nicht, nur bei sehr frühem Safaribeginn oder bei Tagesausflügen wird für ein Frühstück oder Mittagessen mitten in der Natur angehalten. Ansonsten wird die Zeit im Busch intensiv für Pirschfahrten genutzt.

Reduziert aufs Wesentliche: das Katavi Wildlife Camp

Eine besondere Kompetenz in Sachen Safari ist bei dem derzeitigen Management auch zu erwarten. Die Leitung des Camps hat derzeit Nick Greaves inne. Der gilt nicht nur als **einer der erfahrensten und angesehensten Guides in Afrika**, sondern ist zudem auch Herausgeber einer Sammlung von afrikanischen Folklore-Geschichten (u. a. *When Hippo was hairy* und *When Elephants could fly*). Auch wenn bei ihm die Managementtätigkeiten mittlerweile im Vordergrund stehen – neben dem Camp leitet und koordiniert er auch das Guide-Training aller Camps von Foxes Safaris –, lässt er es sich nicht nehmen, Gäste gelegentlich persönlich auf Pirschfahrten durch Katavi zu führen. Aber auch wenn Nick nicht selbst hinter dem Steuer sitzt, ist auf sehr gutes Guiding beim Katavi Wildlife Camp Verlass.

Den Kern des Camps bilden sechs auf Plattformen stehende und mit einem Reetdach überdachte große Zelte, die nur mit dem Nötigsten ausgestattet sind: zwei große Betten, ein Badezimmer, eine Gepäckablage und ein kleiner Schreibtisch sowie eine Veranda mit Aussicht auf die Ebene. Ende 2014 wurde das Camp um zwei Familieneinheiten erweitert (zwei Zelte auf einer Plattform mit einer gemeinsamen Veranda), die etwas moderner ausgestattet sind und zusätzlich über einen **kleinen**

Das Camp aus der Luft

Pool verfügen. Alle Zelte sind außerdem über eine Rampe erreichbar, sodass sie auch mit einem Rollstuhl zugängig sind. Eine spezielle Ausstattung für Personen mit Gehbehinderung gibt es in den Zelten allerdings nicht.

Der Hauptteil der Lodge ist zu drei Seiten offen, liegt unter einem hohen Reetdach und verteilt sich auf zwei Etagen, die jeweils einen tollen Blick auf die Katsunga-Ebene bieten. In der oberen Etage ist eine kleine Lounge mit einer Auswahl an Büchern untergebracht, während sich unten Bar sowie Speise- und Aufenthaltsbereich befinden. Eine vorgelagerte Feuerstelle rundet die Buschcamp-Atmosphäre ab.

Internet: www.kataviwildlifecamp. com
Preise: ab 450 USD pro Person/DZ mit Vollpension und Pirschfahrten; Getränke sind zu moderaten Preisen (Bier ca. 4 USD, ein Glas Wein ca. 5 USD, Softgetränke 3 USD) in bar zu bezahlen. Auch Wasser ist separat zu zahlen (1,5-l-Flasche ca. 3 USD, 0,5-l-Flasche ca. 2 USD). Nur während der Pirschfahrten sind Wasser und Softgetränke inklusive.

Sonstiges: Das Camp gehört zu Foxes Safaris, den Pionieren im südlichen Tansania. In Kombination mit anderen Camps von Foxes sind oftmals günstigere Paketpreise möglich als bei Einzelbuchung. Das Camp ist zwischen 1. März und 31. Mai geschlossen.
Kinder: sind ab 2 Jahren willkommen.

INFO

81 Die Hohe Schule – das Mwagusi Safari Camp

Am Mwagusi-Fluss inmitten des Ruaha-Nationalparks liegt eines der originellsten Camps in Tansania, das zugleich **eines der letzten inhabergeführten** ist. Chris Fox, Nachfahre britischer Einwanderer, hat lange Zeit als Guide gearbeitet, ehe er das Mwagusi Safari Camp eröffnete. Gestartet ist er mit einem saisonalen Camp mit einfachen und rustikalen Zelten. Der Erfolg stellte sich schnell ein und erlaubte ihm, das Camp nach seinen Vorstellungen auszubauen. Dabei setzte er auf eine **ungewöhnliche und gewagte Architektur**, die Mwagusi bis heute auszeichnet. Jede der 13 Bandas besteht aus einem Schlafzimmer, einem en-suite Badezimmer und einer großen überdachten Terrasse mit Blick auf das Flussbett. Der besondere Clou: Das Schlafzimmer ist in einem klassischen Safarizelt untergebracht, was tagsüber aber kaum auffällt, weil es komplett offen ist. Lediglich in der Nacht wird es zum Schutz vor Tieren geschlossen. Die außergewöhnliche Dachkonstruktion sorgt dafür, dass es in den Bandas auch in der heißesten Zeit des Jahres immer angenehm kühl bleibt.

Elefanten …

… sind häufig gesehene Gäste im Mwagusi Safari Camp

Doch Mwagusi steht nicht nur für seine außergewöhnliche Architektur, sondern auch für eine **besondere Guiding-Philosophie**. Alle Guides werden in der campeigenen Schule ausgebildet und parallel auf weitere Tätigkeiten im Camp vorbereitet – wer tagsüber studiert, hilft z. B. abends beim Service, um so den Kontakt mit den Gästen kennenzulernen. Die Kriterien sind allerdings streng und nur wenige schaffen es tatsächlich bis zum Guide.

Eine weitere Besonderheit in Mwagusi sind die **ständig wechselnden Orte des Abendessens**. Während das Frühstück (ein Muss: das Zimtbrot) meist während der Pirschfahrten im Busch und das Mittagessen aufgrund der hohen Temperaturen ausschließlich im Hauptbereich des Camps stattfindet, sind die Abendessen an verschiedenen Stellen im Flussbett des Mwagusi, der nur in der Regenzeit Wasser führt, ein tolles Erlebnis. Nicht selten gesellen sich Elefanten (die zu jeder Tageszeit im und um das Camp herum anzutreffen sind) zum Sundowner hinzu und während der Nacht sind oft Löwen in der Nähe zu hören.

Wer während seiner Safari nicht auf eine gesunde und ausgewogene Ernährung verzichten möchte, ist bei Mwagusi an der richtigen Adresse. Im Camp wird viel Wert auf **frische Produkte und abwechslungsreiche Mahlzeiten** gelegt. Dabei profitiert Mwagusi von der Nähe zum fruchtbaren Hochland bei Iringa, von wo viele frische Produkte bezogen werden, darunter Süßkartoffeln, Kürbisse sowie verschiedene Gemüse- und Obstsorten – und zu bestimmten Zeiten sogar Spargel und Erdbeeren.

Gelegentlich findet das Abendessen im Trockenflussbett statt

Internet: www.mwagusicamp.com
Preise: ab 595 USD pro Person/DZ mit Vollpension und Pirschfahrten. Gegen Aufpreis (ca. 35 USD pro Person) sind während der Trockenzeit Walking-Safaris möglich.
Sonstiges: Mwagusi ist ein sehr umweltfreundliches Camp. Der Strom für das Licht in den Bandas und das Warmwasser für die Duschen wird per Solarenergie erzeugt. Akkus für Telefone und Kameras können im Büro der Manager aufgeladen werden.
Kinder: jeden Alters sind willkommen. Die Größe der Bandas erlaubt die Unterbringung von bis zu zwei Erwachsenen und zwei Kindern.

INFO

82 Mitten im Buch – das Kwihala Camp

Kwihala ist eines der jüngsten Camps der Asilia-Gruppe und mit nur sechs Zelten das **kleinste Camp in Tansanias größtem Nationalpark**. In der Sprache des lokalen Hehe-Stammes bedeutet *Kwihala* Busch und dieser Name ist nicht zufällig gewählt. Das Camp befindet sich tatsächlich mitten im Busch in unmittelbarer Nähe zum Mwagusi-Fluss und den tierreichsten Gegenden des Ruaha-National- parks. Statt auf großem Luxus liegt der Schwerpunkt auf ausgedehnten Pirschfahr- ten, für die es keinen festen Zeitplan gibt. Vor allem die Ausfahrten am Morgen be- ginnen meist vor Sonnenaufgang, enden erst kurz vor der Mittagszeit und werden nur für ein ausgiebiges Buschfrühstück mit frischem Obst, Muffins, Müsli und French Toast unterbrochen.

Auch wenn die Zelte ohne großen Luxus auskommen, mangelt es an nichts. Es gibt ausreichend Platz, komfortable Betten und ein stilvolles Dekor, das den rustikalen Charakter des Camps unterstreicht. Die angeschlossenen Badezimmer bieten ebenfalls mehr als genug Platz und verfügen über ein WC, ein Waschbecken mit fließendem Wasser und eine klassische Eimerdusche, in welcher nach jeder Rück- kehr ins Camp heißes Wasser auf die Gäste wartet. Aber auch während des Tages oder am frühen Morgen ist eine heiße Dusche nach vorheriger Absprache mit den Managern möglich.

Im gleichen Stil wie die Zelte ist der Hauptbereich des Camps eingerichtet. Dieser besteht aus einem großen Zelt und ist in einen Speisebereich und eine Lounge mit

Der Hauptbereich ist das Herzstück des Camps und Treffpunkt vor den Ausfahrten

Bar unterteilt. **Die Lounge ist der Treffpunkt vor den Pirschfahrten** und bietet gute Gelegenheiten für einen Smalltalk mit Managern, Guides und anderen Gästen des Camps. Der Speisebereich wird meist nur für das Mittagessen genutzt, gelegentlich auch für das Frühstück, falls Gäste den Tag etwas später beginnen möchten, etwa am Abreisetag. Das Abendessen beginnt mit einem kleinen Lagerfeuer, um das sich Manager, Guides und Gäste nach den Nachmittagsaktivitäten versammeln.

Wenn die letzten Vorbereitungen getroffen sind, bittet der Oberkellner an den für gewöhnlich im Freien stehenden großen Tisch, an dem **gemeinsam gegessen** wird. Dies sorgt für die persönliche und familiäre Atmosphäre, die ein Buschcamp ausmacht.

Neben rustikalem Buschcamp-Charakter und den flexiblen Pirschfahrten ist Kwihala für **hervorragendes Guiding** bekannt. Dem vorherigen Eigentümer war dies sehr wichtig und er setzte hier vor allem auf Kontinuität. So sind die beiden Hauptguides Lorenzo Rossi und Festo Ntayaye bereits seit mehreren Jahren bei Kwihala, woran sich auch nach der Übernahme durch Asilia nichts geändert hat. Beide kennen den Ruaha-Nationalpark wie ihre Westentaschen und sind deshalb auch an der Ausbildung der Trainees beteiligt, sodass hervorragendes Guiding auch zukünftig gewährleistet ist.

Die Lounge bietet Gelegenheiten, ins Gespräch zu kommen

Innen sind die Zelte einfach, aber geräumig

Internet: www.asiliaafrica.com und www.asiliaafrica.de/tansania/camps-in-tansania.htm
Preise: ab 450 USD pro Person/DZ mit Vollpension, lokalen Getränken und Pirschfahrten. Kwihala ist das einzige Camp in Ruaha, das Nachtpirschfahrten durchführen darf. Diese kosten 75 USD pro Person; Walking-Safaris 35 USD pro Person.

Sonstiges: Auch wenn Dreibettzimmer möglich sind, empfiehlt sich dies nur für Familien mit einem Kind. Das Aufladen von Akkus ist in den Zelten möglich. Das Camp ist während der Regenzeit vom 15. März bis zum 01. Juni geschlossen.
Kinder: sind ab 5 Jahren willkommen.

INFO

83 In tiefster Wildnis – das Jongomero Camp

Charles Dobie betrieb schon lange erfolgreich das Siwanu Camp in Selous, als er 1995 bei der Suche nach einem geeigneten Standort für ein neues Safari-Camp auf eine Ausschreibung der Nationalparkbehörde TANAPA aufmerksam wurde. Darin ging es um den Bau eines Camps im Ruaha-Nationalpark. Zwar hatte Charles auch Saadani, Katavi, Mikumi oder Mahahle als neuen Standort in Betracht gezogen, zwei Dinge bewogen ihn dann aber doch zu einer Bewerbung um die Konzession in Ruaha: Die gute Erreichbarkeit per Flugzeug und der landschaftliche Kontrast zu seinem angestammten Gebiet in Selous.

Herzstück mit grandiosem Blick auf den (trockenen) Fluss: die Lounge

Um dem Prinzip der Selous Safari Company gerecht zu werden, Camps in abgelegenen Gegenden abseits von Massentourismus und bekannten Pfaden zu betreiben, beantragte Charles den **von anderen Camps am weitesten entfernt liegende Platz**. Der Bewerbungsprozess zog sich über sechs Jahre, während derer Charles gemeinsam mit einem anderen Unternehmen übergangsweise ein mobiles Camp betrieb. Im Jahr 2001 kam endlich die langersehnte Genehmigung und nur ein Jahr später öffnete das Jongomero Camp seine Pforten für die ersten Gäste.

Der einzige Pool im Ruaha-Nationalpark dient nicht nur Gästen zur Entspannung …

70 km vom nächsten Camp entfernt und am Ufer des saisonalen Jongomero-Flusses gelegen, ist es vor allem die besondere Lage, die das Camp so unvergleichlich macht. Eine eigene Landebahn und ein eigens für das Camp geschaffenes Wegenetz für Pirschfahrten **lassen das Gefühl aufkommen, sich in einem privaten Reservat zu befinden** und nicht in einem Nationalpark. Nur selten begegnet man auf Pirschfahrten anderen Fahrzeugen; und wenn doch sitzen darin meist Nationalpark-Ranger oder die Zeltnachbarn aus Jongomero.

Jongomero besticht aber nicht nur durch seine Lage, sondern auch mit seiner Ausstattung und den liebevollen Details. Bei der Ankunft werden die Gäste vom Personal singend begrüßt und anschließend in die offene Lounge geführt. Von hier er-

Abendessen im trockenen Bett des Jongomero

öffnet sich ein **grandioser Blick auf das Flussbett**, in dem während der Trockenzeit häufig die Abendessen stattfinden. Nach der Begrüßung werden die Gäste in eines der acht sehr großen und komfortablen Zelte geführt. Diese befinden sich auf einer Plattform und sind mit einem hohen, zu den Seiten offenen Reetdach versehen. Dieses schützt nicht nur vor Regen, sondern sorgt auch für eine natürliche Klimatisierung. Im Inneren der Zelte warten riesige Betten mit Blick auf das Flussbett und eine dezente, aber luxuriöse Ausstattung auf die Gäste. Die im Verhältnis zu anderen Camps sehr großen Badezimmer im Kolonialstil sind mit zwei Waschbecken und einer ebenerdigen Dusche ausgestattet. Auch die überdachte Veranda blickt auf das Flussbett und lädt ebenso zum Verweilen während des Tages ein wie **der Pool, der der einzige im gesamten Ruaha-Nationalpark ist**. Oftmals lassen sich von hier aus Tiere entlang des Flusses beobachten und zum Höhepunkt der Trockenzeit kommt es nicht selten vor, dass Elefanten den Pool als Wasserquelle nutzen – ein unvergessliches Erlebnis für jeden, der dies zu sehen bekommt.

Internet: www.selous.com
Preise: ab 550 USD pro Person/DZ mit Vollpension und Pirschfahrten; gegen Aufpreis (ca. 35 USD pro Person) sind von Juli bis Mitte Dezember Walking-Safaris in Begleitung eines Nationalpark-Rangers möglich.
Sonstiges: als einziges Camp in Ruaha bietet Jongomero zwischen Juli und Oktober Fly Camping an.

Während der Regenzeit von Mitte März bis Ende Mai ist das Camp geschlossen.
Kinder: ab 6 Jahren sind gerne gesehen. Die Größe der Zelte erlaubt eine Unterbringung von max. zwei Erwachsenen und zwei kleinen Kindern, abhängig von der Auslastung des Camps.

INFO

84 Wo die wilden Hunde wohnen – das Lake Manze Tented Camp

Im Herzen des für Touristen zugänglichen Teils des Selous-Reservats liegt das Lake Manze Tented Camp am Ufer des gleichnamigen Sees. Es ist die tierreichste Gegend des Schutzgebiets und **wer in Selous Wildhunde sehen möchte, hat hier die wohl besten Chancen**. Aber auch Elefanten streifen regelmäßig durch das Camp, sowohl tagsüber als auch nachts, immer auf der Suche nach etwas Essbarem. Nicht selten werden die Gäste vom Geräusch schwankender Palmen wach, wenn die Dickhäuter versuchen, die Früchte von den Bäumen zu schütteln. Auf ihrer nächtlichen Suche nach frischem Gras durchqueren Flusspferde das Camp und auch Löwen gehören neben einer reichhaltigen Vogelwelt zu den regelmäßigen Besuchern. Gäste brauchen sich um ihre Sicherheit aber keine Sorgen zu machen, es sind stets einheimische Askari der Massai anwesend, die genau wissen, was im und um das Camp herum passiert.

Lake Manze Tented Camp ist **ein Safaricamp der alten Schule: einfach, bodenständig und charmant**. Kern des Camps ist der offene, unter einem mächtigen Reetdach liegende Lounge- und Speisebereich. Gäste sind hier jederzeit zu einem Drink an der Bar willkommen und das sehr freundliche Personal und die Manager sind immer für ein Gespräch und einen kleinen Spaß zu haben. Links und rechts um den Hauptbereich verteilen sich die insgesamt 15 klassischen Safarizelte. Jedes verfügt über eine kleine überdachte Terrasse mit Blick auf den See und einen geräumigen Schlafbereich mit einem angeschlossenen, offenen Badezimmer. In den Zelten gibt es keinen Strom, was den klassischen Charme unterstreicht und an längst vergangene Zeiten erinnert. Kleine Solaranlagen sorgen aber dafür, dass nach einem langen Safaritag niemand auf eine heiße Dusche verzichten muss.

Blick vom Camp auf den See

Das mit Pirschfahrten, Walking-Safaris und Bootsafaris sehr umfangreiche Angebot an Aktivitäten lässt dem Gast die Qual der Wahl. Am besten begegnet man dieser, indem man einfach alles ausprobiert. Die **Bootssafaris auf dem Manze-See und seinen kleinen Seitenkanälen** bieten ein spektakuläres Szenario mit Sonnenuntergängen wie aus dem Bilderbuch. Nicht selten lassen sich hierbei Wasserdurchquerungen von Elefanten beobachten und natürlich dürfen Flusspferde und Krokodile nicht fehlen. Wer mehr als zwei Nächte hier verbringt, sollte nach einer Ganztagespirschfahrt zum Tagalala-See und zu den heißen Quellen (Maji Moto) fragen – und die Badesachen nicht vergessen.

Sonnenuntergang während einer Bootsafari auf dem Manze-See

Internet: www.lakemanze.com
Preise: ab 370 USD pro Person/DZ mit Vollpension und Aktivitäten; gegen Aufpreis sind Angelausflüge möglich.
Anreise: Die Anreise zum Lake Manze Tented Camp erfolgt für gewöhnlich per Kleinflugzeug ab Daressalaam zur Siwandu-Landebahn. Der Flug dauert ca. 45 Minuten und ebenso lang dauert die (Pirsch-)Fahrt zum Camp. Auf dem Weg werden die verschiedenen Seen passiert und Gäste bekommen einen ersten Eindruck von Landschaft und Vegetation.

Sonstiges: Das Camp ist sehr umweltfreundlich angelegt. Wasser für die Dusche wird nur über Solarenergie erhitzt. Es gibt keinen Strom in den Zelten und Akkus für Telefone und Kameras können nur bei den Managern aufgeladen werden. Beim Bau des Camps wurde darauf geachtet, dass der Einfluss auf die Natur so gering wie möglich ist.
Kinder: sind ab 6 Jahren willkommen. Das Mindestalter für Walking-Safaris beträgt allerdings 16 Jahre. In Kombination mit weiteren Camps von Essential Destinations sind oft günstige Paketpreise möglich.

INFO

85 Im Kampf mit den Naturgewalten – das Siwandu Camp

Die Geschichte des Siwandu Camps beginnt im Jahr 1988 in Afrikas größtem Schutzgebiet Selous. Zu dieser Zeit gab es hier nur ein weiteres Camp und der Safaritourismus steckte noch in seinen Anfängen. Es galt viele logistische Herausforderungen zu lösen, aber nach und nach zahlte sich der Aufwand aus und die Besucherzahlen stiegen. 1993 zog das Camp, das damals noch Selous Safari Camp hieß, an einen Nebenfluss des Rufiji, zwischen die beiden Seen Nzerakera und Siwandu, dessen Namen es heute trägt.

Trotz einer langen Pechsträhne gilt Siwandu als eines der besten Camps in Selous

1996 schlug jedoch das Schicksal zum ersten Mal zu. Ein **verheerender Tornado** fegte über das Camp hinweg und richtete große Schäden an. Der Wiederaufbau dauerte fast ein Jahr, sollte aber nur von kurzer Dauer sein. Als Fernwirkung des Klimaphänomens El Niño brachen im Oktober **1997 sintflutartige Regenfälle über Tansania** herein. Diese ließen den Rufiji und die beiden Seen so schnell über die Ufer treten, dass das Camp hastig evakuiert werden musste. Erst im Juni 1998 wurde mit dem Wiederaufbau begonnen. Allerdings hatte El Niño dafür gesorgt, dass der Rufiji seinen Lauf geändert hatte. Mit aller Macht drängte der Fluss immer weiter in Richtung Camp, sodass man sich in Siwandu schließlich geschlagen geben und erneut umziehen musste.

An den Ufern des Nzerakera fand man einen neuen Standort, an dem sich das Camp bis heute befindet. Der Wiederaufbau wurde genutzt, um den Standard auf ein deutlich höheres Niveau zu setzen. Von Ruhe konnte allerdings immer noch nicht die Rede sein: Im Jahr 2000 **schlug ein Blitz in das Dach des prächtigen Hauptbereichs ein**, der daraufhin bis auf die Grundmauern abbrannte. Dieses hoffentlich letzte Unglück wurde zum Anlass genommen, um Restaurant und Lounge neu zu gestalten. Auf hohen Stelzen und zu allen Seiten offen, bietet sich den Gästen seitdem eine spektakuläre Panoramasicht auf den Nzerakera.

Das Camp trägt den Namen des Siwandu-Sees, eröffnet aber den Blick auf den Nzerakera

Die insgesamt 13 Zelte sind ähnlich beeindruckend wie Restaurant und Lounge. Jedes liegt erhöht auf einer Plattform unter einem hohen Reetdach und verfügt über eine Veranda, von der aus man den Blick über den See schweifen lassen kann. Im Inneren der sehr geräumigen Zelte dominiert eine klassische Einrichtung im kolonialen Safaristil. Die Badezimmer mit angeschlossener Außendusche bieten ebenfalls viel Platz und alle denkbaren Annehmlichkeiten. **Giraffen, Impalas und Elefanten ziehen oft durch das Camp** und lassen sich ungestört von den Zelten aus beobachten und nachts kommen Flusspferde zum Grasen bis an die Plattformen heran.

Obwohl Siwandu immer als ein Camp angesehen wird, ist es **in zwei Einheiten unterteilt** (Siwandu Nord mit sechs und Siwandu Süd mit sieben Zelten), die von Gruppen oder Familien auch exklusiv gebucht werden können. Beide sind unabhängig voneinander und haben eigene Küchen, Lounges, Restaurants (das auf Stelzen stehende Restaurant gehört zu Siwandu Süd) und sogar eigene Zufahrten für die Gäste. Lediglich den in der Mitte liegenden Swimmingpool teilen sich beide Einheiten. Anlässlich des 25-jährigen Bestehens wurde das Camp im Jahr 2012 in Siwandu unbenannt und gilt als eines der besten Camps in Selous.

Internet: www.selous.com
Preise: ab 600 USD pro Person/DZ mit Vollpension und Aktivitäten. Gegen einen Aufpreis von 40 USD pro Person sind auch alle Getränke mit eingeschlossen.
Aktivitäten: Zwischen Pirschfahrten, Bootsafaris auf dem Nzerakera-See oder dem Rufiji (abhängig vom Wasserstand) und Walking-Safaris (Mindestalter: 16 Jahre) kann frei gewählt werden. Die Abstimmung erfolgt mit den Campmanagern.
Sonstiges: Für Gäste steht ein Laptop mit Internetverbindung zur Verfügung. Das Camp ist während der Regenzeit zwischen Mitte März und Ende Mai geschlossen. In Kombination mit den Schwestercamps Ras Kutani und Jongomero gibt es oft sehr gute Paketpreise.
Kinder: sind ab 6 Jahren willkommen.

INFO

86 Am Rande der Schlucht – die Serena Mivumo River Lodge

Im Jahr 1907 machte sich ein Schweizer Großwildjäger namens Stiegler auf, um das Gebiet entlang des Rufiji-Flusses hinsichtlich guter Jagdmöglichkeiten zu erkunden. Von dieser Entdeckungstour kehrte er allerdings nie zurück, denn entlang einer unübersichtlichen Schlucht wurde er von einem Elefanten überrascht und getötet. In Erinnerung an den Großwildjäger ist diese Schlucht heute als **Stieglers Gorge** („Stieglers Schlucht") bekannt und zählt zu den spektakulärsten Landschaften im Selous-Schutzgebiet. Nur wenige Meter vom östlichen Eingang dieser Schlucht entfernt liegt an den Ufern des mächtigen Rufiji-Flusses die Serena Mivumo River Lodge.

Neben der spektakulären Lage beeindruckt die Lodge durch eine **außergewöhnliche Bauweise**. Entlang eines steilen Uferabschnittes wurden aufwendig Pfähle und Plattformen errichtet, auf denen sich die Gästesuiten und der Hauptbereich der Lodge befinden. Diese Plattformen sind über teilweise recht steil verlaufende Stege miteinander verbunden, die aber dennoch für Menschen mit eingeschränkter Mobilität geeignet sind. Herzstück der Lodge sind die großen Suiten, die aus einem Schlafzimmer mit Lounge, einem großen Badezimmer mit Innen- und Außendusche und Badewanne und einer großen Terrasse mit freier Sicht auf den Fluss und das gegenüberliegende Ufer bestehen. Die Suiten sind zum Fluss hin mit Panoramafenstern ausgestattet, sodass man selbst vom Bett aus auf den Fluss schauen kann.

Die Serena Mivumo River Lodge liegt an einem Steilhang am Eingang zu Stieglers Gorge

Die Innenausstattung ist modern und braucht keinen Vergleich mit einem Hotel zu scheuen: Klimaanlage (in Selous können die Temperaturen deutlich über 40 °C liegen) und Minibar gehören ebenso zum Standard wie Föhn und Telefon. Der Hauptbereich der Lodge besteht aus einer Lounge mit Bar und kleiner Bibliothek, einem Restaurant und einem schönem Swimmingpool. Er ist im Kolonialstil eingerichtet und verbreitet eine beruhigende Atmosphäre, nicht zuletzt durch die **tolle Aussicht auf den Fluss**. Service und Küche sind exzellent und das Personal ist sehr freundlich und immer zu einem Gespräch aufgelegt.

Bei den Aktivitäten sind vor allem die **Bootssafaris** hervorzuheben. Der Rufiji ist hier sehr breit und (abhängig vom Wasserstand) von vielen Sandbänken durchzogen, auf denen sich Wasservögel und Krokodi-

Auch an der Schlucht muss man auf Komfort nicht verzichten

le tummeln. Flusspferde befinden sich nahezu überall im Fluss und häufig kommen Antilopen, Elefanten und gelegentlich auch Löwen zum Trinken an das Ufer. Höhepunkt ist aber zweifellos eine **Fahrt in die Stieglers Gorge**. Hier verengt sich der Fluss und zu beiden Seiten türmen sich die bis zu 100 m hohen Steilwände auf. Das Ufer ist übersät mit riesigen Felsen, zwischen denen vereinzelt sandige Abschnitte auftauchen, die von Krokodilen gerne zum Sonnenbaden genutzt werden. In der Schlucht herrscht eine ganz eigene Atmosphäre, die sich am besten bei einem Drink von einem der sandigen Uferabschnitte aus erleben lässt – natürlich nur, wenn sich dort keine Krokodile befinden.

Internet: www.serenahotels.com
Preise: ab 530 USD pro Person/DZ mit Vollpension, lokalen Getränken und Aktivitäten
Anreise: per Kleinflugzeug ab Daressalaam zur Stiegler-Landebahn (ca. eine Stunde Flugzeit).
Der Transfer von der Landebahn zum Camp führt durch Miombo-Wälder, in denen sich Tsetsefliegen sehr wohl fühlen. Um Bissen vorzubeugen, sollte dunkle Kleidung vermieden werden (insbesondere blau und schwarz).

Sonstiges: Die Pirschfahrten werden häufig als Tagesausflüge mit Mittagessen im Busch durchgeführt und besonders zu empfehlen ist eine Fahrt zum Tagalala-See. Wie in Selous üblich, werden ergänzend auch Walking-Safaris angeboten. Während der großen Regenzeit im April und im Mai ist die Lodge geschlossen.
Kinder: sind ab 12 Jahren willkommen.

INFO

87 Auf den Spuren des großen Entdeckers – Stanley's Kopje

Stanley's Kopje ist das einzige Camp nördlich der Hauptstraße, die quer durch den Mikumi-Nationalpark verläuft. Weit entfernt von der Straße, auf und um einen der so charakteristischen Granitfelsen gelegen, überblickt das Camp die weiten Flächen der Mkata-Ebene. Das Wegenetz in diesem Teil des Parks ist gut ausgebaut und ermöglicht ausgiebige Pirschfahrten durch die offenen Ebenen, die ein wenig an die Serengeti erinnern. **Durch diese Landschaft zog einst Henry Morton Stanley** mit seiner Expedition auf der Suche nach dem verschollenen David Livingstone. Ob Stanley mit seinem Gefolge aber tatsächlich am Fuße des Kopje gerastet hat, auf dem sich heute das Camp befindet, ist nicht verbürgt. Im Camp haben Gäste dennoch die Möglichkeit, mehr über diese Geschichte zu erfahren, denn in jedem der Zelte befindet sich ein kleiner Aushang über einen der größten Entdecker des afrikanischen Kontinents.

Die geografischen Gegebenheiten sorgen für eine interessante und ungewöhnliche Anordnung des Camps. Bei der Anfahrt fällt schon aus einiger Entfernung der aus der sonst flachen Landschaft herausragende Kopje ins Auge. Auf diesem thront der markante Hauptbereich der nicht nur mit Restaurant, Bar, Lounge und Pool, sondern auch einer spektakulären 360-Grad-Aussicht aufwartet. Neben dem Blick auf die Mkata-Bene beeindruckt vor allem die **Sicht auf ein Wasserloch**. Insbesondere während der Trockenzeit zieht dieses Wasserloch Elefanten, Büffelherden und sogar Löwen an, die sich vom Camp aus bequem beobachten lassen. Viele Gäste des Camps verzichten deshalb auch auf die eine oder andere Pirschfahrt und genießen stattdessen die Aussicht auf Landschaft und Tiere von den Sesseln der Lounge aus. Wen es dennoch in die Wildnis

Ob Stanley an diesem Kopje gerastet hat, ist unklar – das Camp trägt trotzdem seinen Namen

Von hier offenbart sich der Blick auf die Mkata-Ebene

zieht, der kann sich vom Management ein Frühstück im Busch oder einen Sundowner unter einem Akazienbaum mit Blick über die weite Ebene hinweg auf die Uluguru-Berge organisieren lassen.

Die insgesamt zwölf Zelte unter reetgedeckten Dächern liegen am Fuße des Kopje auf hölzernen Plattformen mit eigener Veranda mit offenem Blick über die Mkata-Ebene. Vier von ihnen haben zusätzlich freie Sicht auf das Wasserloch. Die Zelte verfügen über genug Platz für ein Doppel- und ein Einzelbett, außerdem gibt es noch zwei spezielle Familienzelte mit Platz für zwei Erwachsene und zwei Kinder. Die Ausstattung kommt ohne großen Luxus daher, sorgt aber trotzdem – oder gerade deswegen – für eine **angenehme Buschatmosphäre**, die bei allen Camps der Foxes-Gruppe im Vordergrund steht. Von den Zelten führen recht steile Wege nach oben zum Hauptbereich des Camps, weshalb das Camp für Personen mit eingeschränkter Mobilität eher weniger geeignet ist. Zwar ist eines der Zelte über eine Rampe auch für Rollstühle zugängig, ansonsten verfügt es aber über keine weitere Ausstattung für Menschen mit Gehbehinderung. Für den Weg zum Hauptbereich steht das Personal aber gerne hilfsbereit zur Verfügung. Alternativ können Mahlzeiten und Getränke auch direkt zum Zelt gebracht werden.

Internet: www.stanleyskopje.com
Preise: ab 270 USD pro Person/DZ mit Vollpension und Pirschfahrten.
Anreise: per Fahrzeug (ca. vier bis fünf Stunden Fahrzeit) oder per Kleinflugzeug (ca. eine Stunde), jeweils ab Daressalaam.

Sonstiges: das Camp ist während der großen Regenzeit zwischen dem 01. März und 31. Mai geschlossen. Von Stanley's Kopje sind auch Ausflüge zum Udzungwa-Mountains-Nationalpark möglich (ab zwei Personen, 75 USD pro Person).
Kinder: sind ab 2 Jahren willkommen.

INFO

88   Vor den Toren der Stadt – Ras Kutani

Nur 35 km südlich von Tansanias größter Stadt Daressalaam gibt es einen Ort der Ruhe, eine **kleine Oase namens Ras Kutani**. Das Camp liegt inmitten eines urwüchsigen und gut erhaltenen Küstenwalds an einer Süßwasserlagune. Der lange,

Maritim geht es auch in der Lounge zu

von Palmen gesäumte Sandstrand und das azurblaue Wasser des Indischen Ozeans machen Ras Kutani zu einer ernsthaften Alternative zu den Inselwelten von Sansibar und Mafia. Zwar ist der Sand des Festlandes nicht so fein und weiß wie auf den Inseln, dafür sind die Gezeitenunterschiede wesentlich geringer, sodass es ohne Einschränkungen möglich ist, im Meer zu baden. Auch auf Aquaschuhe kann man verzichten, da es hier mangels vorgelagerter Riffe keine abgestorbenen Korallen und nur wenige Muscheln und Steine gibt.

Ras Kutani verfügt über neun Cottages, vier Suiten und ein Familienhaus, bestehend aus zwei über eine Veranda verbundenen Cottages für jeweils maximal drei Personen. Die Cottages liegen eingebettet im **tropischen Garten** und haben teilweise Blick auf das Meer und die Lagune. An dieser

Tropischer Traumstrand vor Tropenwald

Stelle sei verraten, dass Cottage Nummer sieben die schönste Aussicht hat. Die größeren Suiten liegen etwas abseits am Hang und bieten neben einem kleinen Tauchbecken und einem kleinen „Privatstrand" mit Liegenstühlen eine schöne Sicht auf den Strand und das Meer. Auch ist der Abstand zwischen den Suiten größer als zwischen den Cottages, weshalb die Suiten nicht zuletzt bei Honeymoonern sehr beliebt sind. Wer hier die beste Aussicht ergattern möchte, sollte bei Buchung nach Suite Nummer eins fragen. Alle Cottages und Suiten haben eine eigene Veranda, aber nur die Cottages verfügen auch über Hängematten, in denen sich herrlich entspannen lässt.

Die Mahlzeiten werden im zu allen Seiten offenen Hauptbereich mit der angeschlossenen Bar serviert. Wie für die Küste typisch, dominieren **fangfrischer Fisch und Meeresfrüchte** die Küche. Nicht selten stehen Hummer, Roter Schnapper und Garnelen auf dem Speiseplan. Fleischliebha-

Fast wie in Sansibar: der Strand von Ras Kutani

ber und Vegetarier kommen in Ras Kutani aber ebenso auf ihre Kosten. Von der Terrasse aus bietet sich den Gästen ein toller Blick auf die Lagune, das Meer und den Strand. Und auch außerhalb der Essenszeiten laden die angeschlossene Bar zu frisch zubereiteten Cocktails und die Lounge zum Relaxen ein.

Mit ein wenig Glück kann man in Ras Kutani zwischen Juni und September zwei besondere Ereignisse verfolgen. Gelegentlich lassen sich vom Strand aus **Buckelwale** beobachten, die in diesen Monaten sehr nah an der Küste vorbeiziehen. Zum anderen legen am Strand von Ras Kutani verschiedene **Schildkrötenarten ihre Eier** ab, aus denen während dieser Zeit die Jungtiere schlüpfen. Wer außerhalb dieser Monate anreist, kann sich entweder an verschiedenen heimischen Vogel- und Primatenarten (u. a. leben einige der seltenen Colobus-Affen hier) erfreuen oder auch einfach nur das tun, wofür Ras Kutani sich am besten eignet: Abschalten und Entspannen!

Internet: www.selous.com
Preise: ab 300 USD pro Person/Cottage mit Vollpension; ab 280 USD pro Person/Suite. Transfers ab/bis Daressalaam ab 100 USD pro Fahrzeug (Fahrzeit je nach Verkehr eineinhalb bis drei Stunden) oder ab 550 USD pro Flugzeug (Flugzeit ca. zehn Minuten).
Aktivitäten: Kajaks, Schnorchelausrüstung (an einem versunkenen Fischerboot kann geschnorchelt werden) und Boogie Boards stehen kostenfrei zur Verfügung. Durch den

Wald um die Lagune herum führt ein ca. einstündiger Lehrpfad, der alleine gewandert werden kann. Eine kleine Karte mit Erläuterungen gibt es an der Rezeption.
Sonstiges: Im hauseigenen Spa werden verschiedene Anwendungen zu vernünftigen Preisen angeboten. Ras Kutani ist während der Regenzeit von Mitte März bis Ende Mai geschlossen.
Kinder: sind ab 6 Jahren willkommen.

INFO

89 Im Einklang mit Natur und Mensch – die Chole Mjini Lodge

Auf den ersten Blick mag das Konzept der Chole Mjini Lodge recht einfach sein: **eine nachhaltige und naturnahe Lodge mit geringstmöglichem Einfluss auf die Umwelt**. Die Umsetzung war trotzdem nicht leicht. Denn als Anne und Jean de Villier sich in den 1990er-Jahren an die Umsetzung ihrer Hotelpläne auf Chole Island machten, war es ebenso ihr Anspruch, die lokale Bevölkerung eng einzubinden. Die stellte aber eine Bedingung: Mindestens 90 Prozent der Angestellten mussten aus den Bewohnern der Insel rekrutiert werden. Das klingt einfacher, als es Mitte der 1990er-Jahre war. Denn damals war kaum einer der Einheimischen der englischen Sprache mächtig. Kein geringes Hindernis beim Kontakt mit internationalen Gästen.

Schnell war dem Südafrikaner Jean und der in Kenia aufgewachsenen Anne klar, dass sie den Betrieb ihrer Lodge in einen größeren Rahmen einbetten mussten, um den Hoffnungen und Ansprüchen der lokalen Bevölkerung gerecht zu werden. So starteten die beiden **verschiedene Bildungs- und Ausbildungsprojekte**, um die entsprechenden Rahmenbedingungen zu schaffen. Dabei lief zwar nicht immer alles rund und auch Rückschläge mussten verkraftet werden, die heutigen Ergebnisse sprechen aber für sich: Alle Angestellten mit direktem Gästekontakt sprechen fließend Englisch, der Jahresbericht der Lodge wurde von einer Einheimischen verfasst und mittlerweile gibt es die ersten Universitätsstudenten von Chole Is-

Der Charme von Chole Mjini ist oftmals durchaus rustikal

land. Für Besucher hat die **enge Einbindung der Dorfbewohner** durchaus Vorteile. Denn neben der Unterwasserwelt des Mafia-Archipels bietet sich hier eine authentische und intime Möglichkeit hinter die Kulissen eines Dorfes zu blicken und als Gast der Lodge Teil des Alltags der Menschen zu werden.

Auch für Anne und Jean zahlten sich die Mühen aus. Mit den **ungewöhnlichen Baumhäusern** und der hervorragenden Meeresküche hat sich Chole Mjini im Laufe der Jahre einen sehr guten Ruf erarbeitet und zählt heute zu den individuellsten Unterkünften, die Tansania zu bieten hat. Die sieben Hütten sind hoch in die Bäume gebaut und verfügen über eine Terrasse bzw. eine zweite Etage, die als Lounge dient und eine Aussicht über Mangroven hinweg auf das Meer bietet.

Baumhaus mit Ausblick

Die Baumhäuser sind zu allen Seiten offen, dank der dichten Vegetation und den aus Palmenblättern geflochtenen Dächern aber vor fremden Blicken geschützt. Badezimmer im eigentlichen Sinne gibt es keine: In den Baumhäusern stehen eine Schale, ein kleiner Spiegel

Die Unterbringung erfolgt in luftiger Höhe

und ein Eimer mit Wasser; die Komposttoiletten und die offene Dusche befinden sich am Boden. Für diejenigen, die nachts in der Dunkelheit das Baumhaus für einen Gang zur Toilette nicht verlassen möchten, stehen Eimer zur Verfügung.

Internet: www.cholemjini.com
Preise: ab 250 USD pro Person/DZ mit Vollpension, Schnorchelausflügen und Sandbank- und Sundownerfahrten per Dhow. Tauchausflüge und Walhai-Safaris (jeweils ab ca. 100 USD) können von der Lodge aus organisiert werden. Außerdem empfiehlt sich bei Ebbe eine Wanderung von Chole zur benachbarten Insel Juani in Begleitung eines Guides (ca. 10 USD pro Person).

Sonstiges: Im Jahr 2015 wird die Lodge um drei zusätzliche Suiten in einem restaurierten Kolonialgebäude erweitert. Diese verfügen über en-suite-Badezimmer und Toiletten mit Spülung und bieten eine Alternative für Gäste, die auf einen gewissen Komfort nicht verzichten möchten. Die Lodge ist im April und Mai geschlossen.
Kinder: sind jeden Alters willkommen. In sechs der sieben Baumhäuser befindet sich ein zusätzliches Bett, in dem Kinder schlafen können.

INFO

90   Eine afrikanische Robinsonade – die Fanjove Island Lodge

140 km südlich von Daressalaam und 30 km von der Küste entfernt liegt mitten im Indischen Ozean der aus fünf kleinen Inseln bestehende **Songo-Songo-Archipel**. Umgeben von einem 10 km langen Riff, welches die Inseln vor den Kräften des offenen Ozeans schützt, entwickelte sich hier im Laufe der Zeit ein **sehr artenreicher und vielfältiger Lebensraum**.

So zählen unter anderem seltene Meeresschildkröten, verschiedene Seevögel und mit dem Palmendieb das größte an Land lebende Krebstier der Welt zu den Bewohnern dieser einzigartigen Inselwelt. Eine dieser Inseln ist Fanjove Island, wo lediglich ein von den deutschen Kolonialherren erbauter Leuchtturm daran erinnert, dass hier einmal Menschen lebten.

Wie ein Traum von Südsee an Afrikas Küste: Fanjove Island

Schon die Anreise nach Fanjove ist ein Erlebnis. Per Kleinflugzeug geht es nach Songo Songo. Während des Fluges blickt man auf kleine tropische Inseln, mit denen das Meer gesprenkelt ist. Nach der Ankunft warten bereits Angestellte der Lodge an der Landebahn, um die Gäste zum Bootsanleger zu fahren. Von hier erfolgt über türkisfarbenes Wasser die Überfahrt zur kleinen Insel Fanjove, die ohne Weiteres als Vorlage für eine afrikanische Version von Daniel Defoes „Robinson Crusoe" dienen könnte.

Fanjove ist umgeben vom warmen Wasser des Indischen Ozeans, der dank der umliegenden Riffe viel von seiner Kraft einbüßt, bevor er auf die Insel trifft. Dies bietet nicht nur gute Bade- und Schnorchelbedingungen, sondern auch einen idealen Lebensraum für eine kaum zu beschreibende Unterwasserwelt. Die Ost- und Südküste sind geprägt von weißen Sandstränden, während an der Nord- und Westküste überwiegend raue Kliffe anzutreffen sind.

Relikt des Kolonialismus: der Leuchtturm

Als das Safariunternehmen Essential Destinations vor wenigen Jahren die Genehmigung zum Bau einer Lodge erhielt, war den Verantwortlichen bewusst, dass sie den Einfluss auf die Umwelt so gering wie möglich halten mussten. Zum einen sollte dieses kleine Stück vom Paradies für den Tourismus erschlossen werden, dabei sollte aber auch ein Teil der Einnahmen in den Schutz dieser bis dahin nur wenig berührten Insel reinvestiert werden.

Deshalb wurde die Architektur der Banda-Hütten und des Hauptbereichs der Lodge so gewählt, dass sie mit der Silhouette der Insel verschmelzen und mit ihren natürlichen Baustoffen im Schatten der Palmen so gut wie unsichtbar sind. Die Energieversorgung erfolgt ebenso über Solar-

Naturnah und umweltfreundlich: die Bandas

energie wie die Beheizung des Wassers für die Duschen. Spezielle Wassertanks ermöglichen eine umweltfreundliche Aufbereitung des benutzten Wassers. Von den **strengen Umweltauflagen** bekommen die Gäste auf Fanjove jedoch kaum etwas mit und der Komfort leidet keineswegs.

Jede der nur sechs Bandas bietet sehr viel Platz und verfügt über ein offenes Badezimmer und einen Balkon im ersten Stock. Die **offene Architektur** lässt die Brise des Ozeans durch die Bandas wehen und schafft so eine natürliche Klimatisierung, die selbst im Hochsommer für angenehme Temperaturen sorgt.

Internet: www.ed.co.tz
Preise: ab 340 USD pro Person/DZ mit Vollpension.
Lage: im Indischen Ozean, ca. 30 km östlich von der Küste bei Kilwa entfernt.
Aktivitäten: Kajaks und Schnorchelausrüstung stehen kostenfrei zur Verfügung. Tauch- und Schnorchelausflüge per Boot sind vergleichsweise günstig, die Preise hängen von der Dauer und der Entfernung von der Insel ab (ab 60 USD bzw. 25 USD pro Person). Außerdem kann die Insel in ca. eineinhalb Stunden zu Fuß umwandert werden.
Sonstiges: Fanjove Island ist ganzjährig besuchbar und nur während der Regenzeit im April und im Mai geschlossen. In Kombination mit weiteren Camps von Essential Destinations sind oft günstige Paketpreise möglich.

INFO

91 Symbiose zweier Welten – das Zanzibar Serena Hotel

Das Zanzibar Serena ist ein Wandler zwischen den Welten. Das Hotel liegt etwas abseits des Ortskerns von Sansibar-Stadt, fernab des hektischen Trubels, und erinnert mit seinem schönen Sandstrand und dem Palmengarten mehr an ein Strand- als an ein Stadthotel. Dennoch sind die **engen und belebten Gassen der Altstadt von Stone Town** in nur wenigen Minuten zu Fuß zu erreichen, sodass Gäste zwischen Ruhe und Entspannung auf der einen und Kultur und Historie auf der anderen Seite frei wählen können.

Spielerisch kombiniert das Zanzibar Serena Hotel **Moderne und Tradition**. Das Hotel besteht aus zwei historischen Gebäuden, in denen einst ein chinesischer Arzt residierte. Während einer aufwendigen Restaurierung fand bei der Innenausstattung überwiegend der für Sansibar typische **Swahili-Stil** Berücksichtigung, der **starke arabische Einflüsse** aufweist. So verstrahlt das Innere heute das Flair eines Sansibars längst vergangener Tage. Dennoch muss man auf die Annehmlichkeiten eines zeitgemäßen Hotels mit westlichem Standard nicht verzichten. Jedes der insgesamt 51 Gästezimmer verfügt über eine Klimaanlage und eine Minibar sowie Flachbildfernseher mit Satelliten-TV und eine sehr gute WLAN-Verbindung. Noch vor Kurzem war das Hotel unter dem Namen Sansibar Serena Inn bekannt. Seit einer strategischen Neuausrichtung im Jahre 2014 heißt es Zanzibar Serena Hotel. Außer dem Namen hat sich allerdings nicht viel geändert, das Hotel ist nach wie vor Mitglied der renommierten Auswahl *Small Luxury Hotels of the World* und eine der besten Adressen in Stone Town.

Im Mittelpunkt des palastartig wirkenden Hotels steht die sehr schöne Poolanlage. Von Palmen umsäumt und mit Sonnenliegen ausgestattet, lädt der große Pool mit

Im Inneren dominiert der Swahili-Stil

Trotz seiner Lage in Stone Town ist das Zanzibar Serena Hotel ein Hort der Ruhe

tollem Blick über Strand und Meer zum Entspannen und Abkühlen ein. Zwar wirkt der Strand vor dem Hotel durchaus einladend, zum Schwimmen und Sonnenbaden ist er aber weniger geeignet. Es handelt sich um einen öffentlichen Stadtstrand, an welchem – nicht zuletzt aus Respekt gegenüber der muslimischen Bevölkerung – auf knappe Badekleidung verzichtet werden sollte. Stattdessen verfügt das Hotel mit dem Mangapwani-Strand über einen **privaten Strand**, der ca. 45 Minuten entfernt ist und vom Hotel aus mehrmals täglich kostenfrei angefahren wird. Das Mangapwani-Strandrestaurant sorgt mit internationaler Küche, aber auch frischem Fisch und Meeresfrüchten für die Verpflegung der Gäste, die somit bequem einen ganzen Tag hier verbringen können. Wer lieber im Hotel essen möchte, kann in eines der beiden hoteleigenen Restaurants einkehren, wo mindestens ebenso hohe Qualität geboten wird.

Internet: www.serenahotels.com
Preise: ab 165 USD pro Person/DZ mit Frühstück. Halb- und/oder Vollpension sind auf Anfrage möglich.
Lage: am Westrand von Stone Town, ca. 15 min Fahrzeit vom Flughafen entfernt.
Sonstiges: Diverse Ausflüge, wie z. B. eine Gewürztour, können an der Rezeption gebucht werden. Das Hotel ist ganzjährig geöffnet und verfügt über ein Spa, in dem verschiedene Anwendungen angeboten werden.
Kinder: sind jeden Alters willkommen. Ein Babysitter kann nach vorheriger Anmeldung zur Verfügung gestellt werden.

INFO

92 Wie ein Märchen aus 1001 Nacht – das Zanzibar Palace Hotel

Das mit nur neun Zimmern in drei Kategorien sehr kleine Zanzibar Palace Hotel wurde im Jahr 2006 eröffnet und erarbeitete sich schnell den Ruf, **eines der besten Boutique Hotels in Stone Town** zu sein. Im touristisch ruhigeren Stadtteil Kiponda gelegen, war es das Ziel der holländischen Eigentümer, den arabischen Traum aus 1001 Nacht real werden zu lassen.

Von außen ist das Haus mit dem weißen Anstrich eher unscheinbar, nur die schwere, im für Stone Town typischen Stil geschnitzte Eingangstür lässt erahnen, was sich dahinter verbirgt. Direkt dahinter befindet sich der im Frühjahr 2014 renovierte Eingangsbereich mit Rezeption, Lounge, Bar und Restaurant. Eine kleine Fontäne

unterstreicht die ruhige und entspannte Atmosphäre, die durch einen sehr persönlichen Service in Bar und Restaurant abgerundet wird. Die Bar ist für erstklassige Cocktails, die Küche für hervorragende Mahlzeiten bekannt. **Der Schwerpunkt des Menüs liegt auf Fisch und Meeresfrüchten**, die von einheimischen Fischern bezogen werden. Das im Übernachtungspreis enthaltene Frühstück ist sehr umfangreich und lockt mit hausgebackenem Brot und frischen Früchten.

Klassische Einrichtung und offene Gestaltung prägen die Zimmer

Das Innere des Hauses dominiert ein Atrium, das sich über drei Etagen erstreckt, auf die sich die Zimmer verteilen. Diese wurden allesamt individuell gestaltet und ausgestattet, haben aber dennoch eines gemeinsam: Sie verbinden traditionelle und klassische Elemente mit moderner Ausstattung. Hier finden sich hochwertige und sorgfältig ausgewählte Möbel im typischen Sansibar-Stil, persische Teppiche und dekorative Sei-

Von außen eher unscheinbar, verbirgt sich hinter der geschnitzten Tür eines der besten Hotels Tansanias

dentücher ebenso wie Klimaanlagen, Flachbildfernseher und WLAN-Verbindung. Besonders hervorzuheben sind zwei der Suiten im Obergeschoss des Hauses. Die Dunia Suite (auch Honeymoon Suite genannt) verfügt über ein per Treppe erreichbares 18 m² großes und **offenes Badezimmer mit separatem Sonnendeck auf dem Dach**, von wo aus sich ein herrlicher Blick über Stone Town eröffnet. Die Sherali Suite bietet einen ähnlich beeindruckenden Ausblick bis zum Meer und ein noch größeres, halboffenes Badezimmer, in dessen Zentrum eine große Badewanne steht.

Als Anerkennung für die außergewöhnliche Qualität und als Bestätigung seines guten Rufs wurde das Zanzibar Palace Hotel in den Jahren 2011, 2012 und 2014 als **Tansanias führendes Hotel** ausgezeichnet. Auf diesen Auszeichnungen ruht sich das Hotel allerdings nicht aus. Die Eigentümer sind ständig darauf bedacht, Details zu verändern und zu verbessern. Nicht zuletzt deshalb ist das Zanzibar Palace Hotel eine der besten Adressen in Stone Town und in der Hochsaison oft weit im Voraus ausgebucht.

Die Dunia Suite bietet einen wunderbaren Ausblick über Stone Town hinweg bis zum Meer

Internet: www.zanzibarpalacehotel.com

Lage: im Herzen von Stone Town in Sansibar-Stadt, fußläufig vom Hafen, dem House of Wonders und dem alten Fort entfernt. Zum Flughafen sind es ca. zehn Min. Fahrzeit.

Preise: ab 110 USD pro Person/DZ mit Frühstück. Halbpension und Vollpension sind gegen Aufpreis möglich.

Sonstiges: Vier der Suiten können mit einem zusätzlichen Bett versehen werden. Aktivitäten und Ausflüge können über die Rezeption gebucht werden. Das Hotel verfügt außerdem über ein Spa, welches verschiedene Anwendungen anbietet. Das Haus ist im April für die jährliche Instandsetzung geschlossen.

INFO

93 Ein holländischer Traum – die Unguja Lodge

Ralph und Ellies erging es wie so vielen Reisenden vor ihnen: Sie kamen nach Afrika, konnten dem Reiz dieses Kontinents nicht widerstehen und blieben. Als passionierte Taucher reisten sie 2003 zum ersten Mal nach Unguja, der Hauptinsel des Sansibar-Archipels. Nicht nur die hervorragenden Tauchmöglichkeiten, sondern auch die Menschen, die Atmosphäre und das besondere Flair dieser Insel zogen sie in ihren Bann. In den beiden folgenden Jahren kehrten sie bei jeder Gelegenheit zurück, um die Insel und ihre Küsten besser kennenzulernen. 2005 fanden sie schließlich ganz im **Süden von Unguja bei Kizimkazi** den perfekten Ort für sich. Nach vielen Überlegungen und Diskussionen entschlossen sich die beiden Niederländer, mit ihren drei Kindern nach Sansibar umzusiedeln, um dort ihren Traum von einer eigenen Lodge zu verwirklichen.

Bei den Vorbereitungen trafen sie auf den Slowenen Ivan Sutila, einen auf Sansibar bestens bekannten Architekten, der schon beim Bau vieler Lodges mitgewirkt hat. Nach gemeinsamen Vorstellungen entwickelten die drei ein Design, das maritime Elemente mit denen eines afrikanischen Dorfes kombiniert. Insbesondere die Vorliebe von Ralph und Sohn Thijs für Muscheln fand einen starken Niederschlag. Neben der **außergewöhnlichen Architektur** wurde beim Bau der Lodge vor allem auf eines Wert gelegt: viel Platz. Statt einer Vielzahl von Zimmern wurden insgesamt nur zwölf Villen gebaut, die diesen Namen auch zu Recht tragen. Nicht nur sind die zweistöckigen Gebäude sehr groß, auch der Abstand zwischen den Villen ist weitläufig genug, um eine ungestörte Privatsphäre zu ermöglichen.

Die zwölf Villen sind großzügig verteilt

Große Rollen spielen außerdem ökologische Nachhaltigkeit und der Einbezug der lokalen Bevölkerung. So wurden überwiegend Materialien verwendet, die auf Sansibar erhältlich sind, und der Bau der Lodge wurde von einheimischen Fundis (gleichzusetzen mit einem Handwerksmeister) durchgeführt. Ralph und Ellies unterhalten engen Kontakt zu den umliegenden Dörfern. Einige der Einheimischen arbeiten in der Lodge, andere beliefern sie mit lokal erzeugten Produkten.

Beim Bau der Lodge sollte der Einfluss auf Flora und Fauna so gering wie möglich gehalten werden, was zu teils eigenwilligen und sehr charmanten Lösungen geführt hat. So wurden etwa drei der Villen direkt **um Baobab-Bäume herum gebaut**, anstatt diese zu fällen. Die ansässige Tierwelt (viele Vögel und eine seit Generationen hier lebende Familie von Weißkehlmeerkatzen) hatte sich schnell an die neuen Bedingungen gewöhnt und ist heute ein wichtiger Bestandteil der Lodge.

Die Unguja Lodge hat sich in den letzten Jahren auch einen Ruf als **sehr familienfreundliche Unterkunft** erarbeitet; zum einen durch die beiden Familienvillen, vor allem aber durch die ungewöhnliche Preispolitik. Die Kindertarife gelten bis einschließlich 18 Jahre und alle Kinder zwischen zwei und 18 Jahren zahlen in Begleitung beider Eltern nur 50 Prozent des regulären Preises, während Kleinkinder unter zwei Jahren kostenlos übernachten.

Vor der Lodge liegt das offene Meer – und ein hauseigenes Riff

Nicht nur das Meer, auch der Pool lädt zum Baden ein

Internet: www.ungujalodge.com
Preise: ab 210 USD pro Person/DZ mit Halbpension. Gegen Aufpreis auch Vollpension möglich.
Lage: im Südosten der Insel, ca. eine Stunde Fahrzeit ab Sansibar Flughafen und Stone Town.
Sonstiges: Unguja verfügt als einzige Lodge auf Sansibar über ein hauseigenes Riff direkt vor der Haustür und über ein eigenes Tauchcenter, welches auch Tauchkurse und Schnorchelausflüge anbietet. Darüber hinaus werden weitere Ausflüge wie z. B. eine Gewürztour oder der bei Familien beliebte Safari-Blue-Ausflug angeboten.

INFO

94 Kleinod an Sansibars Ostküste – Anna of Zanzibar

Zu Zeiten der britischen Kolonialherrschaft herrschte im Indischen Ozean ein reger Handelsverkehr zwischen Sansibar, dem Mittleren Osten und Indien. Viele arabische und asiatische Händler machten Sansibar zu ihrer zweiten Heimat und legten dadurch den Grundstein eines **geschäftigen Handelslebens und einer Verschmelzung der Kulturen, die bis heute den Alltag vieler Sansibaris bestimmen**. In dem Gemisch aus Sprachen, Waren und Menschen zirkulierten unterschiedliche Währungen, darunter auch eine Münze namens Anna, womit ursprünglich eine Untereinheit der indischen Rupie bezeichnet wurde.

Als die Betreiber der Lodge Anna of Zanzibar sich auf der Suche nach einem Namen befanden, stießen sie auf dieses Detail in der vielfältigen Geschichte Sansibars. Zufälligerweise trug die Patentochter der Direktoren ebenfalls den Namen Anna. Also nannten sie ihr Hotel Anna of Zanzibar – zu Ehren des Mädchens und in Erinnerung an die Münze, die so symbolhaft für den kulturellen Reichtum Sansibars steht.

Die Geschichte Sansibars spiegelt sich aber nicht nur im Namen, sondern auch in der Ausstattung der Lodge wider. Neben eleganten Möbeln aus der Kolonialzeit repräsentieren farbenfrohe afrikanische und arabische Stoffe und altes portugiesisches Porzellan die **kulturelle Vielfalt, für die Sansibar so bekannt ist**. Gleichzeitig finden sich aber auch viele moderne Elemente wie klimatisierte Schlaf-

Kulisse für die Traumhochzeit

Die Innenausstattung ist farbenfroh und dennoch elegant

zimmer und WLAN in den Villen sowie ein Fernsehraum mit großem Flachbildfernseher im Hauptgebäude.

Mit nur fünf Villen zählt die Lodge zu den kleinsten auf Unguja. Eingebettet in eine tropische Gartenanlage mit einem großen Pool und freier Sicht auf den weißen Sandstrand und den Indischen Ozean liegen die Gebäude weit voneinander entfernt. Jede Villa besteht aus einem großen Schlafzimmer mit separater Ankleide, einem Wohnzimmer sowie einem großen Badezimmer und einer privaten Veranda. Auf Wunsch wird auf dieser auch das Essen serviert, denn was die Mahlzeiten betrifft, zeigt Anna of Zanzibar größtmögliche Flexibilität und die **Gäste können selber bestimmen, wann und wo sie essen möchten**.

Als besonderen Service bietet Anna of Zanzibar auch die komplette **Organisation von Hochzeiten** an. Hierfür bietet die Lodge mit dem von Palmen gesäumten Privatstrand nicht nur einen sehr **idyllischen Rahmen**, sondern übernimmt auch die komplette Planung inklusive aller Formalitäten. Das umfasst nicht nur Details wie Musik, Dekoration, Menü, Blumenarrangements, Fotograf, Haarstylist etc., sondern auch die bürokratische Seite. So veranlasst die Lodge unter anderem die Legalisierung der Zertifikate bei der deutschen Botschaft, sodass die Eheschließung auch zuhause anerkannt ist.

Internet: www.annaofzanzibar.com
Preise: ab 260 € pro Person/DZ all inclusive (außer importierte Weine und Spirituosen). Bei längeren Aufenthalten gibt es oft Sonderpreise, z. B. vier Nächte zum Preis von dreien.
Lage: an der Ostküste Ungujas, zwischen Paje und Ras Michamvi, ca. eine Stunde von Stone Town und dem Flughafen entfernt.
Sonstiges: Es gibt einen kleinen Souvenirshop mit einer Auswahl einheimischer Handarbeiten und ein Spa. Außerdem gibt es ein Teleskop zur Betrachtung des Sternenhimmels bei Nacht. Wie auf Sansibar üblich, können über die Lodge viele Ausflüge gebucht werden.
Kinder: jeden Alters sind gerne gesehen. In drei Villen ist jeweils auch das Wohnzimmer klimatisiert und lässt sich in ein weiteres Schlafzimmer für zwei Personen umwandeln.

INFO

95 Tief im Osten – die Seasons Lodge Zanzibar

Während inzwischen viele Lodges, Hotels und Resorts zu größeren Unternehmen gehören, ist die Seasons Lodge Zanzibar **eine der immer weniger werdenden inhabergeführten Lodges in Sansibar**. Mit ihr hat sich Michael Clarke, der als Sohn eines irischen Paares in Uganda geboren wurde, seinen Traum von einer eigenen Lodge erfüllt. Erst 2011 eröffnet, gehört die Seasons Lodge in der Nähe des Dorfes Pongwe auf Unguja zu den neueren Unterkünften Sansibars.

Nicht nur bei Ebbe bietet der Pool eine ausgezeichnete Alternative zum Meer

Die Lodge befindet sich auf einem kleinen Kliff und verfügt über insgesamt zehn Zimmer. Drei davon befinden sich als klassische Doppelzimmer im ersten Stock des Hauptgebäudes und eignen sich aufgrund der Nähe zueinander vor allem für Familien. Das Herzstück sind allerdings die sieben freistehenden Cottages, die sich in separaten Parzellen befinden und viel Ruhe und Abgeschiedenheit bieten. Jede dieser Parzellen hat seinen eigenen kleinen tropischen Garten und privaten Strand. Die Cottages wurden in viel liebevoller Detailarbeit errichtet und fast ausschließlich mit

Die Sonne über Sansibar sorgt für faszinierende Schattenspiele

örtlichen Materialien gebaut. Den Eingang zieren **schwere und über 100 Jahre alte Türen im traditionellen Sansibar-Stil**. Durch die direkte Lage am Meer weht durch die Zimmer und Cottages immer eine erfrischende Brise, die für eine natürliche Klimatisierung sorgt. Und sollte der Wind doch einmal ausbleiben, brin-

gen große Decken-
ventilatoren über
den Betten Abküh-
lung während der
Nacht.

Wie für die Ostküs-
te Sansibars typisch
sind die Unterschie-
de zwischen den
Gezeiten recht
groß. Bei Flut kann
man im Meer baden
(es gibt drei Zugän-
ge zum Meer), wäh-
rend der Ebbe sorgt
der erste solarbe-
triebene Pool Sansi-
bars für Erfrischung.
Dann sind auch Spa-
ziergänge am endlos
langen Strand mög-
lich, bei denen sich
in verschiedenen
Wasserbecken und
entlang des Kliffs ei-
nige Meeresbewoh-
ner beobachten las-
sen. Für aktive Gäs-
te stehen Mountain-
bikes und Kajaks zur
Verfügung, außer-
dem hat die Lodge
ein eigenes Boot mit
Schnorchelausrüs-
tung für Ausflüge zu

Frühstück am Meer

Die Zimmer sind angenehm luftig

nahegelegenen Riffen. Ergänzt wird das umfangreiche Angebot um eine **tolle
Cocktail-Strandbar**, eine moderne Lounge im Hauptgebäude mit Flachbild-TV,
WLAN und Bar sowie freundlichen Service und internationale Küche.

Internet: www.seasonszanzibar.com
Preise: ab 165 USD pro Person/DZ mit
Frühstück. Halbpension und
Vollpension sind auf Anfrage möglich.
Sonstiges: weitere Ausflüge z. B. nach
Stone Town oder zum Jozani-Forest-
Nationalpark können von der
Rezeption ebenso vermittelt werden

wie Transfers zum ca. 40 km entfernt
liegenden Flughafen. Im tropischen
Garten der Anlage werden viele
Nutzpflanzen wie z. B. Ananas, Papaya
und verschiedene Kräuter für den
Eigenbedarf angebaut. Die Angestell-
ten zeigen Gästen gerne, wie diese
Pflanzen aussehen.

INFO

96 Im Osten geht die Sonne unter – das Michamvi Sunset Bay Resort

Sonnenuntergänge an der Ostküste. Das klingt zunächst paradox. Doch im Osten von Unguja ragt die kleine Halbinsel Michamvi hervor, an deren Westseite sich das Michamvi Sunset Bay Resort befindet – und wo sich die vielleicht **schönsten Sonnenuntergänge Sansibars** zeigen.

Neben der Lage zeichnet sich Michamvi durch Liebe zum Detail, erstklassigen Service und eine sehr familiäre Atmosphäre aus. Unter Leitung des Südafrikaners Brad Cousins hat sich das kleine Resort zu einer der besten Adressen an der Ostküste Ungujas entwickelt, gilt aber immer noch als Geheimtipp. Aufgrund der Herkunft von Eigentümern und Manager ist Michamvi in der Vergangenheit vor allem bei Südafrikanern sehr beliebt gewesen, erfreute sich aber auch bei Deutschen steigender Beliebtheit. Um dieser Entwicklung Rechnung zu tragen, wurde mit Simone Galle eine **deutsche Managerin** eingestellt, um so sprachliche Barrieren zu überwinden.

Der Pool bildet das Herzstück des Hotels

Die Bezeichnung „Resort" ist ein wenig irreführend, denn mit nur 20 Zimmern ist Michamvi eher ein Boutique Hotel. Die Zimmer verteilen sich auf vier zweistöckige Gebäude und haben entweder eine kleine Terrasse oder einen Balkon, jeweils mit Blick auf das Meer und den ungewöhnlich großen Pool. Anders als in vielen anderen Hotels auf Unguja sind die Zimmer eher modern statt traditionell eingerichtet und verfügen z. B. über Klimaanlagen. An den mit modernsten Armaturen ausgestatteten Badezimmern sind vor allem die großen Doppelduschen hervorzuheben.

Auch von außen überzeugt die kleine Anlage. Die Gebäude sind hell gestrichen und in sehr gutem Zustand. Das zu zwei Seiten offene Restaurant mit Bar ist eher rustikal gehalten und hat einen ganz eigenen Charme. Oft enden die Abende hier damit, dass die Tische zusammengeschoben werden und Gäste und Manager gemeinsam an einer großen Tafel den Tag ausklingen lassen. Die kleine Gartenanlage ist sehr gepflegt und geht direkt in den **privaten Strand** über, der von Palmen gesäumt ist. Der Pool ist nicht nur ein idealer Badeersatz, wenn sich das Meer bei

Der private Strand ist der perfekte Ort, um traumhafte Sonnenuntergänge zu beobachten

Ebbe weit zurückgezogen hat, sondern auch der Mittelpunkt der Anlage: zum einen, weil die meisten Wege am Pool verlaufen und zum anderen, weil um den Pool herum auch oft die Abendessen stattfinden. Unter freiem Sternenhimmel, bei dezenter Pool-Beleuchtung und einer leichten Meeresbrise ist dies der ideale Ort für **ausgiebige Grillabende** oder Büffets aus Fisch und Meeresfrüchten.

Die besondere Atmosphäre von Michamvi ist nicht nur auf die sehr zuvorkommenden Manager zurückzuführen. Die Angestellten stammen überwiegend aus dem gleichnamigen Dorf und profitieren somit direkt vom Tourismus. Darüber hinaus fördert und unterstützt Michamvi verschiedene Projekte im Dorf, um den Menschen eine Perspektive zu bieten – und um auch langfristig dieses **besondere familiäre und persönliche Flair** vermitteln zu können, für das Michamvi von den Gästen so geschätzt wird. Denn ohne zufriedene und motivierte Angestellte ist dies nicht möglich.

Internet: www.michamvi.com
Preise: ab 170 USD pro Person/DZ mit Halbpension.
Aktivitäten: Schnorchelausrüstung und Kanus stehen kostenlos zur Verfügung. Gegen Aufpreis sind Angel- und Bootsausflüge mit dem hauseigenen Motorboot möglich. Seit November 2014 gibt es ein Spa, das verschiedene Anwendungen anbietet.

Sonstiges: Drei- und Vierbettzimmer sind möglich, letztere allerdings nur für Familien mit Kindern. Vier der 20 Zimmer haben statt einer Doppeldusche eine Badewanne.
Kinder: sind ab 4 Jahren willkommen. Bis 12 Jahre übernachten Kinder kostenfrei im Zimmer der Eltern und zahlen nur eine Pauschale für das Essen in Höhe von 15 USD.

INFO

97 Rustikaler Charme und Barfuß-Atmosphäre – die Matemwe Lodge

Die Geschichte der Matemwe Lodge beginnt vor 20 Jahren mit der Ankunft zweier schwedischer Schwestern auf Unguja. Die beiden waren auf der Suche nach dem idealen Standort für ihre eigene Traumlodge und durchkämmten dabei die Insel.

Stimmungsvolle Abendbeleuchtung

Schließlich kamen sie nach Matemwe und verliebten sich sofort in diesen kleinen, abgelegenen Ort **mit feinem Sandstrand und felsigen Abschnitten aus Korallenstein**.

Das bei Tauchern beliebte Mnemba Island, das als eines der besten Tauch- und Schnorchelreviere an der Ostküste Afrikas gilt, liegt gegenüber und ist per Boot schnell zu erreichen. Genau hier setzten die beiden Schwestern den Grundstein für etwas, was heute zu den schönsten Hotels von Sansibar zählt.

Die Wahl des Ortes stellte sich im Laufe der Zeit als Glücksgriff heraus. Denn während andere Teile Sansibars einen rapiden Zuwachs erlebten, ist die Anzahl der Lodges in Matemwe nach wie vor überschaubar. Das Leben der Menschen hier hat sich durch den Tourismus zwar verändert, aber nach wie vor bestimmen die Fischerei und das Ernten von Seegras ihren Alltag. So hat sich in Matemwe bis heute der Charme von vor 20 Jahren erhalten.

Damals wie heute war es den Betreibern der Lodge wichtig,

Gegenüber ist ein beliebtes Tauchrevier – man kann aber auch einfach liegenbleiben

Urlaub in der Postkartenidylle

mit der lokalen Bevölkerung Hand in Hand zu arbeiten. Viele Fische und Meeres-früchte, die den Gästen im offenen Restaurant mit Blick auf das Meer serviert wer-den, kommen **fangfrisch von den Fischern aus dem Dorf**. Als Pionier in Sa-chen Tourismus in Matemwe half die Lodge beim Aufbau einer Infrastruktur, so-dass das Dorf heute über eine eigene Trinkwasserversorgung, Elektrizität und eine Schule verfügt.

Mit nur zwölf Chalets in eher rustikaler Bauweise ist die Matemwe Lodge ein ech-tes Boutique Hotel und bietet viel Privatsphäre und persönlichen Service. Die Cha-lets liegen in einer Reihe direkt am Meer und sind auf den Ausläufern eines alten Riffes gebaut. Die Einrichtung der Chalets ist dezent, aber stilvoll und verfügt über viele traditionelle sansibarische Elemente. Auf der überdachten Veranda befindet sich eine Hängematte, von wo aus in fast schon kitschiger Postkartenidylle vorbei-ziehende Fischerboote auf dem türkisschimmerndem Wasser beobachten werden können.

Internet: www.asiliaafrica.com
Lage: an der Nordostküste von Unguja, ca. 60 min von Stone Town und 75 min vom Flughafen entfernt.
Preise: ab 340 USD pro Person/DZ mit Vollpension und lokalen Getränken. Geführte Wanderungen entlang des Riffes bei der Lodge und in das Dorf sind kostenfrei, ebenso die Nutzung von Kajaks und Schnorchelausrüstung; Schnorchel- und Tauchausflüge zu Mnemba Island kosten ab 30 USD pro Person, abhängig von Art und Dauer.

Sonstiges: Die Chalets wurden im September 2013 komplett renoviert und neu ausgestattet. Zwei der Chalets (Nr. 8 und 9) sind zusätzlich mit einem kleinen Pool auf der Veranda ausgestattet. In der gesamten Lodge ist WLAN verfügbar.
Kinder: sind ab 5 Jahren willkommen. Sechs Chalets sind mit einem weiteren Doppelbett ausgestattet und hervorragend für Familien geeignet.

INFO

98 Die Wiederentdeckung des Paradieses – das Kilindi Resort

Seinen Namen verdankt das Kilindi Resort den tiefen Meeresbuchten (*Kilindi* bedeutet Tiefe in Swahili), seine Existenz der Popgruppe ABBA. Ursprünglich wurde das Hotel für Benny Andersson design, einen der vier Mitglieder der schwedischen Band. Die besondere Bauweise vereint **schwedischen Minimalismus mit einer ausdrucksvollen, arabisch geprägten Architektur** und gilt als perfek-

tes Beispiel für die Verschmelzung unterschiedlicher Kulturen und Stile. Obwohl Kilindi erst 2009 eröffnet wurde, fand bereits 2011 nach einem Inhaberwechsel die erste Renovierung statt. Das in Ostafrika renommierte Safariunternehmen Elewana reduzierte die Anzahl der Pavillons auf 15 und änderte das Konzept – mit Erfolg, denn heute gilt Kilindi als eines der besten Hotels im Sansibar-Archipel.

Kilindi liegt an der Nordwestküste von Unguja, zwischen den Orten Kendwa und Nungwi. Und während es auf Sansibars Hauptinsel sonst vielerorts allmählich eng wird, können sich die Gäste von

Schwedische Schlichtheit trifft auf sansibarische Opulenz

Kilindi über mangelnden Platz nicht beklagen. Die sehr weitläufige Anlage befindet sich in einem 20 Hektar großen tropischen Garten mit einem 500 m langen Strandabschnitt. Das nächste Hotel ist mehr als einen Kilometer entfernt. Während des Aufenthalts brauchen Gäste die sehr geräumigen Pavillons (jeder ist über 200 m² groß!) dank eines privaten Butler-Service im Grunde genommen nicht ein-

Weitläufig verstreut fügen sich die Pavillons harmonisch in die Landschaft ein

mal für die Mahlzeiten zu verlassen. Die Pavillons sind harmonisch in die Anlage integriert und vermitteln das **Gefühl, sich in einem privaten Garten zu befinden**, welcher keine Blicke von außen zulässt. Nicht zuletzt deshalb ist Kilindi ein Paradies für Hochzeitsreisende.

Durch die Hanglage des Gartens bieten sich von jedem Pavillon und dem Hauptbereich des Resorts spektakuläre Ausblicke auf den Strand und das Meer und – untypisch für die Ostküste Afrikas – tolle Sonnenuntergänge. Der Weg zum Strand verläuft durch das dichte Grün des Gartens und mit ein bisschen Glück lassen sich verschiedene Vogelarten und sogar Nilwarane beobachten. Wer den Weg zum Strand

scheut, kann sich genauso gut im **großen Pool oder an der Wasserfall-Bar** mit einem kühlen Getränk erfrischen. Der Hauptbereich zeichnet sich durch viel Platz und ein reduziertes, aber luxuriöses Interieur aus und fügt sich mit seinen hellen, cremefarbenen Steinen perfekt in das Gesamtbild von Kilindi ein.

Die einzelnen Pavillons sind nicht nur flächenmäßig sehr groß, sie beeindrucken auch durch die Art und Weise ihrer Gestaltung. Jeder Pavillon verfügt über ein **Kuppeldach mit Oberlicht**

Mehr Platz ist kaum möglich: Jeder Pavillon verfügt über einen Nebenpavillon mit eigenem Pool

und besteht aus einem Schlafzimmer mit angeschlossenem Bad und einem kleinen Pool. Ergänzend gibt es ein Sonnendeck und zusätzlich einen kleinen separaten Pavillon, in dem sich eine kleine Lounge befindet. Neben der offenen Bauweise, die eine natürliche Klimatisierung ermöglicht, sorgt ein modernes und umweltverträgliches Wasserleitsystem für eine angenehme Temperatur im Inneren.

Internet: www.kilindi.com
Preise: ab 650 USD pro Person/DZ mit Vollpension und lokalen Getränken; gegen Aufpreis können Tagesausflüge gebucht werden. Es werden immer wieder verschiedene Langzeit-Sonderpreise angeboten, z. B. sieben Nächte zum Preis von fünf.
Sonstiges: Das sehr schön gestaltete Kilindi Spa bietet verschiedene Massagen und Wellnessbehandlungen in traumhaftem Ambiente an. Trotz der Größe ist es nicht möglich, die Pavillons zu dritt zu nutzen. Allerdings ist einer der Pavillons mit zwei Schlafzimmern für max. vier Personen ausgestattet. Im Hauptbereich gibt es ein kleines Kino mit 15 Plätzen.
Kinder: Kilindi ist für Familien nicht geeignet; das Mindestalter beträgt 16 Jahre.

INFO

99 Privates Ökoparadies im Indischen Ozean – Chumbe Island

Chumbe ist eine kleine private Insel im Indischen Ozean vor der Westküste Sansibars. Die Insel **ist als Naturreservat ausgezeichnet**, welches aus drei Teilen besteht: einem Unterwasserpark, einem Korallenriff-Schutzgebiet und einem Waldreservat. Hier haben Gäste die Möglichkeit, auf eigene Faust oder gemeinsam mit einem lokalen Ranger auf Erkundung zu gehen – an Land können mit ein wenig Glück und Geduld eine interessante Vogelwelt, der Palmendieb (das größte an Land lebende Krustentier) oder der Sansibar-Ducker (eine der kleinsten und seltensten Antilopenarten) beobachtet werden. Unter Wasser warten verschiedene große und kleine Fischarten und einer der schönsten Korallengärten vor der Ostküste Afrikas auf den Besuch von Schnorchlern. Bei Ebbe gibt das Meer verschiedene Pfade entlang des Flutsaumes frei und in Wasserlöchern und zwischen den Mangroven wimmelt es nur so von verschiedenen Meeresbewohnern. Der über 100 Jahre alte Leuchtturm, der im Ersten Weltkrieg eine wichtige Rolle spielte, sowie die einzige Moschee indischer Bauart im Sansibar-Archipel sorgen dafür, dass auch die Historie auf Chumbe nicht zu kurz kommt.

Ob über oder unter Wasser, Chumbe ist ein kleines und schützenswertes Naturparadies. Um das fragile Ökosystem nicht zu gefährden, **ist die Besucherzahl streng limitiert**. Mehr als 14 Gäste dürfen sich nicht zeitgleich auf der Insel aufhalten und dementsprechend ist die kleine Lodge auf Chumbe auf sieben Bandas beschränkt. Nicht nur die Bandas, auch der Hauptbereich wurde nach den neuesten Standards der Öko-Architektur unter Federführung von Architekten der TU Braunschweig geplant und gebaut: Strom und Wärme werden über Solarenergie gewonnen, Regenwasser wird gesammelt und gefiltert und Abwasser wird durch verschiedene Beete geleitet und dort wiederum gefiltert. Statt einer Kanalisation gibt es umweltfreund-

Chumbe Island bildet ein geschütztes Paradies vor den Küsten Sansibars

Die Zeiten, in denen Öko Verzicht bedeutete, sind zwar vorbei, rustikal geht es auf Chumbe dennoch zu

Chumbe ist Heimat einer vielfältigen Tierwelt

liche Komposttoiletten. Um den tropischen Temperaturen zu trotzen, sind die Bandas offen und zum Meer hin konstruiert, damit auch hier der Wind für eine beständige Luftzirkulation dient.

Öko-Architektur bedeutet aber nicht, dass Gäste auf Komfort oder eine stilvolle Einrichtung verzichten müssen. Die Bandas wurden so geplant, dass den Gästen viel Platz zur Verfügung steht. In der ersten Etage befinden sich die Schlafzimmer und im Erdgeschoss der große Aufenthaltsbereich mit Hängematten, handgefertigten Möbelstücken und Kunstgegenständen sowie farbenfrohe Stoffen, die typisch für Sansibar sind. Und das Öko auch längst nicht mehr bedeutet, dass man auf gutes Essen verzichten müsste, ist ja hinlänglich bekannt. **Die Küche ist typisch sansibarisch und kombiniert indische, arabische und afrikanische Einflüsse**. Meeres- und Tropenfrüchte prägen die Speisekarte ebenso wie heimische Gemüse- und Gewürzsorten.

Internet: www.chumbeisland.com
Preise: ab 260 USD pro Person/DZ mit Vollpension, nichtalkoholischen Getränken, Aktivitäten (geführte Wanderungen und Schnorchelausflüge) und Boottransfers ab/bis Unguja.
Tagestouren: Wenn die Lodge nicht ausgebucht ist, können auch Tagesgäste von Unguja die Insel besuchen. Der Tagesbesuch kostet ca. 100 USD pro Person und beinhaltet u. a. Transfers und Mittagessen. Er kann allerdings nicht vorab reserviert, sondern nur vor Ort und ca. zwei Tage im Voraus gebucht werden.
Sonstiges: Solarbetriebenes WLAN ist um das Büro der Manager verfügbar. Die Lodge ist während der Regenzeit im April und Mai geschlossen.
Kinder: jeden Alters sind willkommen.

INFO

100 Privater Tropentraum vor Sansibars Ostküste – die Mnemba Island Lodge

Das Safariunternehmen AndBeyond ist für Lodges der Extraklasse an exponierten Standorten bekannt, aber auch für Engagement in Hinblick auf Naturschutz und Nachhaltigkeit. Beides können Besucher der Mnemba Island Lodge erleben, die nordöstlich von Sansibars Hauptinsel Unguja auf der gleichnamigen Insel Mnemba liegt.

Mnemba Island ist umgeben von dem **als Meeresschutzgebiet ausgewiesenen Mnemba-Atoll**, eines der besten Tauchreviere an der tansanischen Küste. Die Korallenriffe des Atolls sind Heimat einer Vielzahl von großen und kleinen Fischarten, im tieferen Wasser sind Delfine, Haie und zu bestimmten Zeiten auch Walhaie und Buckelwale anzutreffen. Die Insel selber ist Nistplatz der stark bedrohten Grünen Meeresschildkröte und zahlreicher Vogelarten. In den Wäldern der Insel leben zudem die beiden Zwergantilopenarten Suni (Schulterhöhe: bis zu 40 cm) und der vom Aussterben bedrohte Sansibar-Ducker. In der Nähe der vielen Kokosnusspalmen sollte nach einem Palmendieb Ausschau gehalten werden, dem größten an Land lebenden Krebstier.

Neben den beeindruckenden natürlichen Voraussetzungen ist das Besondere an Mnemba Island, dass es eine **private Insel** ist, dessen Nutzungsrecht AndBeyond gepachtet hat. Außer den maximal 20 Gästen und den Angestellten der Lodge darf

Auf Mnemba hat man die Insel fast für sich allein

niemand die Insel betreten – **mehr Exklusivität ist kaum möglich**.

Die Unterbringung der Gäste erfolgt in landestypischen Bandas, für die eine offene Bauweise und mit geflochtenen Palmwedeln bedeckte Dächer charakteristisch sind. Viel Platz und eine rustikal-komfortable Ausstattung, geprägt von hellen und warmen Farben, gepaart mit traditionellen Schnitzereien, zeichnen das Interieur der Bandas aus. Statt auf übertriebenen Luxus wird viel Wert auf eine **zwanglose Barfuß-Atmosphäre ohne Dresscode** gelegt. Die Bandas liegen direkt am Strand und verfügen über eine Veranda mit freiem Blick auf das Meer, das stets nur wenige Schritte entfernt ist. Der Hauptbereich der Lodge unterstreicht die lässige Atmosphäre.

Eine weitere Besonderheit auf Mnemba Island ist die **hohe Flexibilität der Lodge**. Nicht nur in Hinblick auf ihre Aktivitäten, sondern auch bei den Mahlzeiten können die Gäste ihren Tagesablauf frei bestimmen. Ob Schnorcheln, Tauchen oder Relaxen, ob Frühstück auf der eigenen Veranda oder Abendessen direkt am Strand – das Personal der Lodge macht es möglich. Darüber hinaus ist die Lodge bestrebt, die Auswirkungen auf die sensible Umwelt so gering wie möglich zu halten. So wird der Großteil des Wasserbedarfs der Lodge durch die Entsalzung von Meerwasser gedeckt, der Strom stammt aus Solarenergie.

Geräumig und lässig: die Mnemba Island Lodge

Entspannen im privaten Paradies

INFO

Internet: www.andbeyond.com
Preise: ab 790 USD pro Person/DZ mit Vollpension, lokalen Getränken und Aktivitäten (u. a. zwei PADI-Tauchgänge pro Tag, Schorcheln, Sundowner-Fahrt mit einer Dhow und Fliegenfischen).

Sonstiges: Die Lodge ist ab der zweiten Aprilwoche bis zur letzten Maiwoche geschlossen.
Kinder: Ein Mindestalter von 8 Jahren wird empfohlen, wobei auch jüngere Kinder willkommen sind. Es kann maximal ein Kind bis 16 Jahre im Zimmer der Eltern untergebracht werden.

101   Musterbeispiel für nachhaltigen Tourismus – die Pemba Lodge im Sansibar-Archipel

Der Weg ins Paradies

Es ist kein leichter Weg bis zur Pemba Lodge. Er beginnt auf der Insel Pemba und endet auf Shamiani Island. Denn anders als der Name der *Eco Lodge* vermuten lässt, befindet sie sich nicht auf Pemba selbst, sondern **auf einer kleinen Insel etwas weiter südlich**. Vom Flughafen in Chake Chake fährt man gute 45 Minuten zu einem kleinen Fischerhafen an der Südspitze von Pemba. Die Fahrt durch das Landesinnere, vorbei an dichten Wäldern und Nelkenplantagen, macht deutlich, warum Pemba den Beinamen „Grüne Insel" trägt.

Am Hafen wartet bereits das Team der Lodge mit einem traditionellen (wenn auch motorisierten) Boot für die ca. 30-minütige Überfahrt nach Shamiani. Nicht selten passieren heimkehrende Fischer während der Überfahrt das Boot und gelegentlich kauft der Kapitän noch fangfrischen Fisch oder Meeresfrüchte für das Abendessen ein. Abhängig von den Gezeiten steht nach der Ankunft auf der Insel noch ein zehn- bis 20-minütiger Spaziergang durch Felder und Farmland an. Denn nur bei Hochwasser ist es möglich, mit dem Boot direkt bis an die Lodge zu fahren. Die Mühen der Anreise lohnen sich aber, denn **der feine weiße Sandstrand direkt vor der Lodge** gehört zu den schönsten, die Tansanias Küsten zu bieten haben.

Das Konzept des Inhabers Nassor Ali, der auch auf Unguja eine kleine Lodge betreibt, beruht auf Nachhaltigkeit, der einzigen Möglichkeit, an einem so abgelegenen Ort dauerhaft und erfolgreich Tourismus zu betreiben. Ein wichtiger Aspekt ist der **Natur- und Umweltschutz**, da in einem so unberührten

Die Anreise zu Pembas Nachbarinsel Shamiani ist nicht leicht, aber sie lohnt sich

Gebiet bereits kleinste Eingriffe große Auswirkungen haben können. Aus diesem Grund bestehen die Bungalows nur aus lokalen Materialien und verfügen über Regenwasser-Duschen, Komposttoiletten und solarbetriebene Lampen.

Der zweite, genauso wichtige Aspekt ist die Einbeziehung der lokalen Bevölkerung. Die Angestellten sind Einheimische und wurden von Nassor persönlich ausgebildet. Sämtliche frische Produkte wie Obst, Gemüse, Fisch und Meeresfrüchte werden von **lokalen Bauern und Fischer** bezogen. Den Menschen auf Shamiani ist anzumerken, dass sie von der Lodge profitieren. Denn auch wenn sie nicht perfekt Englisch sprechen und es ab und an Kommunikationsprobleme gibt: Das Lächeln und die Herzlichkeit den Gästen gegenüber sind echt.

Direkt am Strand liegt die Pemba Lodge

Internet: www.pembalodge.com
Preise: ab 165 USD pro Person/DZ mit Vollpension und nicht-alkoholischen Getränken.
Aktivitäten: Kajaks und Schnorchelausrüstung stehen kostenfrei zur Verfügung, Tauch- und Angelausflüge können gegen Aufpreis vor Ort arrangiert werden. Die Insel lässt sich auch hervorragend zu Fuß erkunden (festes Schuhwerk empfohlen). Ein Besuch im Fischerdorf bietet eine tolle Gelegenheit, die Lebensweise der lokalen Bevölkerung kennenzulernen.
Sonstiges: Neben fünf baugleichen Bungalows gibt es einen Familienbungalow mit drei Schlafzimmern und Platz für bis zu sechs Personen. Bei einer Kombination von Pemba Lodge und der Schwesterlodge Mnarani Beach Cottages (http://www.mnarani-beach-cottages.com) auf Unguja sind Paketpreise möglich.
Kinder: sind jeden Alters willkommen.

INFO

Anhang

Steckbrief Tansania

Geografische Lage:	an der Ostküste Afrikas zwischen Indischem Ozean und den großen Seen Viktoria- und Tanganjikasee und südlich des Äquators gelegen. Die Küstenlinie umfasst ca. 1.424 km (ohne die Inseln) und erstreckt sich von Mosambik im Süden bis Kenia im Norden.
Anrainerstaaten:	Kenia und Uganda im Norden; Ruanda, Burundi und Demokratische Republik Kongo im Osten; Sambia, Malawi und Mosambik im Süden.
Fläche:	945.166 km², davon sind ca. 25 % als Nationalparks und Schutzgebiete ausgewiesen.
Städte:	Dodoma (ca. 420.000 Einwohner) ist die Hauptstadt des Landes. Der Regierungssitz befindet sich allerdings in Daressalaam, das mit ca. 4,5 Millionen Einwohnern nicht nur die größte, sondern auch wirtschaftlich wichtigste Stadt in Tansania ist. Weitere bedeutende Städte sind Mwanza (ca. 725.000 Einwohner) am Viktoriasee und Arusha (ca. 450.000 Einwohner), das als Safari-Hauptstadt von Tansania gilt.
Einwohnerzahl und Bevölkerung:	In Tansania leben derzeit ca. 50 Millionen Menschen. Die Bevölkerung setzt sich aus nahezu 120 verschiedenen Ethnien unterschiedlicher Herkunft zusammen, von denen keine eine nennenswerte Mehrheit hat. Der größte Anteil einer einzelnen Ethnie beträgt max. 10 %.
Sprachen:	Die offiziellen Amtssprachen sind Swahili und Englisch, daneben gibt es um die 100 weitere lokale und regionale Sprachen der verschiedenen Ethnien. Während Englisch überwiegend nur in den Städten und im Tourismus gesprochen wird, ist Swahili bei fast allen Einwohnern die zweite Sprache neben ihrer lokalen Sprache.
Religion:	Tansania gilt als Musterbeispiel für das friedvolle Zusammenleben verschiedenster Religionen, auch wenn es in der Vergangenheit vereinzelt Zwischenfälle gab. Genaue Zahlen über die Religionszugehörigkeit gibt es nicht, es wird aber angenommen, dass ca. 35–40 % der Bevölkerung Christen und weitere 35–40 % Muslime sind. Aufgrund der Geschichte sind vor allem die Küste und die Inseln muslimisch geprägt, so liegt alleine auf Sansibar der muslimische Anteil an der Bevölkerung bei 98 %.
UNESCO-Welterbestätten:	Tansania verfügt über insgesamt sieben Welterbestätten. Die Ruinen von Kilwa Kisiwani, die Felsenmalereien von Kondoa und Stone Town, die Altstadt von Sansibar-Stadt, sind als Weltkulturerbe ausgezeichnet. Die Serengeti, der Kilimandscharo-Nationalpark und das Selous-Reservat gelten als Weltnaturerbe. Das Selous-Reservat steht allerdings seit Juni 2014 auf der roten Liste des gefährdeten Welterbes, da die Wilderei (vor allem auf Elefanten und Nashörner) hier außer Kontrolle geraten ist. Das Ngorongoro-Schutzgebiet wird mit dem Ngorongoro-Krater und der Oldupai-Schlucht in beiden Kategorien geführt.

Allgemeine Reiseinformationen

Informationsmaterial und Auskünfte

Anders als viele andere afrikanische Länder unterhält Tansania keine touristische Vertretung in Deutschland. Informationen und Auskünfte sind über das Tanzania Tourist Board unter www.tanzaniatouristboard.com erhältlich. Die Nationalpark-behörde TANAPA hat mit www.tanzaniaparks.com eine sehr interessante Seite mit Informationen über und Eindrücken aus den Nationalparks zusammengestellt, die auch in deutscher Sprache zur Verfügung steht.

Anreise

Die **Anreise nach Tansania** erfolgt üblicherweise per Flugzeug zum Flughafen Kilimanjaro oder nach Daressalaam. Die Preise in der Economy Class können je nach Saison, Auslastung und Fluggesellschaft zwischen ca. 650 und 1.400 € pro Person schwanken. Als Hochsaison gelten die Weihnachtsferien, der Zeitraum zwischen Mitte Januar und Mitte März (für das nördliche Tansania) sowie die Monate Juni bis Oktober.

Direktflüge ab Deutschland sind die Ausnahme. Lediglich Condor fliegt zwischen Ende Juni und Anfang April einmal wöchentlich von Frankfurt nach Kili-

Manchmal erschweren natürliche Bedingungen die Anreise; hier Elefanten auf der Landebahn

manjaro und zurück und zweimal wöchentlich von Frankfurt nach Sansibar und zurück (davon jedoch einmal mit Zwischenstopp in Mombasa). Die genauen Flugtage können unter www.condor.com eingesehen werden. Die Flugdauer beträgt ca. neun Stunden.

Als einzige europäische Fluggesellschaften bieten KLM und Turkish Airlines ab vielen deutschen Flughäfen tägliche Verbindungen nach Kilimanjaro und Daressalaam an, jeweils mit Umstieg in Amsterdam bzw. Istanbul.

Ethiopian Airlines ist die einzige Fluggesellschaft, die ab Frankfurt via Addis Abeba täglich sowohl nach Kilimanjaro und Daressalaam als auch nach Sansibar fliegt.

Die beiden arabischen Fluggesellschaften Emirates und Qatar Airways haben ebenfalls tägliche Verbindungen nach Daressalaam (Emirates) bzw. Kilimanjaro und Daressalaam im Programm, teilweise gibt es sogar zwei Verbindungen. Wer die etwas längere Reisezeit nicht scheut (die Flüge gehen über Dubai bzw. Doha), kann hier teilweise sehr gute Angebote finden.

Besonders interessant ist die Verbindung der Qatar Airways nach Daressalaam. Die Ankunft ist am frühen Morgen, sodass die Anschlussflüge nach Selous und Ruaha erreicht werden und eine Zwischenübernachtung nicht erforderlich ist.

Einreise

Besucher aus Deutschland, Österreich und der Schweiz benötigen für einen touristischen Aufenthalt bis zu 90 Tagen ein **Touristenvisum**. Dieses kann vorab bei der jeweiligen Botschaft oder bei der Einreise am Flughafen beantragt werden. Die Abwicklung am Flughafen erfolgt recht schnell und unkompliziert und ist zudem günstiger (zzt. 50 USD pro Person).

Bei Einreise nach Tansania auf dem Landweg (z. B. im Rahmen einer länderübergreifenden Reise) kann das Visum ebenso vor Ort beantragt werden.

Klima

Aufgrund der Nähe zum Äquator erfreut sich Tansania **ganzjährig eines angenehmen und warmen Tropenklimas**. Anders als im südlichen Afrika fallen die Unterschiede zwischen den Jahreszeiten gering aus, regional kommt es aber zu großen Unterschieden. So kann es im sogenannten Winter (Juni und Juli) in den Höhenlagen sehr kalt werden, auf dem Kitulo-Plateau sind Frost und sogar Schnee keine Seltenheit.

An der Küste oder am Tanganjikasee dagegen fallen Temperaturen und Luftfeuchtigkeit zu dieser Zeit nur etwas geringer aus als sonst. Und in flachen Bereichen des Afrikanischen Grabenbruchs, z. B. am Natronsee, können im Sommer Temperaturen von über 40 °C erreicht werden.

Die wärmste Region ist die Küste und im Sommer ist es vor allem in Daressalaam sehr heiß und stickig. Am kältesten ist es im Hochgebirge am Kilimandscharo.

Entspanntes Klima

Das Klima in Tansania ist durch **Regen- und Trockenzeiten** gekennzeichnet, die sich im Norden und Süden des Landes leicht unterscheiden. Im Norden gibt es zwei Regenzeiten (kleine Regenzeit im November und Dezember, große Regenzeit im April und Mai), die von einer kurzen Trockenperiode unterbrochen werden, während im Süden durchgängig von November bis Mai mit Regenfällen zu rechnen ist. Der Höhepunkt der Regenfälle wird aber auch hier in den Monaten April und Mai erreicht, weshalb die Safari-Industrie im Süden inzwischen dazu übergegangen ist, die Monate von November bis März nicht als Regenzeit, sondern als *Green Season* zu bezeichnen.

Reisezeit

Tansania kann das ganze Jahr über besucht werden, nur während der großen Regenzeit ist ein Besuch nicht unbedingt zu empfehlen. Viele Unterkünfte sind zu dieser Zeit auch geschlossen. Letztlich kommt es darauf an, welche Absichten man mit einer Reise verfolgt.

Für Tierbeobachtungen sind **die trockenen Monate Juli bis Oktober die beste Zeit**, vor allem in Gebieten, wo selbst zum Höhepunkt der Trockenzeit noch Wasser vorhanden ist. Hierzu zählen z. B. der Tarangire-Nationalpark, die Serengeti entlang der Flüsse Seronera, Grumeti und Mara, der Ruaha-Nationalpark oder der Katavi-Nationalpark. Aber auch darüber hinaus gibt es gute Beobachtungsmöglichkeiten, denn mit dem einsetzenden Regen im November werden viele Jungtiere geboren, außerdem kehren viele Zugvögel zurück.

Aus fotografischer Sicht können die letzten Wochen der Trockenzeit sehr schwierig sein. Zwar sind die Tiere dann leichter zu sehen, dafür wird aber viel Staub in

Die Trockenzeit bietet Tierwanderungen und Flüsse ohne Wasser

die Luft getragen, der den Himmel oft milchig und trüb erscheinen lässt. Mit den ersten Niederschlägen wird der Staub vom Himmel gewaschen und zwischen November und März bieten sich die schönsten Kontraste und die besten Bedingungen für schöne Aufnahmen – nicht zuletzt durch die zu neuem Leben erwachende Flora, die die Landschaft nicht mehr so trist erscheinen lässt.

Für **Wanderungen**, z. B. in den Usambara- oder Udzungwa-Bergen empfiehlt sich die Trockenzeit. Zwar sind in diesen Gegenden jederzeit Niederschläge möglich, allerdings sind die Zustände der Wanderwege während der Trockenzeit am besten und das Klima am angenehmsten. Eine Kilimandscharo-Besteigung ist dagegen ganzjährig möglich, allerdings sollten die sehr regenreichen Monate April und Mai gemieden werden.

Die Küste und die großen Seen sind ebenso ganzjährig gut besuchbar, wobei auch hier in den Monaten April und Mai viele Unterkünfte geschlossen sind.

Kleidung

Für eine Reise nach Tansania empfiehlt sich der Zwiebel-Look aus **mehreren Lagen Kleidung**. Durch den Großen Afrikanischen Grabenbruch befinden sich viele Teile des Landes auf einer Höhe von 1.000 m und mehr, sodass auch im Sommer die Nächte vergleichsweise frisch werden können. Während einer Pirschfahrt in den frühen Morgenstunden ist es oft empfindlich kühl, sodass ein Fleecepulli, ein Halstuch und mitunter auch eine Mütze zu empfehlen sind. Ist die Sonne erst einmal aufgegangen, steigt die Temperatur schnell an, dann bietet sich leichte Kleidung wie T-Shirt und kurze Hose an.

Neben einem Paar fester Schuhe (Turnschuhe oder leichte Wanderschuhe) sollte ein Paar Flipflops oder Sandalen zum Reisegepäck gehören. Wer sportlich ambitioniert ist und z. B. am Strand joggen möchte, sollte seine Laufschuhe nicht vergessen. Die Wanderwege in den Bergen sind in gutem Zustand und mit leichten Wanderschuhen begehbar. Im Hochgebirge dagegen sollte ein gutes Paar knöchelhoher Schuhe getragen werden.

Schließlich sollten Reisende bei der Wahl der Kleidung auch darauf achten, wann und wo etwas getragen wird. Während es z. B. auf Sansibar an den Stränden der

Für eine Walking-Safari empfiehlt sich gutes Schuhwerk

Lodges unproblematisch ist, den ganzen Tag in Badesachen zu verbringen, sollte bei einem Besuch in Stone Town aus Respekt gegenüber der überwiegend muslimischen Bevölkerung so wenig Haut wie möglich gezeigt werden.

Bis auf wenige Ausnahmen gibt es bei der Wahl der Kleidung jedoch keine Etikette. Einige wenige Lodges und Resorts legen allerdings bis heute Wert darauf, dass zu den Mahlzeiten eine adäquate Kleidung getragen wird. Teilweise wird zum Abendessen sogar Abendgarderobe verlangt.

Sicherheit

Tansania ist **ein sicheres Reiseland**, in dem es nur sehr selten zu Zwischenfällen kommt. Dies liegt vor allem daran, dass bei einer Reise nach Tansania das Naturerlebnis im Vordergrund steht und Besucher sich meist nur bei der An- und Abreise in einer Stadt aufhalten. Zu den häufigsten Vergehen zählt Diebstahl, z. B. von Bargeld aus den Zimmern, weshalb es sich empfiehlt sein Portemonnaie immer mitzuführen. Anders als im benachbarten Kenia sind Anschläge mit terroristischem Hintergrund in Tansania kein Thema, nicht zuletzt aufgrund der diplomatischen Zurückhaltung der Regierung. Es gibt allerdings in Sansibar Anzeichen für Radikalisierungstendenzen unter jungen Muslimen.

Bei einem Aufenthalt in einer Stadt sollten Besucher tagsüber sorgfältig auf ihre Wertsachen Acht geben und nach Einbruch der Dunkelheit nicht mehr zu Fuß unterwegs sein. Auch tagsüber sollten nur die Stadtzentren besucht und Seitenstraßen und abgelegene Viertel gemieden werden. Ohne Ortskenntnisse empfiehlt es sich ohnehin, die Dienste eines einheimischen Führers in Anspruch zu nehmen.

Währung

Die Landeswährung ist der **Tansania-Schilling (TZS)**. Ein Tansania-Schilling ist unterteilt in 100 Cent und ein Euro entspricht einem Gegenwert von ca. 2.202 TZS (Stand Juni 2015). Über Kreditkarten (das Visa-System ist weiter verbreitet als das Maestro-System von Mastercard) kann an fast allen Geldautomaten Geld abgehoben werden. Dies ist allerdings nicht zwingend erforderlich, da **der US-Dollar (USD) für den Tourismus von größerer Bedeutung ist**. Alle Unterkünfte akzeptieren USD, auch in Restaurants kann meist in USD gezahlt werden. In den Städten und in vielen Lodges ist eine Bezahlung per Kreditkarte möglich. Liegen die Unterkünfte aber mitten im Busch, ist die Bezahlung häufig nur in bar möglich.

Vor Ort gibt es keine Möglichkeit an USD zu kommen, d. h. es sollte vor Abreise ein entsprechender Vorrat besorgt werden. Auch der Euro und das britische Pfund werden zunehmend akzeptiert, noch ist aber der USD die wichtigste Währung. Für Devisen gibt es keinerlei Ein- oder Ausfuhrbeschränkungen. Kaum noch akzeptiert werden Reiseschecks.

Reisen mit Kindern

Tansania ist ein familienfreundliches Reiseland. Viele Unterkünfte haben besondere Familienzimmer oder können auf Anfrage ein oder zwei zusätzliche Betten in den Zimmern oder Safarizelten unterbringen. Es gibt allerdings auch Unterkünfte, bei denen Kinder nur ab einem bestimmten Alter erlaubt sind. Auch gibt es bei manchen Aktivitäten wie z. B. Walking-Safaris aus Sicherheitsgründen eine Altersbeschränkung. Für Familien sind vor allem privat geführte Safaris mit eigenem Fahrzeug und Guide hervorragend geeignet, da hier keine Rücksicht auf andere Mitreisende genommen werden muss. Bei der Planung einer Familienreise sollte darauf geachtet werden, dass das Programm nicht zu voll gepackt ist und den Kindern **nicht** zu viel zugemutet wird. Auch sollten die Unterkünfte gezielt ausgewählt werden: Ein kleines Zeltcamp mitten in der Natur mag für Erwachsene sehr schön sein, bietet für Kinder zwischen den Pirschfahrten aber meist keine Möglichkeit, sich zu beschäftigen. Hier könnte eine größere Lodge mit Pool und Internetverbindung die bessere Alternative sein.

Reise-Gesundheitsinformationen

Die Aktualität der reisemedizinischen Länderinformationen spiegelt den Stand bei Drucklegung wider und sollte vor Reiseantritt unbedingt auf Änderungen und Updates geprüft werden. Unter www.crm.de finden Sie aktuelle Hinweise zur Situation im Land.

Allgemeine Hinweise

Medizinische Versorgung: Landesweit ist mit Engpässen und Mängeln bei der ärztlichen und medikamentösen Versorgung zu rechnen. Adäquate Ausstattung der Reiseapotheke (Zollbestimmungen beachten, Begleitattest ratsam) und Auslandskrankenversicherung mit Abdeckung des Rettungsrückflug-Risikos für Notfälle werden dringend empfohlen.

Einreise-Impfvorschriften

Bei **Direktflug aus Europa**: **keine Impfungen** vorgeschrieben.

Bei einem vorherigen **Zwischenaufenthalt** (innerhalb der letzten 6 Tage vor Einreise) in einem der aufgeführten Länder (Gelbfieber-Endemiegebiete) wird bei Einreise eine gültige **Gelbfieber-Impfbescheinigung** verlangt (ausgenommen Kinder unter 1 Jahr).

Reisende **aus Nicht-Endemiegebieten** (z. B. Europa) benötigen laut offiziellen Angaben nur dann eine Gelbfieber-Impfung, wenn sie in einem Gelbfiebergebiet den Flughafen beim Zwischenstopp verlassen oder mindestens 12 Stunden in diesem Flughafen auf ihren Anschlussflug warten.

Gelbfieber-Impfbescheinigung auch **erforderlich** bei Zwischenstopp oder Umstieg (Transitverkehr), der länger als 12 Stunden dauert, in einem der untenstehenden Länder. Abweichend von der offiziellen Bestimmung kann der Impfnachweis auch bei kürzerem Transit-Aufenthalt verlangt werden.

Gelbfieber-Impfbescheinigung erforderlich bei Einreise aus: Angola · Äquatorialguinea · Argentinien · Äthiopien · Benin · Bolivien · Brasilien · Burkina Faso · Burundi · Ecuador · Elfenbeinküste · Franz. Guayana · Gabun · Gambia · Ghana · Guinea · Guinea-Bissau · Guyana · Kamerun · Kenia · Kolumbien · Kongo, Rep. · Kongo, Dem. Rep. · Liberia · Mali · Mauretanien · Niger · Nigeria · Panama · Paraguay · Peru · Ruanda · Senegal · Sierra Leone · Sudan · Suriname · Togo · Trinidad & Tobago · Tschad · Uganda · Venezuela · Zentralafrikanische Republik

Hinweis zur Reise vom Festland nach Sansibar

Die Vereinigung der lokalen Reiseveranstalter in Tansania (*TATO – Tanzania Association of Tour Operators*) hat in einem Schreiben aus dem Jahr 2011 ausdrücklich darauf hingewiesen, dass bei einer Einreise nach Sansibar vom Festland Tansanias keine Gelbfieberimpfung erforderlich ist:

„All guests/visitors from Tanzania mainland to Zanzibar will not be required to show their yellow fever vaccination certificate because Zanzibar is inside the United Republic of Tanzania"

Empfohlener Impfschutz

Generell: Standardimpfschutz nach deutschem Impfkalender, speziell Tetanus und Diphterie, außerdem Hepatitis A und Gelbfieber.

Bei einer Reise durch das Landesinnere unter einfachen Bedingungen (Rucksack-/Trekking-/Individualreise) mit einfachen Quartieren/Hotels, bei Camping-Reisen, Langzeitaufenthalten, praktischer Tätigkeit im Gesundheits- oder Sozialwesen und/oder engem Kontakt zur einheimischen Bevölkerung ist außerdem ein Impfschutz gegen Polio, Cholera, Typhus, Hepatitis B, Tollwut und Meningitis zu erwägen.

Wichtiger Hinweis: welche Impfungen letztendlich vorzunehmen sind, ist abhängig vom aktuellen Infektionsrisiko vor Ort, von der Art und Dauer der geplanten Reise, vom Gesundheitszustand, sowie dem eventuell noch vorhandenen Impfschutz des Reisenden. Da im Einzelfall unterschiedlichste Aspekte zu berücksichtigen sind, empfiehlt es sich immer, rechtzeitig (etwa 4 bis 6 Wochen) vor der Reise eine persönliche Reise-Gesundheits-Beratung bei einem reisemedizinisch erfahrenen Arzt oder Apotheker in Anspruch zu nehmen.

Malaria

Risiko: ganzjährig, verstärkt während der Regenzeit; hohes Risiko landesweit unterhalb 1.800 m; mittleres bis geringes Risiko im zentralen Hochland (Gebiete zwischen Mbeya und Dodoma) sowie in den Grenzgebieten zu Kenia im Nordosten; geringes bis kein Risiko um den Kilimandscharo; von 1.800 bis 2.500 m Höhe ist regional mit einem geringen Risiko zu rechnen, höhere Lagen gelten als malariafrei.

Die Inseln Sansibar (Unguja) und Pemba sind seit 2008 **malariafrei**.

Vorbeugung:

Ein konsequenter Mückenschutz in den Abend- und Nachtstunden verringert das Malariarisiko erheblich (Expositionsprophylaxe).

In der Dämmerung und nachts Aufenthalt in mückengeschützten Räumen (Räume mit Air-Condition, Mücken fliegen nicht vom Warmen ins Kalte).

Ein Zelt bietet nicht zuletzt auch Mückenschutz

Beim Aufenthalt im Freien in Malariagebieten abends und nachts weitgehend körperbedeckende Kleidung (lange Ärmel, lange Hosen).

Anwendung von insektenabwehrenden Mitteln an unbedeckten Hautstellen (Wade, Handgelenke, Nacken). Wirkungsdauer ca. 2–4 Std.

Im Wohnbereich Anwendung von insektenabtötenden Mitteln in Form von Aerosolen, Verdampfern, Kerzen, Räucherspiralen.

Schlafen unter dem Moskitonetz (vor allem in Hochrisikogebieten).

Ergänzend ist die Einnahme von Anti-Malaria-Medikamenten (Chemoprophylaxe) dringend zu empfehlen. Zu Art und Dauer der Chemoprophylaxe fragt man am besten Arzt oder Apotheker bzw. informiert sich in einer qualifizierten reisemedizinischen Beratungsstelle. Malariamittel sind verschreibungspflichtig.

Ratschläge zur Reiseapotheke

Um für leichtere Erkrankungen und kleinere Notfälle gerüstet zu sein, sollte man eine Reiseapotheke mitnehmen.

Folgendes sollte auf Reisen immer dabei sein: Medikamente gegen Durchfall, Reisekrankheit, Fieber, Schmerzen sowie Wunddesinfektionsmittel, Insekten- und Sonnenschutzmittel, Salbe bei Insektenstichen oder anderen Hautreizungen, Fieberthermometer und Verbandmaterial. Je nach Reiseland und Reiseziel können weitere Medikamente (z. B. zur Malariavorsorge) oder Hilfsmittel (z. B. Spritzen) sinnvoll sein. Nicht vergessen: Medikamente zur eigenen ständigen Einnahme!

Bei speziellen Fragen zur Reiseapotheke wendet man sich am besten an eine Apotheke mit reisemedizinisch qualifizierten Mitarbeitern.

(Alle Inhalte, außer Hinweis zur Reise vom Festland nach Sansibar: Centrum für Reisemedizin, Stand Mai 2015)

Die verschiedenen Safari-Optionen

Tansania bietet vielfältige Möglichkeiten für die unterschiedlichsten Interessen. Vom Wandern in den Udzungwa-Bergen und der Besteigung von Kilimandscharo und Mount Meru über Schnorcheln im Mafia-Archipel oder Strandurlaub in Sansibar ist für alle Geschmäcker etwas dabei. Ein besonderes **Highlight ist aber nach wie vor die klassische Safari**, wofür Tansania hervorragende Bedingungen bietet. Dieser kurze Überblick über die verschiedenen Optionen soll insbesondere Safari-Neulingen helfen, die richtige Reiseform zu finden.

Zunächst die schlechte Nachricht für all diejenigen, die gerne selber fahren möchten und vielleicht schon Erfahrungen in Namibia, Südafrika oder gar Botswana gesammelt haben: **Tansania ist für Selbstfahrer äußerst ungeeignet**. Es gibt nur wenige Mietwagenunternehmen, die safaritaugliche Fahrzeuge vermieten. Die Preise sind sehr hoch (es geht bei ca. 200 € pro Tag los) und die Mietbedingungen sind sehr restriktiv. Die Infrastruktur ist bis auf einige Hauptstraßen äußerst rudimentär und in den Nationalparks gibt es kaum Beschilderung. Auch sollten Kenntnisse hinsichtlich der Mechanik vorhanden sein, um einfache Schäden selber beheben zu können. Die meisten Mietwagenunternehmen raten auf ihren Webseiten sogar von einer Selbstfahrerreise ab und empfehlen, mit dem Fahrzeug auch einen Fahrer zu buchen.

Wird zu einem Fahrzeug auch ein Fahrer gebucht, handelt es sich im Prinzip schon um eine **privat geführte Safari**. Denn die meisten Fahrer haben auch eine Ausbildung zum Guide abgeschlossen und werden deshalb auch als Fahrer-Guides bezeichnet. Bei einer privat geführten Safari können Route und Dauer der Safari selbst bestimmt werden, ebenso die Wahl der Unterkünfte. In den Parks hat dies

Unterwegs mit der Safari-Gruppe

Beim Flug über das Land eröffnen sich neue Perspektiven

den unbezahlbaren Vorteil, dass Dauer und Schwerpunkte der Pirschfahrten selber festgelegt werden können und dass keine Kompromisse mit anderen Mitreisenden eingegangen werden müssen.

Gruppenreisen haben einen großen Vorteil: Je nach Art der Reise und der Größe der Gruppe ist dies die günstigste Safari-Option (vor allem bei einer Camping-Reise), insbesondere für Alleinreisende ist dies die erschwinglichste Möglichkeit. Das Programm ist allerdings fest vorgegeben und es gibt keine Möglichkeit, an den Abläufen etwas zu ändern. Und letztlich besteht auch eine Ungewissheit bezüglich der anderen Mitreisenden, mit denen eine solche Reise stehen und fallen kann. Bei Camping-Reisen sollte unbedingt beachtet werden, dass die Einrichtungen teilweise sehr einfach und nicht mit dem südlichen Afrika zu vergleichen sind. So sind z. B. richtige Toiletten und Duschen keine Selbstverständlichkeiten.

Flugsafaris sind i. d. R. die teuerste, manchmal aber auch die einzige Safari-Option. Tansania ist ein riesiges Land und manche Parks sind so abgelegen, dass sie per Fahrzeug nicht oder nur schlecht zu erreichen sind. Diese Flüge dauern abhängig von Park und Lage teilweise bis zu vier Stunden und kosten bis zu 1.000 USD pro Person (einfache Strecke). Auch sind die Gepäckbegrenzungen mit 15 kg pro Person inkl. Handgepäck sehr restriktiv.

Über die passendste Reiseform können die verschiedenen Reiseveranstalter kompetent beraten (z. B. Iwanowski's Reisen, www.afrika.de). Letztlich muss aber jeder für sich selbst entscheiden, welche Safari-Option in Frage kommt und am besten in das Budget passt. Denn eines haben alle Reisen in Tansania gemein, egal um welche Reiseform es sich handelt: einen vergleichsweise hohen Reisepreis.

Warum eine Kombination von Kenia und Tansania sehr aufwendig ist

Vielen Reisenden stellt sich bei den Vorbereitungen für eine Reise nach Tansania die Frage, ob nicht auch der Amboseli-Nationalpark und die Masai Mara in Kenia besucht werden können. Der Blick auf die Karte verleitet dazu: Amboseli liegt näher an Arusha als an Nairobi und Serengeti und Masai Mara sind letztlich ein zusammenhängendes Schutzgebiet. Zwar bieten einzelne Veranstalter solche Reisen an (z. B. 4x4 Adventures, www.4x4safaris.com), insgesamt ist das Angebot an grenzüberschreitenden Safaris aber überschaubar – doch woran liegt das eigentlich?

Hauptgrund ist **ein seit Jahren schwelender Streit zwischen Kenia und Tansania**. Auslöser hierfür war die Entscheidung der Regierung Tansanias, die Grenze am Sand River zwischen der Masai Mara und der Serengeti zu schließen. Tansania wollte so verhindern, dass große Minibus-Flotten aus Kenia in die Serengeti fahren. Die Bedenken waren und sind durchaus begründet, da die Lodges und Camps in Kenia traditionell größer sind als die in Tansania (natürlich gibt es Ausnahmen). So befinden sich z. B. die Keekorok Lodge und die Mara Sopa Lodge mit zusammen über 150 Zimmern weniger als 20 km bzw. 50 km von der Grenze zur Serengeti entfernt. Wer die Masai Mara und die Serengeti nun miteinander kombinieren wollte, musste außen herum entlang des Viktoriasees fahren und aufgrund

Der Weg ist versperrt. Zwischenstaatliche Querelen erschweren den Übergang nach Kenia

der langen Strecke eine Zwischenübernachtung einlegen.

Als Reaktion hierauf verhängte die kenianische Regierung ein Verbot für Safariunternehmen aus Tansania für die kenianischen Nationalparks und Reservate. Dass Tansania nur wenig später mit derselben Maßnahme für kenianische Safariunternehmen reagierte, war keine große Überraschung. Seitdem dürfen in den kenianischen Nationalparks und Reservaten keine Fahrzeuge mehr mit tansanischer Registrierung und

Wer die Straßen scheut, sollte für den Weg nach Kenia lieber das Flugzeug wählen

tansanischen Guides unterwegs sein und umgekehrt. Zwar wurden in den vergangenen Jahren für einzelne Unternehmen immer wieder Ausnahmegenehmigungen erteilt, aber inzwischen haben sich die Fronten wieder verhärtet.

Wer also beide Länder miteinander kombinieren möchte, muss **an der Grenze Fahrzeug und Guide wechseln**. Dies erhöht zum einen die Kosten einer solchen Reise, denn es entstehen Leerfahrten von und bis zu den Grenzen, deren Mehrkosten auf den Reisepreis aufgeschlagen werden. Zum anderen führt dies auch zu einem kleinen Bruch während der Reise, denn kaum haben sich Guide und Touristen kennengelernt, ist dieser Reiseteil zu Ende und das Ganze beginnt von vorne.

Trotz Prostesten konnte die Safari-Industrie an diesen Gegebenheiten nichts ändern. Um es Touristen dennoch zu ermöglichen, die Serengeti und die Masai Mara ohne großen Aufwand zu kombinieren, wurde im Jahr 2013 von tansanischen und kenianischen Safari-Fluggesellschaften eine neue Flugverbindung etabliert. **Touristen haben nun die Möglichkeit von der Serengeti in die Masai Mara zu fliegen**. Es ist allerdings keine direkte Verbindung, da grenzüberschreitende Flüge mit kleinen Safariflugzeugen nicht erlaubt sind. So erfolgt zunächst ein Flug nach Tarime und von hier geht es per Straßentransfer (einschließlich Grenzüberquerung) nach Migori in Kenia. Hier wartet dann der Anschlussflug in die Masai Mara auf die Touristen. Abhängig von der jeweiligen Start- und Ziellandebahn dauert diese kleine Reise bis zu vier Stunden und ist verglichen mit einer Zwischenübernachtung und einem Fahrzeugwechsel an der Grenze weniger zeitaufwendig. Die Kosten für den Flug (ab 400 USD pro Person) liegen in etwa in dem Bereich, der für eine Zwischenübernachtung, einen zusätzlichen Tag Nutzung von Fahrzeug und Guide und die Leerfahrten angesetzt werden muss.

Ein Mittel im Kampf gegen die Wilderei: der Tourismus

Elefantenherden, die durch die weite Savanne streifen, traumhafte Sonnenuntergänge und niedliche Löwenbabys, die scheinbar unbefangen in der afrikanischen Wildnis aufwachsen – dies sind nur einige Vorstellungen, die mit einer Reise nach Tansania assoziiert werden. Doch diese Idylle ist getrübt, denn seit einigen Jahren tobt hinter den **Kulissen ein brutaler Kampf gegen die organisierte Wilderei**. Vor allem in Asien gelten das Elfenbein der Elefanten und die Hörner der Nashörner in der traditionellen Medizin als Wundermittel. Dabei ist längst erwiesen, dass sie keinerlei Wirkung haben. Lange galt das Selous-Reservat als das Schutzgebiet mit dem größten Vorkommen an Elefanten in Afrika, doch heute hat die Anzahl drastisch abgenommen, Tendenz weiter sinkend. Die letzten Nashörner in der Serengeti werden von einer eigens zu ihrem Schutz abgestellten Spezialtruppe von Rangern streng beschützt. Besonders bedroht sind neben Elefanten und Nashörnern aber auch Löwen. Von den einst 300.000 freilebenden Löwen in Afrika existieren heute gerade noch einmal ca. 30.000, von denen mehr als 20 Prozent im Serengeti-Ökosystem und im Ruaha-Nationalpark leben.

Der Kampf gegen die Wilderei scheint fast aussichtslos, sei es ob der guten Organisation, sei es ob exzellenter Beziehungen der Hintermänner oder schlichtweg aufgrund von Korruption. **Als wichtiges Gegenmittel gilt der Tourismus**. Je mehr Touristen in ein Land reisen und je mehr auf Safari gehen, desto schwieriger wird die Wilderei. In der Vergangenheit wurde Tansania vermehrt für die scheinbar

Noch immer werden Elefanten wegen ihres Elfenbeins gejagt

Auch Löwen sind stark durch die Wilderei bedroht

unkontrollierte Vergabe von Lizenzen für Camps in der Serengeti kritisiert: Es existierten bereits viele Camps und zu viele Touristen könnten für das Ökosystem schädlich sein, so die Argumentation. Das schade wiederum dem Tourismus selbst, da das Safarierlebnis unter dem hohen Touristenaufkommen leide. Bedingt mag das zutreffen. Allerdings: Mit dem Boom des Safaritourismus ist auch die Wilderei in der Serengeti deutlich zurückgegangen.

Dagegen ist die Lage im Süden des Landes noch immer dramatisch. Mit über 20.000 km² ist Ruaha der mit Abstand größte Nationalpark Tansanias. Es gibt hier aber nur sieben permanente Camps, von denen sich fünf im selben Gebiet befinden. Der Großteil des Parks ist touristisch kaum erschlossen und die Wilderei kaum kontrollierbar. Von zu vielen Camps und zu vielen Touristen kann hier also kaum die Rede sein. Ganz im Gegenteil: Der Tourismus ist in Ruaha unterentwickelt. Es besteht dringender Handlungsbedarf und es sollten noch mehr Lizenzen vergeben werden. Denn mehr Camps und mehr Touristen bedeuten gleichzeitig auch mehr Arbeitsplätze und somit direkten und vor allem nachhaltigen Profit vom Safaritourismus für die lokale Bevölkerung. Der damit einhergehende Rückgang der Wilderei wiegt die ökologische Belastung durch den Tourismus locker auf. Und um die Dimension richtig einzuordnen: Wenn sich am Mara-Fluss einmal 25–30 Fahrzeuge gleichzeitig einfinden, um zehntausende Gnus und Zebras bei der Überquerung des Flusses zu beobachten, ist dies immer noch ein einzigartiges Erlebnis.

Der Tourismus spielt also eine wichtige Rolle im Kampf gegen die Wilderei. Zum einen sind es die Touristen selber, die in ein Land reisen und die Parks besuchen. Zum anderen sind es die Veranstalter und die Reisebüros, die als Schnittstelle zwischen Land und Touristen agieren. Afrika und speziell Tansania benötigen den Tourismus und die daraus resultierenden Einnahmen als **Baustein, um die Wilderer erfolgreich zu bekämpfen**. Das hilft nicht nur der Umwelt, den Tieren und der lokalen Bevölkerung, sondern letzten Endes wiederum dem Tourismus. Denn nur wenn der Kampf gegen die Wilderei Erfolg hat, können sich auch zukünftige Generationen noch an Elefanten, Nashörnern und Löwen in freier Wildbahn erfreuen.

Literaturtipps

Baldus, R.: **Wildes Herz von Afrika. Der Selous – traumhaftes Wild-schutzgebiet.** Kosmos Verlag, Stuttgart 2011. ISBN: 978-3440127896, 268 S., 39,95 Euro, mit zahlreichen Abbildungen und Fotos und einer detaillierten Karte. Das Buch beschreibt die Geschichte des Selous-Reservats und ist eine Sammlung von Artikeln von Personen, die sich während ihres Lebens intensiv mit Afrikas größtem Schutzgebiet auseinandergesetzt haben.

Boyd, W.: **Der Eiskrem-Krieg.** Berlin Verlag, Berlin 2012. ISBN: 978-3833308192, 480 S., 9,99 Euro. Auch wenn es sich bei dem Buch „nur" um einen Roman handelt, beschreibt es sehr anschaulich, unter welchen Bedingungen der Erste Weltkrieg in Tansania ausgetragen wurde.

Fanshawe, J. / Stevenson, T.: **Birds of East Africa.** Christopher Helm, London 2004. ISBN-13: 978-0713673470, 600 S., 35,89 Euro, mit zahlreichen Illustrationen. Der umfangreichste Vogelführer für Ostafrika und ein Muss für jeden Vogelliebhaber auf einer Reise durch Tansania.

Fitzjohn, T.: **Born Wild: The extraordinary story of one man's passion for Africa.** Crown Publishers, New York 2011. ISBN: 978-0307716033, 318 S., zurzeit nur gebraucht oder für kindle erhältlich. Die Autobiographie von Tony Fitzjohn liest sich wie ein Abenteuerroman und ist spannend und unterhaltsam zugleich. Die Schwerpunkte liegen auf seiner Arbeit mit den Löwen mit George Adamson in Kenia und dem beschwerlichen Weg bis zur Gründung des Mkomazi-Nationalparks.

Goscinny, Y.: **Tingatinga – the popular paintings from Tanzania**. Dar Es Salaam 2004. ISBN: 978-9987897520, 164 S., nur noch gebraucht erhältlich. Interessante und detaillierte Beschreibung des Lebens von Edward Tingatinga und des Kunststils, den er erfand. Zahlreiche Fotos von Tingatinga, aber auch von vielen Gemälden, die die Entwicklung des Stils von seinen Anfängen bis heute zeigen.

Goodall, J.: **Mein Leben für Tiere und Natur: 50 Jahre in Gombe.** Bassermann Verlag, München 2014. ISBN-13: 978-3809480457, 144 S., zurzeit nur gebraucht oder digital für kindle (15,99 Euro) erhältlich. Die deutsche Übersetzung der Autobiographie der berühmten Schimpansen-Forscherin, ergänzt durch zahlreiche Farbfotos.

Goodall, J.: **Through a Window: My Thirty Years with the Chimpanzees of Gombe.** Weidenfeld & Nicolsen, London 1990. ISBN-13: 978-0547336954, S. 204, nur noch gebraucht oder digital für kindle (6,99 Euro) erhältlich. Kaum ein wissenschaftliches Buch vermittelt Fachfremden und Laien Erkenntnisse so verständlich und anschaulich wie dieses Buch von Jane Goodall über ihre Forschungsarbeit mit den Schimpansen.

Grzimek, B. / Grzimek M.: **Serengeti darf nicht sterben. 367.000 Tiere suchen einen Staat.** National Geographic, Hamburg 2009. ISBN-13: 978-3492403474, 384 S., 14,99 Euro. Das Buch zur oscarprämierten Dokumentation mit detaillierten Ausführungen und Informationen, die im Film nicht vorkommen.

Es liest sich einerseits wie ein Abenteuerroman, andererseits wie ein Forschungs-bericht und die schon damals gewonnenen Erkenntnisse sind aktueller denn je.

Nishida, T.: **Chimpanzees of the Lakeshore. Natural History and Culture of Mahale**. Cambridge University Press, Cambridge 2011. ISBN-13: 978-1107601789, 340 S., 47,18 Euro. Erkenntnisse aus mehr als 30 Jahren Forschung werden in diesem Buch nach unterschiedlichen Themen anschaulich dargestellt und mit zahlreichen Fotos, Statistiken und Grafiken unterlegt. Unter anderem wer-den regional unterschiedliche Verhaltensweisen beschrieben, die darauf hindeuten, dass es unter Schimpansen eine Art Kultur gibt.

Lochner, R.: **Kampf im Rufiji-Delta – Das Ende des Kleinen Kreuzers „Kö-nigsberg"**. Wilhelm Heyne Verlag, München 1987. ISBN 3-453-02420-6, 447 S., nur noch gebraucht erhältlich. Geschichtsbuch über die deutsche Marine und Schutztruppe im Ersten Weltkrieg in Ostafrika, wobei vor allem die Szenen zu Wasser von dem Marinehistoriker sehr detailliert geschildert werden.

Paulus, S. / Wackenberg, R.: **Von Goetzen bis Liemba: Auf Reisen mit einem Jahrhundertschiff.** artissage Verlag, Berlin 2013, ISBN: 978-3000420504, 256 S., 14,50 Euro. Sarah Paulus und Rolf Wackenberg berichten auf sehr unterhaltsame Weise über ihre Reise mit der MV Liemba und liefern dabei jede Menge Hinter-grundinformationen über die Geschichte dieses Schiffes. Unterlegt wird der Be-richt mit einer Vielzahl von tollen Fotos.

Sewig, C.: **Der Mann, der die Tiere liebte: Bernhard Grzimek.** Lübbe Ver-lag, Bergisch-Gladbach 2009. ISBN-13: 978-3785723678, 480 S., nur noch ge-braucht oder digital für kindle (7,99 Euro) erhältlich. Ein intimer Blick hinter die Ku-lissen eines außergewöhnlichen Mannes, dessen zahlreiche Facetten von der Auto-rin beleuchtet werden.

Ratering, J.: **Mambo supa dupa: Mein Leben als Filmstar in Tansania.** Fi-scher Verlag, Frankfurt 2013. ISBN-13: 978-3596189151, 256 S., 8,99 Euro. Vom Ethnologiestudenten zum Filmstar in Daressalaam – auf unterhaltsame Weise be-schreibt der Autor seine persönlichen Erlebnisse und ein Stück Alltag in Tansania, abseits vom typischen Safari-Tourismus.

Withers, M. / Hosking, D.: **Wildlife of East Africa.** Princeton University Press, Princeton 2002. ISBN-13: 978-0691007373, 248 S., 18,46 Euro, mit zahlreichen Farbfotos. Kompakter Begleiter im Taschenbuchformat für Safaris mit Informatio-nen über 475 Säugetier-, Reptilien-, Vogel-, Insekten- und Pflanzenarten.

Stichwortverzeichnis

Der Autor

Andreas Wölk ist Produkt-Manager, Reiseberater und Tansania-Experte bei Iwanowski's Reisen. Nach seinem Studium der Wirtschaftswissenschaften reiste der gelernte Bankkaufmann für einige Monate um die Welt und entdeckte dabei seine Begeisterung für Afrika. Seitdem lernte er auf zahlreichen Reisen sowie durch seine Tätigkeit als Koch und Reiseleiter bei Campingsafaris das südliche und östliche Afrika und insbesondere Tansania intensiv kennen.

Bildnachweis

Exotic, Luxurious, Zanzibar!

The Zanzibar Collection is a privately owned collection of beautiful boutique hotels inspired by the magic of Zanzibar, lying on one of the Top 30 Island beaches in the world. Offering a range of water sports, stunning Spas and East Africa's only National Geographic affiliated PADI 5 star Dive Centre.

Baraza Resort and Spa was chosen as one of the World's 60 Best New Hotels on the Condé Nast Hotlist and among the top 10 resorts in Africa and the Middle East!

WWW.THEZANZIBARCOLLECTION.COM

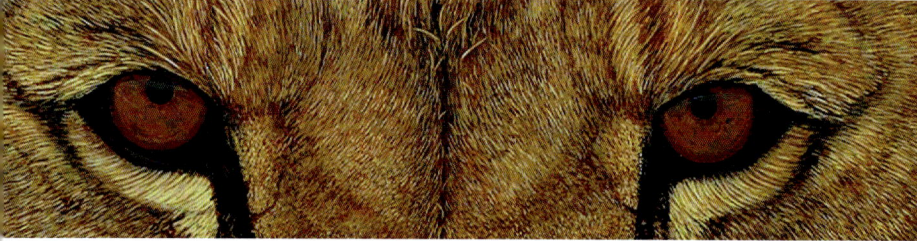

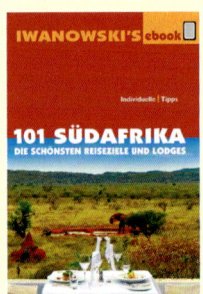

Afrika individuell

Namibia – ein Land der Weite, das das Herz eines jeden Naturliebhabers höher schlagen lässt und seit Jahren stetig wachsende Besucherzahlen verzeichnet. Was sind die schönsten Reiseziele im Land? Welche Städte und Dörfer lohnt es zu entdecken? Vor allen Dingen: wo soll man übernachten?

„101 Namibia" stellt die 60 schönsten Gästefarmen und Lodges vor: Von einfachen Unterkünften mit Familienanschluss bis zu luxuriösen Lodges sowie den Camping-plätzen mit den besten Aussichten.

Das Kapitel Kultur & Menschen bietet einen Einblick in das Leben in Namibia, in die vielschichtigen Bevölkerungsgruppen mit ihren Traditionen und Bräuchen. Eine Geschichtsübersicht vermittelt ein besseres Verständnis für aktuelle Entwicklungen im Land. Das Tier- und Pflanzenlexikon gibt einen Überblick, was es in Namibia neben faszinierenden Landschaften noch zu entdecken gibt.

Mit vielen praktischen Reisetipps wie Reisen mit Kindern, Sicherheit, Mietwagen und Auto fahren, Naturschutz, Gesundheit, Klima und Reisezeit. Was kostet eine Reise nach Namibia? Auch hier bietet der Band Anregungen und Hilfestellungen.

Das komplette Verlagsprogramm unter:
w w w . i w a n o w s k i . d e

Afrika individuell

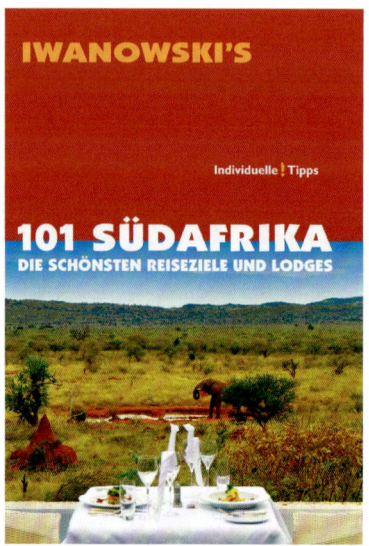

Südafrika ist ein perfektes Reiseziel mit faszinierenden Landschaften, einer einzigartigen Tierwelt, trendigen Großstädten und beschaulichen Örtchen mit einer touristischen Infrastruktur, die keine Wünsche offen lässt. Doch wohin in diesem riesigen Land? Der kompakte Reiseführer „101 Südafrika – Die schönsten Reiseziele und Lodges" gibt einen Überblick über die schönsten Reiseziele sowie mehr als 20 empfehlenswerte Unterkünfte auf jeweils einer farbig bebilderten Doppelseite. Zu allen Unterkünften werden die Internetadressen sowie die Preise in gelben Info- Kästen genannt.

Die Themenfülle bewegt sich zwischen bekannten Highlights wie dem weltberühmten Kruger National Park und weniger bekannten Aspekten wie der Kunst- und Musikszene am Kap. Doppelseitige Farbporträts präsentieren rund 20 ausgewählte Unterkünfte von preiswert bis luxuriös. Organisatorische Fragen wie allgemeine Reisetipps und die unterschiedlichen Reisemöglichkeiten – von der Selbstfahrer-Tour bis zur Fly-In-Safari – werden im Anhang beantwortet.

Das komplette Verlagsprogramm unter:
w w w . i w a n o w s k i . d e

Afrika individuell

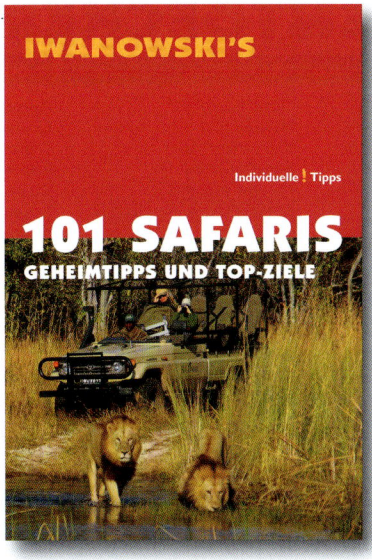

Die Reiseführer „101 Safaris" stellt eine Auswahl der schönsten Reisen und Lodges im südlichen und östlichen Afrika vor. Der Band gibt viele Reisetipps zu den klassischen Safari-Destinationen wie Südafrika, Namibia, Botswana, Kenia, Tansania und Sambia. Weniger bekannte Reiseziele sind Mosambik, Äthiopien sowie Ruanda und Uganda, die hauptsächlich für Gorilla-und Schimpansentrekking bekannt sind. Neu aufgenommen werden Informationen zu den Highlights in Simbabwe, wo der Tourismus trotz aller politischen Schwierigkeiten wieder im Aufschwung ist. Der Ratgeber ist mit mehr als 250 beeindruckenden Farbfotos durchgehend farbig illustriert. In den Innenklappen sind alle 101 Spots in Übersichtskarten markiert. Ein Tierbeobachtungskalender bietet einen Überblick über beste Reisezeiten. Ein Safariberater listet auf, wo man was erleben kann und berät, ob man lieber organisiert oder auf eigene Faust verreisen sollte. Auch das Thema „Mit Kindern auf Safari" wird erörtert. Tipps zum Fotografieren, zur Tierbeobachtung und zur Sicherheit im Gelände runden den Band ab.